Building
Arabic Vocabulary
through Reading

Building Arabic Vocabulary through Reading

For Advanced Students of MSA

Nariman Naili Al-Warraki
Nadia Harb

The American University in Cairo Press
Cairo • New York

Dar el Kutub No. 22321/12
ISBN 978 977 416 613 6

Dar el Kutub Cataloging-in-Publication Data

Al-Warraki, Nariman Naili.
Building Arabic Vocabulary through Reading For Advanced Students of MSA / Nariman Al-Warraki and Nadia Harb._Cairo: The American University in Cairo Press, 2013.
p. ; cm.
ISBN 978 977 416 613 6
1. Arabic Language_Vocabulary
I. Harb, Nada (Jt.auth.)
492.71

1 2 3 4 5 17 16 15 14 13

Designed by Cherif Abdullah
Printed in Egypt

المحتويات

المقدّمـــة

من المسلّم به أن مفردات اللغة العربية – كما هو الحال في كثير من اللغات – تمثل أكبر تحدٍ يواجهه الطالب الأجنبي والمدرس على حد سواء.

ومن المعروف أن القراءة الموسعة للنصوص على اختلاف مواضيعها كفيلة بمساعدة الطالب على ملاحظة أو بالأحرى التعرف على كثير من المفردات والتعبيرات الاصطلاحية، وبالتالي اكتسابها وحفظها ومن ثم إنتاجها، وذلك إذا ما تكررت ووردت في أكثر من سياق.

ولقد راعينا في هذا الكتاب إدراج نصوص تتناول موضوعات متنوعة، اجتماعية وتاريخية وسياسية وثقافية، على أن تعالج هذه الموضوعات في أكثر من نص حتى يتسنى للطالب أن يتعرض لهذه الموضوعات في أكثر من سياق. وقد انتقينا هذه النصوص استنادًاً إلى خبرتنا الطويلة واحتكاكنا المستمر بطلابنا الأجانب.

والهدف الأول من تقديم هذه النصوص هو أن نلقي الضوْء على قضايا طالما أثارت انتباههم وفضولهم ولطالما طلبوا منا إلقاء الضوْء عليها شفاهة. ولذلك آثرنا جمعها في كتاب كنقطة انطلاق لبناء مفرداتهم وتدريبهم على استراتيجيات القراءة الموسعة والقراءة الدقيقة وكذلك استراتيجيات تخمين المفردات، واضعين نصب أعيننا أن الطالب سواء الأجنبي أو ابن اللغة يقبل على قراءة واستيعاب ما يهمه من قضايا وإشكاليات.

والهدف الثاني هو تعريض الطالب لملاحظة أدوات الربط التي من شأنها توضيح منطق الجملة وفي الوقت ذاته تشكل العمود الفقري لإنتاج تعبير مترابط وسلس. وقد لاحظنا أن معظم طلابنا الأجانب يفتقدون مهارة التعبير المترابط شفاهة وكتابة.

والهدف الثالث هو عرض موجز لبعض المظاهر الثقافية والقضايا المثيرة للجدل التي تخص مجتمعنا العربي بوجه عام والمجتمع المصري بوجه خاص. وهي كلها نصوص أصلية إلا أننا تعاملنا مع البعض منها بتصرف إما بتلخيصها أو بإضافة بعض أدوات الربط لهدف تعليمي مع الإشارة إلى ذلك عند ذكر المصدر.

أما الهدف الرابع فهو مراجعة عامة للأساليب والتراكيب النحوية التي جاء ذكرها في النصوص، والتي كان الطالب قد درسها في مراحله الابتدائية والمتوسطة إلا أنه لا ريب في حاجة إلى مراجعتها من أجل استيعاب معنى النص ومنطق تسلسله ناهيك عن استخدامها كتابة إذا ما طلب منه ذلك.

ولقد رتبت هذه النصوص على أساس التعقيد اللغوي، وإلى حد ما، على أساس تصنيف موضوعاتها. ويمكن القول إنها تصلح للمستوى المتوسط الأعلى والمستوى المتقدم.

هذا وقد أعددنا تدريبات متنوعة بعد كل خمسة نصوص وفضلنا أن تكون في كتيِّب ملحق بالكتاب، الجزء الأول منه يتضمّن تدريبات على بناء المفردات واستعمال أدوات الربط، والجزء الثاني يشمل تدريبات على بعض النقاط النحوية التي وردت في النصوص.

وللتيسير على الطلبة في تذكر المفردات التي وردت في نصوص سابقة فقد أضفنا قائمة بالمفردات (Glossary) في نهاية الكتاب.

ونهاية ملاحظة إلى الزملاء الذين سوف يستعملون هذا الكتاب في فصولهم، بأن لهم حرية اختيار النصوص التي سيدرسونها ومن أي نص يبدأ التدريس وذلك حسب مستوى طلابهم.

Introduction

It is well-known that the vocabulary of the Arabic Language—as with many other languages—represents a great challenge for both the non-native student and the instructor.

It is self-evident that extensive reading of texts dealing with an array of topics helps the student to notice frequently occurring words and idiomatic expressions. By observing them as they appear in multiple contexts, the student will then be able to retain them on the level of recognition and, ultimately, on the level of production.

The first objective of this book is to introduce the student to texts covering a number of different themes (historical, political, cultural, and economic). These texts have been carefully selected to shed light on certain controversial issues, which are likely to arouse students' attention and interest. They also aim to serve as a starting point for students to build their vocabulary, practice reading strategies (skimming, scanning, and careful reading), and develop guessing strategies for vocabulary recognition.

The second objective is to direct the attention of the student to Modern Standard Arabic (MSA) connectors, which are equally crucial for comprehension and production as they provide the skeleton for fluent and connected expressions. These skills needed for connected discourse, whether verbally or in writing, many non-native students lack.

The third objective is to expose students to a number of culturally or politically important issues related to Arab society, in general, and to Egyptian society, in particular. All the material used is authentic, but in some cases sections have been summarized or connectors added for teaching purposes, as indicated when acknowledging the source.

The fourth objective is to review the grammatical structures of MSA styles occurring in the texts, which the students will have previously studied in their primary and preparatory classes. These need review for students to comprehend the meaning of the text and to be able to use them in their writing.

The texts have been ordered on the basis of linguistic complexity and, to a certain extent, according to the topic they tackle. An experimental copy of the book has been utilized for the last four years at the Department of Arabic Language Instruction (ALI) at the American University in Cairo, leading to the consensus that the first fifteen lessons are appropriate for high-intermediate level students and the rest for advanced students.

There are different exercises after every five lessons, the first part of which focuses on vocabulary building and connectors and the second part on the grammatical structures which occur in the texts. These drills are gathered in an appendix at the end. A glossary of all vocabulary is also included, to facilitate the process of vocabulary building and retention for the student.

Lastly, for colleagues who plan to teach from this book, it is organized in such a way as to give the flexibility to decide from which chapter to start depending on their students' proficiency level.

للتيسير على الطلاب للتعرّف على بعض التراكيب والتعبيرات والمفردات التي وردت في النص تم الإشارة إليها على النحو التالي :

– الكلمات المظللة ومع الخط الثقيل :– التراكيب والتعبيرات للتنبيه لها ولمناقشتها.
– الخط الثقيل والتسطير :– للمفردات.
– مفردات تحتها خط واحد :– المفردات المدرجة في القائمة مع المترادفات/ العكس مع ترجمة لها.
– مفردات تحتها خطان :– المفردات المطلوب من الطلاب تخمين معناها.

تحيا اللغة العربية .. ويسقط المؤلف !

نشبت في الشهور الأخيرة معركة في مصر حول قواعد اللغة العربية، **فقد أصدر** أحد المفكرين كتابا بعنوان: تحيا اللغة العربية ويسقط سيبويه .. طالب فيه بتغيير قواعد اللغة العربية و**إلغاء** ألف التثنية وواو الجماعة ونون النسوة وغيرها .. وقال: إن العربية وجدت قبل نزول القرآن، **فهي منتج بشري** وليس **منزلا** وبهذا فهي **قابلة للتعديل** و**التطوير**.

وقد **تصدى** الكثيرون لهذا المؤلف وقالوا الكثير. وفي رأيي أن **حجة** واحدة **تكفي** لهدم هذه الدعوة، هي أن القرآن **ما دام** قد نزل على الرسول صلى الله عليه وسلم باللغة العربية **فقد اكتسبت** اللغة العربية **قداستها**، ولم يعد لأحد حق في أن يقوم **بتعديلها** أو تغيير قواعدها، **وإلا** فكيف يُقرَأ القرآن ويُكتَب بعد ذلك. **وإذا تعلم** أبناؤنا اللغة كما يريدها المؤلف **فستكون** لغة القرآن غريبة عليهم. إن عددا كبيراً من **الشرائع** كانت موجودة قبل الإسلام، لكن في صورة **مشوهة** وجاء الإسلام **فأقام أركانها** وضبط قواعدها كالصوم والحج والصلاة وغيرها.

والمعروف أن القرآن نزل على الرسول صلى الله عليه وسلم بلسان عربي **مُبين**. وكان الرسول صلى الله عليه وسلم يقرأه كما أنزل عليه، ثم يقرأه على الصحابة فيحفظونه كما سمعوه. فلما **اتسعت الفتوح** الإسلامية ودخلت شعوب مختلفة إلى الإسلام **اختلطت** اللغة وبدأ **اللحن** في الكلام العربي، **فأمر** الحجاج بن يوسف بتشكيل القرآن خوفا من اللحن، **فالحجاج إذن** هو أول من أمر بتشكيل القرآن و**نقطه**. وهناك أقوال أخرى، إن أول من قام بتشكيل القرآن ونقطه هو أبو الأسود الدؤلي بأمر من عبد الملك بن مروان. والإمام السيوطي له رواية تقول: إن من الذين اشتركوا في نقط المصحف وتشكيله الحسن البصري ويحيى بن يعمر.

قال تعالى في محكم التنزيل: "إنا نحن نزلنا الذكر وإنا له لحافظون" وسيبقى محفوظا بإذنه تعالى.

وتحيا اللغة العربية ويحيا سيبويه .. ويسقط المؤلف.

عبد الله باجبير(بتصرف)

جريدة "الشرق الأوسط"

٢٠٠٤/١١/١٧

المفردات الجوهرية :

To break out (war), take place	نشبت المعركة / الحرب : قامت / وقعت المعركة
Revealed, sent down	مُنْزَل : مقدس لأنه من السماء
Holiness	قَداسة : (هنا) أهمية دينية
Religious law	شريعة (شرائع) : قانون ديني
Pillar	رُكن (أركان) : (هنا) قواعد دينية
Clear, evident	مُبين (الكتاب المبين = القرآن) : واضح
Speaking ungrammatical Arabic	اللحن : الخطأ في النحو وقواعد اللغة
Putting diacritical points or dots on the letters	نَقْط القرآن : وضع النقط على حروف القرآن

المفردات المتداولة :

To cancel – cancellation	ألغى – إلغاء : محا – حذَف – محو – حَذْف
Product	مُنْتَج : (هنا) مصنوع
Human	بَشر – بشريّ : أناس – إنساني
Promotion, development	تطوير : تحسين
To resist, oppose, counteract	تصدّى – تصدٍ لِـ: وقف ضد / قاوم – رفض
Evidence, proof	حُجَّة (حُجَج) : دليل / إثبات
As long as	مادام : طالما
To amend – amendment	عدّل – تعديل : تغيير –إصلاح
Distorted	مشوّهة : (هنا) محرّفة
Conquests	فَتْح _ (فُتوح/ فُتوحات): غزو / غزوات

خمنوا معنى الكلمات التالية :

تكفي – اتسعت – إختلطت.

الأسئلــة :

١. بمَ طالب مؤلف كتاب ״تحيا اللغة العربية ويسقط سيبويه״ ؟

٢. ماذا كانت حجة المؤلف في هذا الطلب ؟

٣. لماذا يعارض كاتب المقال اقتراح مؤلف الكتاب ؟

٤. متى لجأ المسلمون الأوائل إلى تشكيل القرآن ولماذا ؟

أساليب وتراكيب :

خمنوا معنى (ف) في : فقد أصدر....

فأقام أركانها... :

فأمر.... :

فالحجاج إذن :

لاحظوا تعبير : <u>والمعروف أنَّ</u> القرآن نزل على الرسول (صلعم) **It is well known that** ...

وأيضا <u>من المعروف أنَّ</u> اللغة العربية من اللغات السامية.

نشاط الكتابة :

– ما رأيكم الشخصي في تعديل بعض قواعد اللغة العربية وتطويرها للتيسير على دارسيها.

– استعملوا في تعبيركم بعضاً من التعابير وأدوات الربط التي وردت في النص :

من المعروف أنّ – وإلا – إذا – كما – لكن – لما – من – (اسم موصول).

مصدر المشاكل

تقف قضية زيادة السكان وراء كل مشاكلنا، هي سبب فيها أو هي بعض أسبابها..

- نحن **نشكو** من **رداءة** رغيف الخبز، ومن **المفارقات** **أننا** كنا ندرس منذ خمسين سنة أَن مصر بلد زراعي، بعد ٥٠ سنة صرنا **نستورد** نصف خبزنا من القمح والذرة، ومن الطبيعي **أنْ يزيدَ استهلاكنا** للخبز مع كل زيادة في المواليد.

- أيضا نشكو من انقطاع المياه عن كثير من أحياء القاهرة الكبرى، فإذا علمنا **أنَّ** **نصيب** الفرد من المياه سيقل بعد ١٤ سنة فلنا أن نتصور قدر الأزمة **وفداحتها** يومئذ حين يزيد عدد السكان ويقل **نصيبهم** من المياه.

- منذ خمسين سنة كانت شكوى أصحاب العمارات **أن** أحدا **لايستأجر** شققهم، وكانوا يقومون **بتبخير** هذه الشقق ليخرج منها **النحس**، أما اليوم فقد اختفت شقق **الإيجار** وحل مكانها نظام التمليك، وارتفعت أسعار شقق التمليك ارتفاعا جنونيا، **فلم تعد** في متناول الشباب ولا الشيوخ، وأدى **ثبات** **العرض** وزيادة **الطلب** إلى **استحكام** الأزمة وزيادتها مع كل زيادة للسكان.

- أيضا نحن نشكو من التعليم الذي صار **مجانيا** بالاسم، ونشكو من **كثافة** الفصول **برغم** بناء مدارس جديدة.

- أيضا نشكو من ارتفاع نسبة **البطالة** وحيرة الباحثين عن وظائف **برغم** كل الجهد الذي تقوم به الوزارات المعنية.

كما نشكو من **تدني** الخدمات الصحية وارتفاع أسعارها.

وسوف نلاحظ في جميع مشاكلنا أنها **وإن** اختلفت صورها وأشكالها **إلا أنها** تشرب من نبع واحد هو الزيادة السكانية، وهي زيادة تفشل خطط التنمية **فلا** **يحس** الناس بها **وإن** سمعوا عنها.

والمطلوب إقناع الأسرة المصرية أن **تنجب** طفلين في **المتوسط** بدلا من أربعة، وإذا كان الإجهاض **محرما** شرعا فإن استخدام **وسائل تنظيم الأسرة** أمر **مباح** ومطلوب ولا **ضرر** منه، وقد أخذت به دول الغرب الصناعية المتقدمة.

إن مشكلة دولة مثل ألمانيا وفرنسا **أنَّ** تعداد السكان فيهما لايزيد، وقد **تنبأ** أحد الكتاب الألمان **بانقراض** الجنس الألماني لو استمر هذا سلوكه وتحاول الحكومات في هذه الدول إقناع الناس بالإنجاب، ولكنها لاتنجح **لأن** الناس لايريدون النزول عن مستواهم الذي يعيشون فيه اليوم والقوة ليست بكثرة العدد..

إن عدد سكان إسرائيل خمسة ملايين وعدد العرب ٣٠٠ مليون.

أحمد بـهجت (بتصرف)
جريدة "الأهرام" ٢٠٠٧/٣/٤

المفردات الجوهرية :

Bad	رديء – رداءة: سيِّء – سوء × جيد – جودة
It is ironic	من المفارقات :
To spread incense	تبخير :
Bad luck	نحْس : حظ سيِّء
Abortion	الإجهاض : التخلص من الجنين
Disappearance	انقراض : اندثار – اختفاء

المفردات المتداولة :

Source	مصدر : أساس – أصل
To import × to export	استورد × صدَّر
To consume × to produce	استهلك × أنتج
Share	نصيب : حصّة
To rent	استأجَر × أجَّر
Firmeness, constancy × movement	ثبات × تحرّك – تذبذُب
Supply × demand	عرْض × طلب
To deteriorate – deterioration	تدنَّى – تدنٍّ × ارتفاع
To feel	أحسّ بـ : شعر بـ
Even though	وإنْ
To give birth to	أنجبت : ولدت طفلاً
Forbidden × permitted	محرّم × مُباح – محلّل – مسموح به
Means of family planning	وسائل تنظيم الأسرة
To predict	تنبّأ بـ : تكهّن بـ

خمنوا معنى الكلمات التالية :

نشكو – فداحتها – استحكام – مجانياً – كثافة – البطالة – المتوسط – ضرر.

أسئلة للفهم:

١. ما أهم مشاكل المجتمع المصري ؟
٢. إلام يرجع الكاتب معظم هذه المشاكل ؟
٣. أين يكمن حل تلك المشاكل ؟
٤. لماذا لا يزيد عدد السكان في كل من ألمانيا وفرنسا ؟
٥. لماذا برأيك أشار الكاتب إلى عدد سكان إسرائيل مقارنة بعدد سكان العرب ؟

أساليب وتراكيب:

-**لاحظوا**: كان – كانت – كنا   صار – صرنا – ليست

-**اذكروا باقي أخوات كان مع استعمالها في جمل لبيان معناها.**

-**لاحظوا**: إنَّ – وأنّ – كأن – لكن – ليت – لعلّ (إنّ وأخواتها).

-تحاول الحكومات في هذه الدول إقناع الناس بالإنجاب و**لكنها** لا تنجح **لأن** الناس لايريدون النزول عن مستواهم.....

-سوف نلاحظ.. **أنها** وإنْ اختلفت.. إلا **أنها** تشرب من نبع واحد..... وإنْ سمعوا بها.

-**استخدموا العبارات التالية في جمل مفيدة**: وإن...   – إلا أنّ – لم يعد.

نشاط الكتابة:

اكتبوا فقرة طويلة تصفون فيها بعض الأزمات التي تترتب على الزيادة السكانية في مصر أو في أي بلد نامٍ آخر مستخدمين الأدوات والعبارات التالية:

وإنْ – فلم تعُدْ – كما – من المفارقات – استهلك – استورد – إجهاض – تنجب – في المتوسط – العرض – الطلب – مجاني.

أطفـال يعملــون

من المعروف أنه إذا انتشرت ظاهرة عمل الأطفال وكان لعملهم <u>عائد</u> اقتصادي كبير **فسوف يصبح من** الصعب <u>إقناع</u> الوالدين بتنظيم الأسرة، <u>إن الطفل</u> في هذه الحالة <u>يسهم</u> في توفير دخل للأسرة، **ومن ناحية أخرى يوفر** <u>تكاليف</u> تربيته .. وهكذا <u>ينقلب</u> الوضع .. ويصبح الطفل هو <u>العائل</u> لنفسه وأسرته.

وتصل نسبة الأطفال في مصر عام ٢٠٠٤ إلى ٤٥٪ من تعداد الشعب المصري. منهم نحو مليونا طفل ممن يطلق عليهم أطفال الشوارع ومليون طفل آخر يدخلون دورة العمالة <u>بكافة</u> صورها من العمالة الزراعية إلي الورش <u>وسائر</u> أشكال الاستخدام <u>المهين</u> للطفولة. وهذا أمر <u>يخالف</u> القانون <u>ويستوجب</u> العقوبة. ولكن ليس بالقوانين وحدها تعيش الناس. هناك في المحل الأول المصلحة .. ومع أن وزارة القوى العاملة والهجرة حاولت التدخل وفرضت <u>غرامة</u> ١٠٠ جنيه على من يوجد في ورشته طفل عامل <u>وترتب على</u> هذا الحد من عمالة الأطفال <u>طبقاً</u> للإحصائيات الرسمية ولكن الواقع يؤكد عكس ذلك فقد تزايد عدد الأطفال العاملين والسبب يرجع لضعف <u>مردود</u> التعليم <u>وزيادة</u> نسبة البطالة بين الخريجين <u>سواء</u> من <u>الذكور أو</u> الإناث.

ولقد أظهرت الدراسات الخاصة بعمالة الأطفال أنّ لها سببين: أولاً فقر الأسر التي يعمل أطفالها، ثانياً اعتبار التعليم <u>غير مجد</u> لهذه الأسر **حيث إن تعلم الطفل** <u>حرفة</u> **أفضل اقتصاديا للأسرة**. **وغني عن الذكر** أن هناك عدداً كبيراً من العمالة غير المنظمة في الإحصائيات حيث لا يتأثر الطفل بنوع العمل ولا يؤثر العمل في انتظامه في العملية التعليمية.

<u>في الآونة</u> الأخيرة تنبه المجلس القومي للأمومة والطفولة لخطورة هذه الظاهرة <u>وشرع في</u> وضع الخطط والإجراءات الكفيلة <u>بالقضاء عليها</u> حيث تقع على عاتق المحافظين وإدارة الزراعة مسئولية جسيمة <u>لا مجال للتنصل</u> منها اجتماعياً ودولياً !

سلامة أحمد سلامة (بتصرف)
جريدة "الأهرام" ٢٠٠٨/٣/١٧

المفردات الجوهرية :

Income	عائد : دخل
Fine	غرامة : مبلغ من المال يدفع كعقوبة
Return, benefit	مردود : فائدة – عائد
Evasion of	التنصّل من : التهرّب من – تجنُب

المفردات المتداولة :

To convince	أقنع – إقناع : جعل ... مؤمناً بـ
To participate	يسهم في : يشارك في
Expenses	تكاليف : مصاريف
The breadwinner	عائل : الذي يساند العائلة مالياً
All	كافة : كل
Remaining or all	سائر : باقي
To contradict	يخالف : يناقض
To humiliate	أهان – مهين : مذل – مسيء إلى
According to	طبقاً لـِ: حسبَ – وفقَ
Male × female	ذَكَر – ذكور × أنثى – إناث
Because, since	حيث إنّ : لأنّ
To begin	شرع : بدأ
To put an end to	قضى على – القضاء على : التخلص من

خمنوا معنى الكلمات التالية :

ينقلب – يستوجب – غير مجدٍ – حرفة – الآونة.

أسئلة للفهم:

١. ما العوامل التي تؤدي إلى انتشار ظاهرة عمالة الأطفال ؟
٢. ما الدور الذي لعبته الدوائر الرسمية للحد من هذه الظاهرة في مصر ؟
٣. ما الذي يجعل الأسر تشجع أطفالها على العمل مبكراً ؟
٤. أشار الكاتب إلى إجراءات اتخذتها الدوائر الرسمية للقضاء على هذه الظاهرة. ماذا، في تصوركم يمكن أن تكون هذه الإجراءات ؟

أساليب وتراكيب:

لاحظوا حروف العطف:

(و) لضعفِ مردود التعليم وَ زيادة نسبة البطالة (عطف اسم على اسم)

وهذا أمر **يخالف** القانون وَ يستوجب العقوبة (عطف فعل على فعل)

(أو) سواء من الذكور أوِ الإناث

باقي حروف العطف:

(فـ) وصل إلى الحفل **مديرُ** الشركة **فرئيسُ** مجلس الإدارة فضيفُ الشرف

(ثم) **أسافر** إلى الإسكندرية **ثم** **أعود** إلى القاهرة بعد أسبوع

(أم) هل تريد دراسة اللغة العربية أمِ اللغة الفرنسية ؟

لاحظوا: وغني عن الذكر .. (It goes without saying)

نشاط الكتابة:

اكتبوا فقرة طويلة تتناولون فيها ظاهرة عمالة الأطفال في بلدكم (إذا ما وجدت) أو في أي بلد آخر مستخدمين التعبيرات والأدوات التالية:

من المعروف أنّ – أقنع – فرض عقوبة – غرامة – ترتب على – طبقاً لِـ – سواء .. أو – حيث إن – غني عن البيان أنّ.

القنبلة السكانية

علم الديموغرافيا هو العلم الذي يوفر الأساليب التي تمكن من دراسة السكان **من حيث** الحجم والنمو والتوزيع الجغرافي وخصائص السكان .. لنتأمل تطور حجم السكان في مصر .. تشير البيانات الإحصائية إلى **تضاعف** عدد سكان مصر في ٣ فترات **متعاقبة** ..

– الفترة الأولى من سنة ١٨٩٧ – ١٩٤٧ .. كان عدد السكان في القرن التاسع عشر ٩ ملايين **نسمة** تقريبا .. و**قفز** هذا الرقم بعد ٥٠ عاما إلى ١٩ مليون نسمة ..

– الفترة الثانية وقعت خلال ٣٠ عاما .. من سنة ١٩٤٧ إلى سنة ١٩٧٦ قفز عدد السكان من ١٩ مليون نسمة إلى ٣٨ مليون نسمة ..

– الفترة الثالثة من سنة ١٩٦٦ إلى ١٩٩٨ أي خلال ٣٠ عاما تقريبا .. قفز السكان من ٣٠ مليون نسمة إلى ٦٠ مليون نسمة ..

لو وضعنا في اعتبارنا أن الأرض الزراعية لم تزد إلا بنسبة ضعيفة لا تتفق مع الزيادة السكانية .. **لأدركنا** السر في ارتفاع الأسعار ووجود عشرات المشكلات التي **تكبل** الشعب المصري **وتعوقه** عن التقدم .. ويمكن القول بأننا تصرفنا بشكل **عشوائي** فقمنا بالبناء في الأرض الزراعية ، وأكلنا من مساحة هذه الأرض مليون فدان .. وفي الوقت نفسه ذهبنا **لتعمير** الصحراء وتحويلها إلى أرض زراعية .. وليست أرض الصحراء كأرض الطمي الأحمر .. **وعلى الرغم من** أن مساحة مصر تزيد على مليون كيلو متر مربع ، **فإن** السكان يتركزون في العاصمة والدلتا والشريط الضيق لوادي النيل حيث تمثل المساحة **المأهولة** بالسكان حوالي ٥,٥ في المائة فقط من إجمالي المساحة الكلية .. وهذا أمر يؤكد **سوء** التوزيع الجغرافي .. إن ربع سكان مصر تقريبا يسكن في مدينتي القاهرة والإسكندرية ، وهذا **التكدس** هو السر فيما يشكو منه سكان هاتين المدينتين .. أضف إلى هذا كله الهجرة الداخلية ، أو الهجرة من الريف إلى **الحضر** .. وتعتبر الهجرة الداخلية عاملا رئيسيا في إعادة توزيع السكان بين المناطق المختلفة في مصر، وهذه الهجرة هي المسئولة عن **تضخم** المدن المصرية، وخاصة القاهرة و الإسكندرية، وارتفاع الكثافة السكانية بهما (ربع سكان مصر يتكدسون في مدينتين).

وقد أظهرت نتائج تعداد ١٩٧٦ أن حجم الهجرة الداخلية بلغ نحو ٤ ملايين فرد غيروا محل إقامتهم السابق.

ويعني ذلك أن فردا من كل عشرة أفراد يعتبر مهاجرا من محافظة إلى محافظة أخرى قبل هذا التعداد. وقد انخفضت هذه النسبة إلى الثمن **وفقا** لنتائج تعداد ١٩٨٦، واحتلت تيارات الهجرة من الحضر إلى الحضر المرتبة الأولى في كلا التعدادين، حيث يمثل ٧١ ٪ من إجمالي حركة الهجرة بين

المحافظات، ويليه تيار الهجرة من الريف إلى الحضر، ثم تيار الهجرة من الحضر إلى الريف .. وأخيرا تيار الهجرة من الريف إلى الريف.

لماذا يهاجر المواطن من مكان إلى آخر داخل بلاده ؟

– إن الجواب سهل .. إن الناس تتحرك وراء لقمة عيشها .. وهي عادة تتحرك من المناطق **الأشد فقرا** إلى مناطق أقل فقرا.

إن المدينة في مصر فيها كل شئ .. فرص العمل .. الخدمات .. الدواوين الحكومية .. جهات الإدارة .. حتى ال**رعاية** الصحية كانت إلى وقت غير بعيد تتوافر بصورة واضحة، **ويخلو** منها الريف بصورة فاضحة.

وكان الفلاح **إذا مرض توجه** إلى القاهرة ليعرض نفسه على أطباء قصر العيني .. وكان هذا القصر يخدم مصر من **أقصاها** إلى أقصاها، وقد تغير هذا الوضع الآن وأصبحت هناك مراكز طبية في المحافظات لا تقل عن مراكز القاهرة.

هل هناك مشكلة سكانية في مصر ؟

– يمكن القول إن هناك مشكلة سكانية عندما تعجز معدلات التنمية الاقتصادية عن ملاحقة معدلات النمو السكاني، **مما** يؤدي إلى تدهور مستويات المعيشة وتزايد حالات الفقر.

وتعتبر مصر من الدول التي عانت وتعاني هذا الوضع.

أحمد بهجت (بتصرف)
جريدة "الأهرام" ٢٠٠٦/١٠/٢٠

المفردات الجوهرية :

To restrict	تكبّل : تُقيّد

المفردات المتداولة :

To multiply, double	تضاعف : أصبح أكثر مرتين
Successive	متعاقبة : متتالية
Person	نَسَمة : شخص
To jump (here: go up) × to sink	قفز – يقفِز – قَفْز : ارتفع × انخفض
To prevent, detain	عاق – يعوق : أوقف – يوقف
At random	عشوائي : دون تخطيط
Inhabited	مأهولة : حيث يقيم الناس – مسكونة
Bad distribution	سوء التوزيع × حسن التوزيع
Crammed up, piled up	تكدُّس : تجمُّع بكثرة
Urban areas × the countryside	الحضر × الريف
To care – care	رعى – يرعَى – رعاية : عناية
To be empty – void of	خلا من – يخلو – خلُوّ : فارغ من
Remotest, farthest	أقصى : أبعد مكان × أدنى

خمنوا معنى الكلمات التالية :

تعمير – تضخّم – وفقاً لِ

أسئلة للفهم:

١. حدد معنى علم الديموغرافيا.
٢. إلام تشير البيانات الإحصائية ؟
٣. ما المعوّقات التي تحول دون تقدّم مصر ؟
٤. صفوا خريطة توزيع السكان في مصر.
٥. ما العوامل التي أدت إلى تكدّس السكان في مناطق معينة ؟
٦. ما الذي جعل الكاتب يعتقد أن في مصر مشكلة سكانية ؟

أساليب وتراكيب:

لاحظوا أسلوب تمييز العدد : **خمسين** عاماً – **٣٠** عاماً

"**أسلوب الشرط: لو وضعنا** في اعتبارنا. .. **لأدركنا** السر

كان الفلاح **إذا مرض توجّه** إلى القاهرة

اذكروا بعض أدوات الشرط الأخرى واستعملوها في جمل:

مثال: إنْ تدرسْ جيدا قبل الامتحان تنجحْ.

نشاط الكتابة:

اكتبوا فقرة تصفون فيها خريطة التوزيع السكاني والزيادة السكانية في بلدكم مستخدمين العبارات والأدوات التالية:

انخفض – ارتفع – نسمة – تعداد السكان – تضاعف – أشد فقراً – الحضر – الريف – لو. .... لَـ – مأهولة بالسكان – عشوائي – سوء التوزيع – على الرغم من أن. .. فإن – مما – من حيث.

العنـف في المـدارس

حين كانت **مهابة** المدرس تسبقه.

حين كانت أقل تكشيرة من وجهه كافية لإيقاع **الرعب** في قلب التلميذ المخطئ أو **المتجاوز**.

حين كان هذا **عرفا** سائدا **لم نكن** نسمع عن عنف في المدارس، ثم **نزل** المعلم عن عرشه، **ولم تعد** له هيبة، **ولم يعد** كلامه مسموعا لمجرد صدوره منه .. حين **حدث** هذا بدأنا نسمع عن طلبة مسلحين بالأسلحة البيضاء، وأحياناً بالأسلحة النارية، وبدأنا نسمع عن طلبة **يعتدون** على أساتذتهم بالضرب.

وبعد أن كانت القضية في الخمسينيات قضية هل نسمح للمعلم بضرب التلميذ (كنوع من أنواع التربية) وإلى أي حد، وكان هناك مثل إنجليزي يقول إن توفير العصا **يفسد** الأولاد. ثم انقلبت الأوضاع وصار التلميذ هو الذي **يتطاول** على المدرس ويتجاسر على رفع يده عليه .. أو رفع صوته أمامه.

من تحصيل الحاصل القول بإن العنف **ظاهرة** عالمية وليست ظاهرة تختص بها مصر وحدها، ونظرة على المدارس في أمريكا تؤكد أن العنف الموجود بها ليس موجودا بهذه **الكيفية** في أية مدرسة أخرى في العالم.

إن الطلبة يتسلحون بالأسلحة النارية (كالبنادق والمسدسات) .. وفي بعض الأحيان يوجهون أسلحتهم هذه بشكل عشوائي **لتحصد** المدرسين والطلبة دونما سبب واضح .. وبشكل يتصف **بالعبث** .. أي إنهم لا يقتلون أحدا **بعينه**، وإنما يوجهون رصاصهم **عشوائيا**.

يقول د. محمد أمين المفتي عميد كلية التربية بجامعة عين شمس .. إن الأفلام والمسلسلات المليئة بمشاهد العنف من أهم أسباب السلوك **العدواني** للشباب خاصة في سن **المراهقة** التي يتوحد فيها الشباب مع بطل الفيلم أو المسلسل.

كما أن انشغال **أولياء الأمور** في أعمالهم **وإهمال** أدوارهم في **التوجيه والرقابة** سبب آخر لهذه السلوكيات التي أعتقد أنها **لم تصل بعد** إلى حد الظاهرة لأنها حوادث **فردية** على فترات زمنية متباعدة إلى حد ما ولا تقارن بالعنف والسلوك **العدواني** في بعض الدول الأوروبية أو الأمريكية.

ما الحل إذن ؟ .. أولا – إصلاح أحوال المدرس وإعادة الهيبة إليه، وتوحيد جهود المؤسسات <u>التربوية</u> وعلى رأسها الأسرة والمدرسة <u>**ودور العبادة**</u> ووسائل الإعلام.

أحمد بهجت (بتصرف)
جريدة "الأهرام" ٢٠٠٧/٥/٥

المفردات الجوهرية :

Dignity, respect	مهابة : احترام – هيبة
Needless to say	تحصيل حاصل : ليس بحاجة إلى شرح
Absurd	عبث : غير معقول
Adolescence	مراهقة : من سن ١٣ حتى ١٩ عاماً

المفردات المتداولة :

Violence	عنف : قسوة – تمرّد
Horror	رُعب : خوف شديد
To go too far	تجاوز – متجاوِز : تعدى الخطوط الحمراء للسلوك اللائق –أخطأ
Custom, tradition	عُرف (أعراف) : ممارسة اجتماعية متبّعة
To assault, attack	يعتدي على : يهجم على
Spare the rod, spoil the child	توفير العصا يفسد الأولاد
To corrupt	أفسد : جعلهم فاسدين
To be insolent	تطاول على : اعتدى على
Hostile, aggressive × peaceful	عدواني × سلمي – مسالم
Guardian	ولي أمر (أولياء الأمور) : الوالدان أو الوصي على
Neglect	إهمال : تجاهُل – التقصير في
To guide – guidance	وجّه – توجيه : إرشاد
Individualism × collectivism	فردية × جماعية

خمنوا معنى الكلمات التالية :

ظاهرة – كيفية – تحصد – بعينه – الرقابة – التربوية – دور العبادة.

أسئلة للفهم :

١. قارن بين مكانة المدرس في الماضي ومكانته في الوقت الراهن.

٢. قارن بين سلوك التلميذ في الماضي والحاضر.

٣. صف أحوال التلاميذ في مدارس أمريكا أو في بلدك.

٤. ما العوامل التي أدت إلى انتشار ظاهرة العنف في المدارس ؟

٥. ما الحل الذي اقترحه الكاتب للتغلب على هذه الظاهرة ؟

أساليب وتراكيب :

لاحظوا: الفعل الماضي الأجوف (Hollow) المثبت والمنفي.

كان – لم نكنْ

عاد – لم يعدْ

أفعال جوفاء أخرى: (لاحظوا الفعل المضارع من كل فعل والمنفي منه والمنفي المجزوم) :

– صار – يصير – لا يصِيرُ – لم يصِرْ

– نام – ينام – لا ينَامُ – لم ينَمْ

– مات – يموت – لا يموتُ – لم يمُتْ

مثـال: – **كان** صديقي كاتبا غير معروف وبعد سنين **صار** كاتبا مشهوراً.

– **عُدْتُ** إلى مصر من أمريكا ولكن أخي **لم يعدْ** معي.

ترجموا هذا التركيب:

– لم يعد كلامه مسموعاً.

– لم تصل بعد إلى حد الظاهرة.

نشاط الكتابة :

اكتبوا فقرة تتناولون فيها ظاهرة العنف في المدارس وسبل الحد من هذه الظاهرة مستخدمين التعبيرات التاليــة :

حين كان – كما أنّ – لم يَعد له احترام – اعتدى على – بشكل عشوائي – مراهق – مؤسسات تربوية – تحصيل حاصل أنّ....

حريـــة التعــبير

إن حرية التعبير تعتبر اليوم **خيراً** عالمياً، **مثلما** هي ضرورة إنسانية ولم تكن كذلك دائماً حتى في العصر الذهبي لليونان القديمة.

لقد اقتيد سقراط إلى الموت (بتهمة **إفساد** عقول تلاميذه **في حين** كان يعلمهم **الحكمة** والبحث عن الحقيقة) **أما** جمهورية أفلاطون فحملت متاعب تشبه **الكابوس** لصاحبها. وعلى امتداد القرون الأخيرة قام صراع طويل **أمكن** بعده الاعتراف بحقوق الإنسان وتوسيع زاوية حرية الاختيار وحرية الفعل. ولم يكن هذا كله ممكناً بغير حرية التعبير ونحن نضع حرية التعبير فوق جميع أنواع الحريات لأنها أساس **تحقيق الذات**. لقد قال يوسف إدريس ذات مرة إن الحرية **المتاحة** في العالم العربي كله لاتكفي كاتباً واحداً وهو قول كان في زمنه تعبيراً عن شعور كثير من المفكرين والمبدعين ضد هيمنة أشكال الرقابة المتطورة وغير المتطورة ولكننا عندما نقارن بين ما يحدث في السنوات الأخيرة في بعض البلاد العربية سوف نلاحظ **قدراً** متزايداً من الوطأة **القمعية** لأشكال الرقابة التي **تؤثر** في النهاية **تأثيراً سلبياً** في الفكر والإبداع. وهذه **القيود** القمعية تؤدي إلى انتشار التعصب في كل تيار فكري وهو **الأمر الذي** يولّد **الأصولية الضارة** في المجتمع. **ويقترن** بذلك **تصلب** العلاقات الاجتماعية بما يؤكد أنواع التمييز بين **الفئات** والطوائف والأجناس ويسيطر الماضي **المتخلف** على الحاضر الذي فقد حيويته وينتشر الفساد الذي هو الوجه الأخر **للتسلط** الذي ينتج **العقم** حيثما حلّ **ولحسن الحظ** فإننا لم نصل إلى هذا الوضع **المأساوي** بعد ولكننا يمكن أن ننتهي إليه **إذا لم يتكاتف** المجتمع المدني كي يعيد إلى الأمة حريتها **المنقوصة** في الممارسة السياسية والأفعال الاجتماعية **جنباً إلى جنب** مع الحريات المقموعة في مجالات الفكر والإبداع. ونحن نرى أن لدينا في مصر والعالم العربي مشكلة حقيقية في فهم واحد من أهم حقوق الإنسان وممارسته وهو حرية الرأي والتعبير. فالظاهر أن قدرتنا على **استيعاب** حرية التعبير بهذا المفهوم العالمي قد توقفت أو وصلت إلى طريق مسدود. وفي الآونة الأخيرة تراكمت لدينا عدة قضايا **تمس** حرية التعبير لتشكل أزمة مستحكمة. فقد صدر حكم على شاب أزهري بالسجن ٤ سنوات بتهمة **الإساءة** إلى الإسلام **وإهانة** رئيس الدولة في مدوّنات **ولم يسبق من قبل** محاكمة ما ينشر على الانترنت **إلا** في الصين.

ثم جاء بعد هذه القضية هروب نوال السعداوي إلى بلجيكا وأمريكا بسبب أفكارها التي أثارت غضب الأزهر ورفعت عليها دعاوي **استدعت** مثولها أمام النيابة. ثم **الضجة** التي أثيرت حول برنامج قدمته إعلامية مشهورة عن **بنات الليل** لأنها ناقشت قضية **مسكوتاً عنها** ليلفت الأنظار إلى حالة **الفوضى**

التي تسود الإعلام الفضائي بسبب غياب الالتزام **بمثياق** شرف إعلامي و**أعقبه** قرار بوقف بث قناة بث عراقية لأسباب سياسية.

كل هذه التطورات وقعت بإيقاع متسارع يثبت أن قضايا حرية التعبير **وما يترتب عليها** تبدو **غامضة مبهمة سواء** لدى القائمين على الإعلام أو الذين يطبقون نصوص القانون **وإذا** كان قد أمكن وضع ضوابط مقبولة تمنع **الحبس** في قضايا النشر في الصحافة **فإن** نفس المبادئ **لابد أن تسري** على "بلوجرز" النشر في الانترنت وعلى ما **تبثه** القنوات الفضائية **على أن** يتم الاتفاق على القواعد المنظمة التي تحمي حرية التعبير دون أن تفرض الحكومة أو هيئات دينية سيطرتها على الفكر.

أحمد بهجت
سلامة أحمد سلامة
(بتصرف)
جريدة "الأهرام" ٢٠٠٧/٥/٥

المفردات الجوهرية :

Fundamentalism	أصولية : سلفية
Domination, control	تسلُّط : تحكُّم بـ – سيطرة على (سلبي)
Sterility, nonproduction	عُقم : عدم الإنتاج
Prostitutes	بنات الليل : عاهرات
Charter	ميثاق : عهد – لائحة

المفردات المتداولة :

Good, blessing × evil, wickedness	خير × شر
Like, as	مثلما : كما
Wisdom	الحكمة : التعقل
Nightmare	كابوس : حلم مزعج
To grant – permissible, granted	أتاح – مُتاح : ممنوح – معطَّى
Degree, amount	قدر : درجة
Suppression - suppressive	قمع – قمعي : قهر
Restrictions	قيد – قيود
Harmful × useful	ضارّ × مفيد
To be associated with	اقترن بـ : ارتبط بـ
Rigidity × flexibility	تصلّب × مرونة
Backward × civilized	متخلف × متحضر
Fortunately × unfortunately	لحسن الحظ × لسوء الحظ
Tragic	مأساوي – مأساة : وضع محزن جداً
To cooperate, stand together	تكاتف : تعاوَن

Understanding, comprehension	استيعاب : فهم
To hurt, violate	مسّ – يمسَ – مَسّ : أضرّ بـ – أساء إلى – انتهك
To do harm to	أساء إلى – إساءة إلى : أضرّ بـ
Noise, tumult × quiet, calm	ضجة : ضوضاء × هدوء
Chaos × order	فوضى × نظام
To result in, be the result or conseqnence of	ترتب عليه : نتج عنه
Vague × clear	غامض : مبهم × واضح
Imprisonment	حَبْس : سَجْن
To apply to, be applicable	سرى على – يسري – سريان : طُبّق على
To broadcast	بَثّ – يَبُثّ – بَث : أذاع
On condition that	على أن : بشرط أن

خمنوا معنى الكلمات التالية :

إفساد – أمكن – تحقيق الذات – فئات – منقوصة – إهانة – استدعت – مسكوتاً عنها – أعقبه.

أسئلة للفهم :

١. غياب حرية التعبير ليس ظاهرة جديدة. علّق على ذلك.

٢. ما أهمية حرية التعبير للإنسان ؟

٣. ما النتائج المترتبة على انعدام الحرية وفرض الرقابة على الفكر ؟

٤. ما الأحداث الأخيرة التي وقعت في مصر و اعتبرها الكاتب انتهاكاً لحرية التعبير ؟

٥. ماذا يقترح الكاتب فيما يتعلق بالإعلام الفضائي ومدوّنات الانترنت ؟

أساليب وتراكيب:

لاحظوا أسلوب المفعول المطلق: تؤثر تأثيراً سلبياً.

لاحظوا (أ) التعبيرات وأدوات الربط التي وردت في النص:

لحسن الحظ – جنباً إلى جنب – مثلما = كما .. أما.. ف – إذا لم – سواء .... أو (أم) – على أنْ = شريطة أنْ.

لاحظوا (ب) أفعال: (بعض الأفعال الواردة في النص ولها اشتقاقات شائعة الاستعمال):

1-   أفعال رباعية (quadrilateral): سيطر = هيمن (I)

2-   أفعال ثلاثية (trilateral):

1-   تُعتبر (اعتبرVIII) – عبر (I) – عبّر عن (II).

2-   اقتيد (اقتاد VIII) – قاد (I) – انقاد (VII).

3-   يعلّم (علم II) – علم (I) – أعلم (IV) – تعلّم (V) – استعلم (X).

4-   استدعت (X) – دعا (I) – تداعى (VI) ادّعى (VIII).

اذكروا معنى كل وزن من هذه الأوزان واستعملوها في جمل لبيان معناها.

نشاط الكتابة:

اكتبوا فقرة طويلة تتناولون فيها بعض أشكال قيود حرية التعبير في بلدكم مقارنة بالقيود المفروضة في العالم العربي مستخدمين التعبيرات والأدوات التالية:

كابوس – هيمن على – قيود قمعية – متخلّف – جنباً إلى جنب مع – ترتب عليه – في حين – الأمر الذي – إذا......... ف – على أنْ – لم يسبق من قبل + مصدر – مثلما – سواء .... أو – فوضى – حبس – لابدّ أن – في حين.

الحسين حي لا ينام

" شهد حي الحسين **ولادته** مع أحلام القادة الفاطميين حين دخلوا إلى مصر، وظهر للوجود في عام ٣٥٩ هـ، ومن ساعتها وهو لا يخلو من **مريديه سواء في** رمضان أو الأيام العادية، لارتياد أماكن العبادة **أو للتسوق** أو للجلوس في مقاهى السهر والسمر، وهكذا لا تذكر القاهرة الفاطمية إلا وذكر حي الحسين أو **المشهد الحسيني** الذي تحوي جدرانه نقوشا تحمل **إبداعات** لحضارات وثقافات تجمع بين **عبق** التاريخ وروح **الأصالة** والطابع الديني".

رواد المشهد الحسيني **يفدون** من كل أنحاء الأرض **طوال** أيام السنة وتتزايد أعدادهم في شهر رمضان المبارك، وتعتبر زيارة المشهد من **الطقوس** الحياتية للعديد منهم **إذ** يقضون أوقاتهم حول المسجد أو الصلاة داخل حرمه الشريف.

ويلتف الكثير من المواطنين حول **ضريح** الإمام الحسين وأمام باب **المقتنيات** النبوية الشريفة، **فتجد منهم** من يجلس لقراءة القرآن الكريم أو الدعاء ومنهم من جاء لتوزيع "**النفحات**" **أما** الشيء اللافت ويسبب ضيقا للكثيرين من مرتادي المكان **فهم المتسولون** داخل الضريح **إذ** يستغلون المكان لممارسة نشاطهم المسيء.

جمال .... وزحام

زيارة الحسين لدى رواد الحي من أجمل الزيارات إليهم **إلا أن ملامح** المكان بدأت تتغير فمع الزحام الشديد تنتشر حوادث السرقة **والبلطجة** والتسول **والمغالاة** في الأسعار **مما** جعل العديد منهم يفكر أكثر من مرة في هذه الزيارة.

ويقول أحد اصحاب المقاهي الشهيرة بالحي إن العديد من المصريين والأجانب **يحرصون على** زيارة الحسين طوال أيام السنة ويحرصون أكثر على المجيء للحي في شهر رمضان والصلاة داخل المسجد، والسهر على المقاهي حتى الفجر، ومعظم رواد المنطقة من السياح الأجانب حيث يجلسون على المقاهي **ويتجولون** في المنطقة.

ويقول أحد مرتادى الحسين: لقد اعتدت منذ ٣٠ عاما على زيارة حي الحسين ولي ذكريات عديدة في هذا المكان، **وبالرغم من** أنني أسكن في منطقة بعيدة عنه **إلا أنني أحرص على** الحضور إلى هنا مرة في الأسبوع، وخلال شهر رمضان يزيد ترددي على المنطقة وأقضي وقتي في حضور الدروس الدينية في الخيام الرمضانية التي تقام حول المسجد أو **التجول** في شوارع المنطقة التاريخية.

ويقول **مرشد** سياحي " أتواجد بالمنطقة طوال العام **بحكم عملي** وألاحظ **الانبهار** الشديد من جانب السائحين **بمعالم** المنطقة التاريخية **لذلك** أطالب المسئولين عن المنطقة بزيادة الاهتمام بهذه المنطقة التاريخية ووضعها على خريطة السياحة العالمية **والقضاء على** الباعة **الجائلين** و**قصر** البيع والشراء **على** المحال التجارية فقط **حيث** إن الباعة الجائلين يقومون بأفعال غريبة مع السائحين من **ابتزاز** ونصب **مما** يسيء إلى صورة مصر الحضارية.

أكد **مصدر** أمني من الموجودين بمنطقة الحسين – من جهته – أن هناك **رقابة صارمة** وتكثيفا أمنيا بمنطقة المشهد طوال العام وليس في شهر رمضان فقط لأن منطقة الحسين منطقة جذب سياحي، ويأتي إليها الزوار من جميع البلدان.

نادر محمود طمان
(بتصرف)
جريدة "الأهرام" ٢٠٠٧/٨/١١

المفردات الجوهرية :

Adherent, follower	مريد (مريدون) : أتباع
Religious shrine	المشهد الحسيني : جامع الحسين (مقام أو مزار ديني)
Fragrance	عبق : رائحة طيبة
Perfume, scent	نفحات : (هنا) بمعنى الصدقات / هدايا
Hoodlum	بلطجة - بلطجي : أفعال ضد القانون

المفردات المتداولة :

Creativity	إبداع (إبداعات): ابتكار
Authenticity, originality	أصيل - أصالة
Visitors	روّاد : زوّار / الذين يرتادون المسجد
Religious rituals	طَقس (طُقوس) : ممارسات دينية
Mosoleum, grave	ضريح - أضرحة : قبر ولي
Properties, contents	مقتنيات : محتويات / الأشياء المقتناة = المملوكة
Practice	ممارسة : القيام بـ
Exaggeration	مغالاة: مبالغة
To strive for	حرص - يحرص على : يهتم بشدة بِـ
Overwhelming awe	انبهار: إعجاب شديد
Landmark	مَعلَم (مَعالم) : (هنا) أماكن للزيارة
Peddlers	الباعة الجائلون : بائع لا يمتلك محلاً خاصا به
To blackmail	ابتزّ : سَرق عن طريق التهديد
Security source	مصدر أمني : أي ضابط من وزارة الداخلية
Censorship	رقابة : ملاحظة متشددة
Strict	صارمة : شديدة

خمنوا معنى الكلمات التالية:

ولادته – التسوّق – يفدون – طوال – المتسولون – ملامح – التجوّل – مرشد – بحكم عملي – القضاء على – قصر على.

أسئلة للفهم:

١. متى أنشئ حي الحسين ؟ ولماذا يرتاده زواره ؟
٢. اذكروا بعض المضايقات التي يشكو منها زوار حي الحسين.
٣. ما النشاطات التي تمارس في الحي وخاصة في رمضان ؟

أساليب وتراكيب:

لاحظوا جملة الصلة بدون اسم موصول وترجمتها:

ثقافات تجمع بين عبق التاريخ وروح الأصالة.. ....

Cultures which combine the fragrance of history and authenticity.

لاحظو:

-1 سواء في رمضان أو الأيام العادية

مثال آخر: أحب دراسة الأدب العربي سواء كان حديثا أم قديما.

-2 أما الشيء اللافت. .... فهم المتسولون.

مثال آخر: جون أمريكي أما منى فهي مصرية.

-3 إلا أنَّ = غيرَ أنَّ = ولكن

إلا أنَّ (غير أنَّ) ملامح المكان بدأت تتغير.

لاحظوا الأفعَال المثَال (assimilated) التي وردت في النص:

- وفدوا – يفدون ولكن أوفد – يوفد
- وَجَد – يجد ولكن وُجد – يُوجَد
- وَضَع – يضَع ولكن وُضِع – يُوضَع (المصدر وضْع)

اذكروا فعل مثال آخر مما درستم.

مثـال: وصَل – يصل ولكن وصَّل – يوصِّل.

نشاط الكتابة:

اكتبوا عن أي مزار ديني قمتم بزيارته سواء في مصر أو في بلدكم أو في أي بلد آخر (مثلا كنيسة المهد أو القيامة في فلسطين) مستعملين بعضاً من أدوات الربط والتعبيرات التالية:

سواء في. .... أو – إذْ – أما. .... ف – إلا أن – بالرغم من أَن – ولذلك – حيث إنّ – مما – ف + الفعل – التسوّق – التجول – معالم – السهر والسمر – المرتادون.

في القدس

فـــي القـــدس، أَعنـــي داخـــل السّـــُور القـــديم،
أَســيرُ مـــن زَمـــَنٍ إلـــى زَمـــَنٍ بـــلا ذكـــرى
تُصـــوِّبُنِي فـــإن الأنبيـــاء هـــناك يقتســـمون
تـــاريخ المَقـــدِس .. يصعـــدون إلـــى السمـــاء
ويرجعـــون **أَقـــلَّ إحبـــاطاً** وحزنـــاً فالمحـــبَّةُ
والســـلامُ **مُقَدَّســـان وقادمـــان** إلـــى المدينـــة.
كنـــت أَمشـــي فـــوق مُنْحَـــدِرٍ و**أَهْجِـــسُ**: كيـــف
يختـــلف **الرُّواةُ** علـــى كـــلام الضـــوء فـــي حَجـــَرٍ؟
أَمِـــنْ حجـــرٍ شحيـــح الضَـــوء تندلـــعُ الحـــروبُ؟
أسيـــر فـــي نومـــي. **أحملـــق** في منامـــي. لا
أرى أحـــداً ورائـــي. لا أرى أَحـــداً أمامـــي.
كـــلُّ هذا الضـــوء لـــي. أَمشـــي. أخـــفُّ. أطيـــرُ
ثـــم أَصـــير غيـــري فـــي **التَّجَـــلِّي**. تنْبـــتُ
الكلمـــاتُ كالأعشـــاب مـــن فـــم **أشعـــيا**
النَّبـــويِّ: "إنْ لـــم تُؤْمـــنوا لـــن تأْمَـــنُوا".
أَمشـــي كأنّنـــي واحـــدٌ غيـــري. وجُرْحـــي وَرْدَةٌ
بيضـــاء **إنجـــيليَّةٌ**. ويـــدايَ مثـــل حمامتَيـــْنِ

على **الصليب** **تُحلِّقان** **وتحملان** الأرضَ.
لا أَمشي، أطيرُ، أَصيرُ غَيْري في
التجلِّي. لا مكانَ ولا زمانَ. فمن أَنا ؟
أَنا لا أنا في حضرة **المعراج**. لكنِّي
أُفكِّرُ: **وَحْدَهُ**، كان النبيّ محمَّدٌ
يتكلَّمُ العربيَّةَ الفُصْحَى. " وماذا بعد؟ "
ماذا بعد ؟ صاحت فجأة جنديّةٌ:
هُوَ أَنتَ ثانيةً ؟ أَلم أَقتلْكَ ؟
قلت : قَتَلْتِني... ونسيتُ، مثلك، أن أَموت.

محمود درويش

أعظم شعراء فلسطين

(توفي في أغسطس ٢٠٠٨)

من ديوان "لا تعتذر عما فعلت"

دار رياض الريس ٢٠٠٤

المفردات الجوهرية:

Holy   مقدسان: لهما احترام ديني

To come to s.o.'s mind   هجَسَ – يهجُس – هَجْس: دار في ذهنه

Transfiguration (of Christ)   التجلي

The prophet Isaiah   أشعيا: نبي من الأنبياء

The Gospel   إنجيل – إنجيلي: الكتاب المقدس المسيحي

Cross   صليب

The journey of the Prophet Muhammad from Jerusalem to heaven   معراج

المفردات المتداولة:

Coming to, arriving   قادمان: آتيان

To direct, concur with s.o.   صوّب: صحّح

Frustration   إحباط: الإحساس بالفشل

To stare at   حملق في: حدّق في

خمنوا معنى الكلمات التالية:

الرواة – يحلقان.

أسئلة للفهم:

١. ما الخصائص التاريخية التي تميّز القدس عن غيرها من مدن العالم؟

٢. ما موقف الشاعر من اندلاع الحروب حول السيادة على القدس؟

٣. ما الذي دعا إليه النبي أشعيا؟

٤. إلامَ يلمح محمود درويش في تصوير يديه «حمامتين تحملان الأرض».

٥. ماذا برأيكم يعني محمود درويش في الشطر الأخير من قصيدته «قَتَلْتِني .. ونسيتُ مثلك أن أموت».

أساليب وتراكيب:

لاحظوا أسلوب التمييز: أقل **إحباطاً**.

" **أسلوب الحال:** **وحدَه** كان النبي يتكلّم.

" **المثنى (dual) في الأسماء وفي الأفعال**

١. المحبة والسلام **مقدسان** **وقادمان** إلى المدينة.

٢. أدخلوا **صار** على الجملة السابقة وغيروا ما يلزم.

ويداي مثل **حمامتين** على الصليب **تحلقان** **وتحملان** الأرض.

أدخلوا **لم** أو **لن** على الجملة السابقة وغيروا ما يلزم.

نشاط الكتابة:

اكتبوا فقرة تلخصون فيها الأفكار التي وردت في هذه القصيدة القصيرة مستخدمين بعضاً من أدوات الربط التي تعلمتموها سابقاً.

أزمـــة العالـــم الثالث

أعتقد أن أزمة العالم الثالث أزمة أخلاقية في الدرجة الأولى .. لا أزمة اقتصادية فحسب.

إن الفقر ليس خلو الجيب من النقود .. إنما هو خلو العقل من الأفكار، وخلو الضمير من التوجيهات. .. وخلو أسلوب الحياة من هدف أعلى .. وهو انقطاع الصلة الحقيقية بين الإنسان .. والله. وفي مثل هذا المناخ تتحرك وحوش السرقة للانقضاض على الفريسة .. يستوي في ذلك أن تكون هذه الفريسة مالا مملوكا لشخص أو مالا مملوكا لدولة أو شعب، لقد أجريت دراستان، قام بإحداهما بنك يسمى بنك "باريبا" .. وقام بالثانية صندوق النقد الدولي .. قالت الدراسة إنه كلما كانت الدولة مدينة أو تعاني من الديون، كانت نسبة الأموال المهربة إلى الخارج مرتفعة .. والحقيقة أن كثيرا من دول العالم الثالث تحصل على قروض وأموال، ولكن هذه القروض والأموال تعود إلى الغرب في شكل أرصدة شخصية .. أليست هذه أزمة أخلاقية ؟

لقد أكدت الدراسة أن هناك ٥٠٠ ألف مليون دولار مهربة من العالم الثالث وموضوعة في بنوك الغرب في أرصدة شخصية .. وهذه النقود بإمكانها تسديد نصف ديون العالم الثالث كله .. وتملك عدة دول هي زائير والفلبين والأرجنتين وفنزويلا والمكسيك، وهي أكثر الدول مديونية في العالم ـ أكثر من ثلاثة أرباع هذه الأموال المهربة التي تغذي نشاط البنوك الأجنبية.

أليست هذه مشكلة أخلاقية ؟ ولقد تسببت هذه المشكلة في تضخم جنوني في بعض البلدان مثل الأرجنتين والبرازيل حيث وصل التضخم فيهما إلى ألف في المائة (التضخم في مصر ٣٠٪) .. وقاد هذا إلى انخفاض العملة المحلية وتفريغها من قيمتها بل وعدم الثقة بها، وهذا أدى إلى فوضى مالية لا يمكن السيطرة عليها، الأمر الذي يؤدي في النهاية إلى فوضى سياسية وقد تراكمت هذه الأموال خلال العقدين السابقين بفضل شبكات التهريب والتجارة غير المشروعة وسرقة أموال الدولة وتهريب الحكام الطغاة للأموال لضمان منفى ذهبي (كما هو الحال في الفلبين وفي إيران الشاهنشاهية السابقة).

إن العلاقة بين الفساد الأخلاقي والفقر علاقة وثيقة جدا .. وقديمة جدا .. وهذا هو سبب فقر العالم الثالث .. وهذه أزمته .. حير الفقر كثيراً من الناس .. وهو صفة يكره الناس سيرتها ولا يحبون الحديث فيه، وقديماً قال علي بن أبي طالب ـ كرم الله وجهه ـ لو كان الفقر رجلاً لقتلته .. يقول المثل الصيني الحكيم: إنك لا تحل مشكلة الفقر بإعطاء الفقير سمكة .. أفضل من هذا السلوك أن تعلمه الصيد.

وهناك من يرى أن الفقر ليس <u>خلو</u> الجيب من النقود، وإنما هو خلو العقل من الأفكار .. حين وقع الاتحاد السوفيتي وسقطت الشيوعية وبدأت الدولة **تقترض** .. قال أحد رجال الاقتصاد الكبار **يصف ما يجري** بقوله إن اقتراض الروس يشبه إلقاء الدولارات في برميل **بلا قاع لا جدوى منها** ولا فائدة.

والقروض هي أسلوب <u>البؤساء</u> المعتمد في الحياة، وهي في الوقت نفسه أسلوب دول العالم الثالث في مواجهة الحياة بأعبائها .. إنهم يقترضون <u>ليسدوا حاجتهم</u> إلى الطعام، ولما كانت القروض تهضم أسرع من غيرها، يظل أصحابنا من سكان العالم الثالث في حاجة مستمرة للاقتراض، **ويظلون وقوفا** في أماكنهم لا يتقدمون خطوة واحدة.

خذ مثالا على ذلك .. لقد اقترض كثير من دول العالم الثالث من البنك الدولي، ومن بعض الدول الغنية، **ورغم وفرة القروض إلا أنها** لم تنجح في التنمية أو استقرار الوضع الاقتصادي.

إن القروض **تتبخر** .. ووسط إدارة كسيحة **وفساد يستشرى** تتبخر النقود وينتهي بها الأمر إلى الوصول إلى جيوب المافيا، وكثيرا ما يجتمع الأغنياء في مؤتمرات قمة لدراسة مشاكل الفقراء **وإنقاذهم** من الفقر، وتنتهي هذه الدراسات في النهاية بوعود تصبح مجرد <u>حبر على ورق</u>.

أحمد بهجـت (بتصرف)
جريدة "الأهرام" ٢٠٠٠/٢/٦

المفردات الجوهرية :

Conscience	ضمير
To attack	انقضّ على : هجم على
Prey	فريسة
Available funds, account	رصيد (أرصدة) : حساب في البنك
Tyrant	طاغية (طغاة) : ظالم – مستبد
To evaporate, disappear	تبخّر : اختفى

المفردات المتداولة :

Ethical	أخلاقية : سلوك مقبول أدبياً
To be empty, void of	خلا – يخلو – خلو من : فارغ من
Indebted	مَدينة : مقترضة
To smuggle – smuggled	هرّب إلى – مهرّبة إلى : أخرج من البلد أو أدخل إلى البلد بأسلوب غير شرع
To pay off (a debt)	سدّد – تسديد : دفع الدّين
Debt	دين – ديون : قرض – قروض
Inflation	تضخم : ارتفاع الأسعار
To devaluate – devaluation × rise (in price)	انخفض – انخفاض × ارتفع
Chaos × order	فوضى × نظام
Accumulation	تراكم : تجمّع
Decade	عقد – عقود : عشرة أعوام
Illegal	غير مشروع : غير قانوني
To exile – exile	نفى – ينفي – منفى : مكان للعزل عادة خارج الوطن
To be corrupt – corruption × rectitude	فَسَدَ – يَفسُد – فساد × استقامة

To confuse	حيّر : أربك
To take a loan × to lend	اقترض × أقرض : أخذ ديناً – استدان
Bottom × peak	قاع × قمة
No use	لا جدوى من : لا فائدة من
Miserable (here: poor)	بائس (بؤساء) : (هنا) فقراء
To satisfy a need	سدّ حاجة – سَدّ : أشبع ما يحتاج إليه
Abundance × scarcity	وَفْرة : كثرة × قلة
To deteriorate	استشرى : انتشر (سلبي) تفشّى
To save s.o.	أنقذ : خلّص

خمنوا معنى الكلمات التالية :

يستوي – جنوني – تغذى – تفريغها – حبر على ورق.

أسئلة للفهم :

١. ما الأزمة الحقيقية لدول العالم الثالث ؟

٢. هل فعلاً تستفيد الدول الفقيرة من القروض التي تأخذهـا ؟

٣. أين يكون مصير هذه القروض عادة ؟ وما النتائج المترتبة على ذلك ؟

٤. إلام يرجع الكاتب ظاهرة الفقر في بلاد العالم الثالث ؟

٥. ما الذي جعل الكاتب يؤمن بعدم فائدة الديون والقروض لحل مشاكل العالم الثالث ؟

٦. ما تداعيات التضخم في مجتمعات البلاد النامية (العالم الثالث) ؟

٧. هل تتفقون مع الكاتب في اعتقاده أن الفساد وانعدام الإيمان هما سبب الفقر في الدول النامية أم هناك أسباب أخرى ؟

أساليب وتراكيب :

لاحظـــــوا :

(١) النعت المفرد :

– هي أزمةٌ <u>أخلاقيةٌ</u>
– العلاقة بين الفسادِ <u>الأخلاقيِّ</u>
– نسبة الأموال <u>المهربةِ</u>

(٢) والجملة الوصفية (جملة النعت (adjectival clause

– صفة (<u>يكره الناس سيرتها</u>) جملة فعلية.
– فوضى مالية (<u>لا يمكن السيطرة عليها</u>).
– في برميلٍ (<u>بلا قاع</u>) شبه جملة.
– وفسادٍ (<u>يستشري</u>) جملة فعلية.

لاحظوا أسلوب الحال : (جملة فعلية) قال... .... <u>يصف ما يجري.</u>

نشاط الكتابة :

لخصوا الأفكار الرئيسية في المقالة مستخدمين بعضاً من التعبيرات والأدوات التالية :

سد الحاجة – اقترض – لا جدوى من – هرّب – غير مشروع – الفساد – رغم .... – إلا أنّ –
لا ... – فحسب ... – إنما – بفضل – حبر على ورق – الأمر الذي.

وضع المرأة

أكدت الهيئات الدولية ، كما أكدت مؤتمرات السكان والتنمية أن المرأة هي **عصب** التنمية ، كما يحدثنا تقرير مجلس الشورى ، وهو يواجه مشكلات الواقع **بأمجاد** الماضي البعيد فيقول : " **لاشك في أن** أول امرأة في التاريخ أمسكت بالقلم والأوراق والقرطاس والدواة وكتبت وقرأت وتعلمت وتنورت .. كانت مصرية".

بعد هذه المقدمة الملتهبة راح التقرير يؤكد أن المرأة **سلكت** طريقها في عالم الطب **والجراحة** ، **فقد حصلت** السيدة بشست من الأسرة الرابعة على لقب كبيرة الطبيبات ، **كما أن** عالم المصريات فيشر قام بجمع أكثر من ٢٥ لقبا مختلفا للمرأة ، منها المديرة .. ورئيسة قسم المخازن .. ومفتشة أقسام الطعام .. ومفتشة الخزانة .. إلخ.

وفي عهد الدولة الوسطى كثرت مهنة مديرة الإدارة ، وأكثر حاملات هذا اللقب شهرة هي السيدة تشات وكيلة أملاك الحاكم خنوم حتب الثاني ومديرة خزائنه والمسئولة عن جميع أملاكه.

جملة القول إن الحضارة المصرية القديمة حققت للمرأة مكانة اجتماعية **مرموقة** ، **لا تقل** مطلقا عن مكانة الرجل ، **وعلى هذا الأساس فإن** المرأة المصرية هي امتداد لتاريخ **عريق** ولأصالة الشعب ، وكان دورها **رائدا** في العصور القديمة الفرعونية والقبطية والإسلامية ، كما كان لها دور وطني في العصر الحديث.

وإذا كان المجتمع الدولي قد أجمع على أن المرأة هي عصب التنمية وأعطاها بعض الحقوق ، **فإن** الإسلام قبل ١٤ قرنا من الزمان كرمها ورفع من شأنها **وكفل** لها حريتها ،

كما **ساواها** بالرجل في الإنسانية والنسب ، وأعطاها حرية العبادة والتدين ، والحرية المالية والأهلية الاجتماعية ، وقد نص الدستور على أن المصريين أمام القانون **سواء** فهم متساوون في الحقوق والواجبات ، وبهذا حصلت المرأة المصرية على حقوقها الاجتماعية والسياسية كاملة غير مشروطة.

- هل استخدمت المرأة هذه الحقوق ؟

هذا هو السؤال الذي نعرف جميعا إجابته. .. **من المفروض أن** المرأة هي عصب التنمية ، ولكي تقوم المرأة بدورها هذا **لابد من** تدعيم وضعها وجعلها قادرة على المشاركة الفعالة في التنمية بخصائصها وأهمها :

- الارتفاع بمستوى تعليمها.

- زيادة مشاركتها في الحياة الاقتصادية.

- زيادة مشاركتها في الحياة العامة والمناصب **القيادية** واتخاذ القرار.

- تخفيض نسبة الزواج **المبكر** حتى تستطيع المرأة الحصول على قسط كبير من التعليم.

- توفير **الرعاية** الصحية الأولية، وتخفيض معدلات الوفاة بسبب الحمل والولادة.

لو ركزنا على نقطتين من هذه النقاط فماذا نقول عن إسهام المرأة في الحياة العامة، وتولى المناصب **القيادية**، إن نسبة إسهام المرأة في مجلس الشعب ٢٪ وفي مجلس الشورى ٤٪، وهما نسبتان **ضئيلتان** .. نركز على نقطة أخرى هي الزواج المبكر لدى الفتيات .. لكي تحصل الفتاة على حقها الطبيعي في التعليم وتستطيع أن تسهم في اختيار شريك حياتها **لابد من** رفع سن زواج الفتاة في مصر إلى سن العشرين، وهناك ٨٪ من النساء تزوجن قبل سن الـ ١٦ وهي السن القانونية في مصر الآن، أما في الوجه القبلي – خلال ٣ سنوات – فقد تمت ١٨٪ من الزيجات في ريف الوجه القبلي قبل بلوغهن ١٦ سنة .. وفي هذا ما فيه من خوف على صحة الأم **ناهيك عن عجزها** عن القيام بدور الأم **الواعية**، ذلك أنه **من المعروف أنّ عبء** التربية يقع على الأم وإذا كانت الأم جاهلة وغير **متنورة** فسوف يخرج الأبناء **على شاكلتها**. **وإذا اتفقنا** أن البيت هو الذي ينقل الثقافة والقيم لأبنائه **فهذا اعتراف** صريح بأهمية الأم ودورها في تربية الأطفال وقديماً قال الشاعر: "الأم مدرسة إذا أعددتها أعددت شعباً طيّب الأعراق".

ولما كان فاقد الشيء لا يعطيه، فان الأم لا تستطيع أن تعلم أطفالها اذا كانت هي نفسها لم تتعلم. ويمكن القول هنا إن **أمية** النساء تعتبر **عقبة** أمام **تنظيم النسل** ومقاومة الزيادة السكانية.

ولنتوقف سريعا أمام عدد النساء الأميات في مصر .. منذ ٥ سنوات، بلغت نسبة النساء الأميات ٥١٪ (أكثر من النصف بالنسبة **لإجمالي** النساء في القطر المصري كله). أما في الريف فترتفع نسبة الأميات إلى ٦٣٪ .. وهذه أرقام الدولة الرسمية وتؤكد كل نتائج البحوث أن هناك ارتباطا وثيقا بين تعليم المرأة ومستوى إنجابها، وتفيد بيانات البحث الديموغرافي الصحي لعام ٢٠٠٧ أن معدل الخصوبة الكلى بين الحاصلات على تعليم ثانوي فأكثر **لا يتعدى** طفلين في المتوسط **بينما** يزيد إلى نحو أربعة أطفال بالنسبة للنساء الأميات، **ومن ثم فإن** محو **أمية** المرأة من أهم الأهداف لنجاح أي سياسة سكانية.

أحمد بهجت (بتصرف)
جريدة "الأهرام" ٢٠٠٧/٧/٢

المفردات الجوهرية:

عصب: أساس – محرك	Nerve (here: the basis of)
مجد (أمجاد): إنجاز عظيم	Glory
جراحة: عملية جراحية	Surgery

المفردات المتداولة:

مرموق: عال – رفيع	Remarkable, notable
رائد: أول من بادر إلى – قائد	Pioneer
كفِل – يَكْفُل – كَفالة: ضِمن – يضمَن – ضمان	To guarantee
مبكّر × متأخّر	Early × late
رعى – يرعى – رعاية: عُنِي – يُعنَى بـ – عناية	To care – care
ضئيل: صغير – قليل	Trivial, little
ناهيك عن: دون ذكر	Let alone, not to mention
وعى – يعي – وعي – واعية: أدرك – يدرك – مدركة	To be endowed with reason
متنورِّة: مثقفة × جاهلة	Educated × ignorant
عِبء (أعباء): مسؤولية ثقيلة	Burden, heavy responsibity
على شاكلة: مثل	Like, similar to
عقبة: عرقلة	Obstacle
تنظيم النسل: تنظيم الإنجاب	Family planning
إجمالي: كلي	Total
الخصوبة: كثرة الإنجاب	Fertility

خمنوا معنى الكلمات التالية:

سلكت – عريق – ساواها – القيادية – عجزها عن – أمية – لا يتعدى.

أسئلة للفهم:

١. ما المهن التي كانت تقوم بها النساء الفرعونيات ؟
٢. ماذا تعني مقولة الكاتب «يواجه مشكلات الواقع بأمجاد الماضي» ؟
٣. ما موقف الإسلام من المرأة وحقوقها ؟
٤. ما الذي يعنيه الكاتب بأن المرأة المصرية لا تمارس الحقوق التي منحها إياها الدستور والقرآن الكريم ؟
٥. ما المعوّقات التي تحول دون حصول المرأة على التعليم ؟
٦. ماذا تعني هذه المقولة المأثورة «فاقد الشيء لا يعطيه» ؟

أساليب وتراكيب:

لاحظوا أسلوب الشرط:

- **إذا كان**. .. فإن
- **إذا اتفقنا**. .. فهذا اعتراف...
- **لو ركزنا** .... فماذا تقول

لاحظوا لا النافية للجنس:

- لا شكَّ في أن أول امرأة...
- لابدَّ من تدعيم وضعها.

ولا النافية التي يأتي بعدها فعل مضارع مرفوع:

- **لا تَقلُّ** مطلقا عن مكانة الرجل.

- الأَم **<u>لا تستطيعُ</u>** أن تعلم أولادها.

- فاقد الشيء **<u>لا يعطيه</u>**.

ولا الناهية (لم يأتِ ذكرها في النص) بعدها فعل مضارع مجزوم

- **<u>لا تذهبْ</u>**

- **<u>لا تذهبي</u>** (مجزوم بحذف النون)

- **<u>لا تذهبا</u>** (" " ")

- **<u>لا تذهبوا</u>** (" " ")

نشاط الكتابة:

اكتبوا فقرة عن ظاهرة أمية المرأة في بلدكم إذا ما وجدتْ ذاكرين أسباب هذه الظاهرة وطرق معالجتها مستخدمين لا بأنواعها الثلاثة والعبارات والأدوات التالية:

إذا ...... فإن – جملة القول – لابد من – ناهيك عن – لو .... فـ – من المعروف أنّ – من المفروض أن – لاشك أنّ – على هذا الأساس فإن.

الاستثمار في العلم

في **ملتقى نظمه عدد من العلماء** العرب بمساعدة من اليونسكو، اكتشف المجتمعون، ومن بينهم عدد من **أبرز** العلماء العرب **الذين يعملون في** الجامعات والمراكز البحثية الأوروبية والأمريكية، أن العالم العربي كان ومازال غارقا في **التبعية** العلمية للغرب .. وأن **الأزمة** التي تواجه البحث العلمي في الدول العربية تقدم صورة **قاتمة** تدعو إلى **الإحباط**.

وأرجع المجتمعون سبب هذا **التخلف** إلى ضعف **الإنفاق** على البحث العلمي بدرجة صارخة، **حيث** لايزيد في **المتوسط** على ٢٥،. في المائة (أي أقل من١٪) من مجموع **الناتج القومي** مقابل ما بين ٣،٠ و ٣،٥ بالمائة في الدول الأخرى. **واتضح** أن معظم الجامعات العربية لا تنفق من ميزانياتها على البحث العلمي غير ما **يوازي** واحدا بالمائة وما بقي بعد ذلك ينفق في **الأجور والمرتبات** وغيرها.

ولكن **المفارقة الحقيقية التي لاسبيل إلى تجاهلها**، أن هذه الدول العربية، تنفق على شراء الأسلحة والتجهيزات الدفاعية أكثر مما تنفقه معظم الدول الصناعية المتقدمة، **بينما لايتجاوز** إنفاقها على البحث العلمي **أقل مما** تنفقه **أشد الدول فقرا**. **ومع ذلك فإن** ما **تكدسه** هذه الدول من أسلحة متطورة **باهظة** الثمن، لا **يضمن** لها أي قدر من **استقلالية** القرار أو الإرادة السياسية. **وتتدنى** لديها نسب التعليم إلى درجة **مخزية** .. حتى في مجال محو **الأمية**.

والواقع المرير **أن بعض الدول العربية التي تسبح منذ سنوات طويلة في ثروات** نفطية، **عجزت** طوال سنوات الوفرة عن **اقتلاع** الأمية من شعوبها .. **ومن ثم فلم** يكن غريبا أنها تضع البحث العلمي في أسفل قائمة **أولوياتها**، مكتفية **باستيراد** السلع الحضارية والأدوات والمعامل التكنولوجية التي تحتاج اليها من الغرب **لتسيير** الأجهزة الحكومية أو البنوك والمؤسسات التجارية والمستشفيات أو وسائل **الترفيه** المعيشية فيها، دون أن تهتم حتى بتدريب الكوادر الوطنية القادرة على تشغيلها **وصيانتها** وإصلاحها، **وباتت** تعتمد على **العناصر المدربة التي تستوردها** من دول **مجاورة** مثل الهند وباكستان وماليزيا، في القيام بهذه الأعمال، **أما** المشروعات الكبرى **فهي** دائما في أيدي الخبراء والفنيين الأجانب، وهو ما **يحرم** بدوره أبناء الدول العربية من **اكتساب** المهارات العلمية والتكنولوجية، **ويقضي على** أي أمل في قيام قاعدة علمية وطنية.

وربما كان من **أكثر الحقائق التي قدمت صورة قاتمة** للأوضاع العلمية والتعليمية في الدول **النامية**، **تلك الأرقام التي أذيعت** في **المؤتمر العالمي للتعليم الذي** عقد أخيرا حيث ظهر أنه في عصر ثورة

المعلومات يبلغ تعداد غير القادرين على القراءة والكتابة في العالم بليون نسمة أي سدس تعداد البشرية، أو ما يقرب من ١٢٥ مليون طفل – نسبة كبيرة منهم في العالم العربي – لم يدخلوا فصلا دراسيا، وأن ما <u>ينفقه</u> العالم على التسلح في أربعة أيام – نحو ٨ بلايين دولار – يكفي لتمويل برنامج عالمي يقضي على الأمية.

سلامة أحمد سلامة (بتصرف)
جريدة "الأهرام" ٢٠٠٧/١/٢٤

المفردات الجوهرية :

National income	الناتج القومي : الدخل القومي
Wages	أجر (أجور) : مرتبات
Salary	مرتب (مرتبات) : راتب – رواتب

المفردات المتداولة :

Outstanding	بارز – أبرز : شهير – أشهر
Dependency, subordinatenss × independence	تبعية × استقلال
Gloomy, dark × rosy, rose-colored	قاتمة × وردية
Frustration	إحباط : الإحساس بالفشل
Backwardness × advancement	تخلّف × تقدّم
To spend (money)	أنفق – إنفاق : صرف
To be more than × to be less than	زاد – يزيد على × قل – يقِل عن
Average	المتوسط : المعدل
Equal to, parallel to	وازَى : ساوى
It does not go beyond	لا يتجاوز : لا يزيد عن
To accumulate, pile up	كدّس : جمّع
To be unable to × to be able to	عجز عن × قدر على
To entertain – entertainment	رفّه – ترفيه : سلّى – تسلية
To protect, maintain	صان – يصون – صيانة : حمى – حماية
To become (here: to go on doing s.th.)	بات : أصبح
To train – trained	درّب – مدرّبة : مرّن – أعطى خبرة
Neighboring, near	مجاورة : بالقرب من

To deprive from	حَرَم – يحرم – حرمان من: منع عن
To acquire	اكتسب – اكتساب: يأخذ (خبرة)
To get rid of, efface	قضى على: أنهى – محا
Developing × developed	نامية × متقدمة

خمنوا معنى الكلمات التالية:

الأزمة – اتضح – باهظة – يضمن – استقلالية – مخزية – اقتلاع – أولوياتها – تسيير.

أسئلة للفهم:

١. صفوا حالة العالم العربي من حيث المستوى العلمي ذاكرين الأسباب التي أدّت به إلى هذه الحالة.

٢. لماذا برأيكم تبالغ الدول العربية في الإنفاق على شراء الأسلحة؟ وما النتائج المترتبة على مثل هذا الإنفاق؟

٣. كيف تدير دول النفط اقتصادها؟

٤. صفوا حالة الدول النامية العلمية والتعليمية.

أساليب وتراكيب:

لاحظوا ترجمة أول جملتين:

1) في <u>ملتقى نظمه</u> عدد من العلماء العرب

In a **forum which** a number of Arab scholars organized.

2) <u>برنامج عالمي يقضي</u> على الأمية.

A world **program which** will put an end to illiteracy.

ترجموا الجمل التالية:

3) **<u>من</u>** بينهم عدد من **<u>أبرز العلماء العرب</u>** **<u>الذين</u>** يعملون في الجامعات.

4) **<u>المفارقة الحقيقية التي</u>** لا سبيل إلى تجاهلها.

5) **<u>المؤتمر</u>** العالمي للتعليم **<u>الذي</u>** عُقد أخيرا.

كونوا جملة وصفية ثم أعيدوا كتابتها باستعمال اسم موصول (الذي/ التي) مع تغيير مايلزم.

مثال: - هذا طالب يحب دراسة اللغة العربية.

- هذا هو الطالب **<u>الذي</u>** يحب دراسة اللغة العربية.

نشاط الكتابة:

صفوا الوضع العلمي والتعليمي في بلدكم مستخدمين التعبيرات والأدوات التالية:

التبعية - أنفق - أشد فقراً - المفارقة أن - زاد عن - أقل مما .... تدنَّى - النامية - المتقدّمة - قضى على - بينما - ومن ثمّ فـ - أما .... فـ.إن.

محمد رســـول الله
(صلى الله عليه وسلم)

ولد محمد (صلى الله عليه وسلم) سنة ٥٧٠ ميلادية في مدينة مكة جنوب شبه الجزيرة العربية في منطقة **متخلفة** من العالم القديم .. بعيدة عن مراكز التجارة والحضارة والثقافة والفن .. وقد مات أبوه **وهو لم يخرج** بعد إلى الوجود. وأمه **وهو في السادسة** من عمره. وكانت نشأته في ظروف **متواضعة** وكان لا يقرأ ولا يكتب. ولم يتحسن وضعه المادي إلا في الخامسة والعشرين من عمره عندما تزوج أرملة غنية.

ولما قارب الأربعين من عمره. كانت هناك أدلة كثيرة على أنه ذو شخصية **فذة** بين الناس .. وكان أكثر العرب في ذلك الوقت **وثنيين**. يعبدون الأصنام. وكان يسكن مكة عدد قليل من اليهود والنصارى .. وكان محمد (*صلعم) **على علم** بهاتين الديانتين.

وفي الأربعين من عمره **امتلأ قلبه إيماناً** بأن الله واحد أحد، وأن وحياً ينزل عليه من السماء، وأن الله **اصطفاه** ليحمل رسالة سامية إلى الناس.

وأمضى محمد (صلعم) ثلاث سنوات يدعو لدينه الجديد بين أهله وعدد قليل من الناس .. وفي ٦١٣ ميلادية **أذن** الله لمحمد (صلعم) بأن **يجاهر** بالدعوة إلى الدين الجديد فتحول قليلون إلى الإسلام.

وفي ٦٢٢ ميلادية هاجر الرسول (صلعم) إلى المدينة المنورة. وهي تقع على مدى ٢٠٠ كيلو متر من مكة المكرمة. وفي المدينة المنورة **اكتسب** الإسلام مزيدا من القوة. **واكتسب رسوله عدداً كبيراً من الأنصار.**

وكانت الهجرة إلى المدينة المنورة **نقطة تحول** في حياة الرسول (صلعم) .. **وإذا كان** الذين تبعوه في مكة قليلين .. **فإن** الذين **ناصروه** في المدينة كانوا كثيرين وبسرعة اكتسب الرسول والإسلام قوة ومنعة .. وأصبح محمد (صلعم) **أقوى وأعمق أثراً** في قلوب الناس.

*** صلعم اختصار لعبارة "صلى الله عليه وسلم" لتجنب التكرار.**

وفي السنوات التالية، تزايدت عدد المهاجرين و**الأنصار** في المدينة و نشبت معارك كثيرة بينهم و بين أهل مكة من **الكفار** .. وانتهت كل هذه المعارك في سنة ٦٣٠ بدخول الرسول **منتصراً** إلى مكة .. وقبل وفاته بسنتين ونصف السنة شهد محمد (صلعم) الناس يدخلون في دين الله **أفواجاً** .. ولما توفي الرسول (صلعم) كان الإسلام قد انتشر في جنوب شبه الجزيرة العربية.

وإذا أردنا أن نقارن بين عيسى (عليه السلام) والرسول محمد (عليه الصلاة والسلام) نجد أن دور الرسول محمد (صلعم) كان أخطر وأعظم في نشر الإسلام وتدعيمه وإرساء قواعد شريعته **أكثر مما كان** لعيسى (عليه السلام) في الديانة المسيحية .. **وعلى الرغم من أن** عيسى (عليه السلام) هو المسؤول عن مبادئ الأخلاق في المسيحية، **غير أن** القديس بولس هو الذي أرسى أصول الشريعة المسيحية، وهو أيضاً المسئول عن كتابة الكثير مما جاء في كتب "العهد الجديد".

أما الرسول (صلعم) **فهو** المسئول الأول والأوحد عن إرساء قواعد الإسلام وأصول الشريعة والسلوك الاجتماعي والأخلاقي وأصول المعاملات بين الناس في حياتهم الدينية والدنيوية .. **كما أن** القرآن الكريم نزل عليه **وحده** .. وفي القرآن الكريم وجد المسلمون كل ما يحتاجون إليه في دنياهم وآخرتهم. والقرآن الكريم نزل على الرسول (صلعم) كاملا. وسجلت آياته وهو ما يزال حياً .. وكان تسجيلا في منتهى الدقة، فلم يتغير منه حرف واحد .. وكان أثر القرآن الكريم على الناس بالغ العمق. **ولذلك** كان أثر محمد (صلعم) على الإسلام عظيماً.

فعلى المستوى الديني كان أثر محمد (صلعم) قوياً على تاريخ البشرية وكذلك كان عيسى (عليه السلام).

وكان الرسول (صلعم) **على خلاف** عيسى (عليه السلام) رجلا دنيويا فكان زوجاً وأباً. وكان يعمل في التجارة ويرعى الغنم .. وكان يحارب ويصاب في الحروب ويمرض .. ثم مات.

ولما كان الرسول(صلعم) قوة جبارة، فيمكن أن يقال أيضاً إنه أعظم زعيم سياسي عرفه التاريخ.

هذا **الامتزاج** بين الدين والدنيا جعل محمداً (صلعم) **أعظم الشخصيات أثراً** في تاريخ الإنسانية كلها!..

ترجمة أنيس منصور (بتصرف)
من كتاب "الخالدون مائة"
بقلم: مايكل هارت
جريدة "الأهرام" مايو ١٩٩٠

المفردات الجوهرية :

To select, choose	اصطفى : اختار
To announce, declare openly	جاهر : أعلن

المفردات المتداولة :

Backward × civilized	متخلّف × متحضّر
Unique	فذّ : غير عادي – عظيم
Pagan	وثني : لا يعبد الله
Turning point	نقطة تحوّل : منعطف
To support	ناصر : ساند – دعم
Unbeliever × believer	كافر (كفار) × مؤمن (بالله)
In groups, in crowds	أفواجاً : جماعات
To launch	أرسى : ثبّت
This world × the hereafter	دنيا × آخرة

خمنوا معنى الكلمات التالية :

متواضعة – أذن – اكتسب – الأنصار – أرسى – دنيوياً – امتزاج.

أسئلة للفهم :

١. أعطوا نبذة تاريخية عن حياة محمد (صلعم).

٢. لماذا اعتبر الكاتب الهجرة إلى المدينة نقطة تحول في حياة الرسول ؟

٣. لماذا اعتبر الكاتب مايكل هارت النبي «محمد» أعظم الشخصيات أثرا في تاريخ الإنسانية ؟

أساليب وتراكيب:

لاحظوا:

(١) **جملة الحال:** وِهو لم يخرج بعد – وِهو في السادسة من عمره. (جملة اسمية)

لاحظوا **واو الحال** قبل جملة الحال.

(٢) **الحال المفرد:** (أ) بدخول الرسول **منتصراً**.

(ب) الناس يدخلون في دين الله **أفواجاً**.

(ج) القرآن الكريم نزل عليه **وحدَه**.

نشاط الكتابة:

هذا نص مثير للجدل. علقوا على رأي الكاتب وردُّوا على كل النقاط التي قد توافقون عليها أو ترفضونها في هذا السياق مستخدمين الأدوات والتعبيرات التالية:

أكثر مما كان – على الرغم من أنّ – غير أنّ – أما...ف – كما أن – فلا – ولذلك – على خلاف – على علم بـ – نقطة تحوّل.

المسيح والصليب

"لقد كانت مصر هي التي اخترعت الأبدية" **ومما لا شك فيه** أن فكرة الأبدية لعبت دوراً كبيراً في الفكر والفنون والآداب في مصر القديمة وهذه الحقيقة **واضحة كل الوضوح** لكل من **أتيح** له أن يتعرف – **ولو** بطريقة عابرة – على الآثار الباقية من التاريخ الفرعوني.

إن ديانات مصر القديمة لا يمكن اعتبارها من تلك العبادات شبه القبلية التي ظهرت في أماكن متفرقة (كالهند مثلاً)، ثم **اندثرت ودفنها** التاريخ في أودية النسيان **دون أن تترك** وراءها أثراً. **بالعكس من ذلك** تماماً ديانات مصر القديمة، فإن رموز **عقائدها** كانت قريبة الشبه – **على سبيل المثال** – برموز العقائد في المسيحية: موت أوزوريس **وبعثه** – الإلهة الأم إيزيس وطفلها المقدس حورس قابع في حجرها – مفتاح الحياة الذي يكاد أن يكون شكله صليباً. كل هذه الرموز **تستثير** في الفكر مقارنات تبدو أمثالها في مبنى كل كنيسة مسيحية وفي أي صلاة مسيحية. وليس ضرورياً أن يكون هذا التقارب **مجرد صدفة**.

إن المسيحية جاءت إلى مصر مبكراً. لقد حملها معه القديس مرقص نفسه، أحد **حواريي** المسيح والذي تقول مصادر التاريخ إنه هو نفسه كان مصريا من الصحراء الغربية. وطبقاً للروايات التاريخية فإن القديس مرقص **وصل** إلى مصر **حاملاً تعاليم** المسيح بعد سنوات قليلة من صلب معلمه. وطبقاً للروايات التاريخية نفسها فإن القديس مرقص كتب الإنجيل الذي يحمل اسمه حينما جاء إلى مصر في صحبة القديس بطرس. ثم إن مصر كان لها الحق – دون كل ولايات الإمبراطورية الرومانية – أن تتيه فخراً على غيرها لأنها كانت **الملجأ** الذي هاجرت إليه العائلة المقدسة **تحاشياً لاضطهاد** هيرود.

ولقد واجه **المسيحيون** في مصر موجة بعد موجة من الاضطهاد في العصر الروماني، حتى أصدر الإمبراطور قسطنطين **مرسوم** التسامح الديني سنة ٣١٣. **ولم** يتضمن مرسوم التسامح **مجرد اعتراف** الإمبراطور بالمسيحية **فحسب**، **وإنما** كان من بعض آثاره أن الإمبراطور وضع شارات المسيحية على أعلام جيوشه وعلى دروع جنوده، وبعث برسله إلى الأساقفة يحملون هداياه. وبرغم ذلك فإن **القمع** لم يتوقف.

وقبل أن يصدر قانون التسامح فإن الكنيسة المصرية لم تكن **تحتضن** رموز مصر التاريخية فحسب، وإنما كانت تحتضن فكرة الوطنية المصرية المتميزة والمستقلة. ولقد **أسهمت** الكنيسة المصرية بنصيب بارز في دراسة الفكر المسيحي كله وحفظه. وكانت الكنيسة المصرية **على سبيل المثال** هي التي أنشأت نظام **الرهبنة**، فقد كان **الأتقياء** يحملون صلواتهم ويذهبون إلى عزلة الصحراء **ابتعادا عن** الاضطهاد

وتقرباً من الله في عزلة ينقطعون فيها له. ولقد كان القديس أنطونيوس – ابن أسرة مسيحية غنية – هو أول من استجاب سنة ٢٦٨ – لقول المسيح: "اذهب وبع ما تملك وأعطه للفقراء". وفعل أنطونيوس ذلك وأنشأ نظام **الرهبنة**، فقد ذهب إلى صحراء وادي "النطرون" وتبعه تلاميذ له اقتفوا أثره في الانقطاع للعبادة. **ولم تكد تمضي** سنوات **حتى** شهد وادي النطرون بناء أكثر من خمسين ديراً جمعت خمسة آلاف راهب قرروا أن **يهبوا** حياتهم كلها للمسيح **ومما لا شك فيه** أن نظام الرهبنة كان أول عطاء من الكنيسة المصرية لكل الكنائس المسيحية الأخرى. وكما كان الدور الوطني الذي قامت به الكنيسة المصرية من أهم **الخصائص** التي ميزتها عن غيرها من الكنائس وظلت مصر تحت الحكم البيزنطي واستمر مسلسل اضطهاد الأقباط إلى أن جاء الإمبراطور هرقل وحاول توحيد الكنيسة القبطية والبيزنطية **وبرغم الاضطهاد البشع** الذي تعرّض له الأقباط **إلا أن** المحاولة لم **تفلح** ولم يكن هناك أمل لأي **حل وسط** يطرحه هرقل، وفي الحقيقة فإن القضية **لم تكن مجرد** خلافات عقائدية، **وإنما** كانت القضية قد أصبحت صراعاً قومياً أيضاً. لقد تمسك الأقباط، وأصروا على التمسك باستقلالهم الديني. كانت تلك آخر ضرورات **الاستقلال** التي بقيت لهم. صحيح أن مصر فقدت استقلالها السياسي وأصبحت مستعمرة، لكن استقلالها الديني الذي حاربت من أجله أصبح في ضميرها نوعاً من عودة الروح إلى استقلالها السياسي. استقلال في القلب **حتى وإن** بعد هدف استقلال الأرض. وكان هذا الإصرار على استقلال القلب دائماً من مفاتيح فهم التاريخ المصري.

ولذلك لم يكن غريبا والأمر كذلك أن يكون الشعب المصري **جاهزاً** لاستقبال شيء جديد. كان الشعب الصامد للاضطهاد ينتظر **الخلاص** وجاء الفتح الإسلامي.

ويجمع كل **المؤرخين** على أن **أقباط** مصر استقبلوا **الفاتحين** العرب باعتبارهم مخلّصين من **طغيان** كانوا يريدون التحرر من **أغلاله**. ولقد زادت **طمأنينة** الشعب في مصر حينما سمعوا أول خطاب ألقاه عمرو بن العاص يوم **الجمعة الحزينة** سنة ٦٤٤ وهو يقول: . إن أمير **المؤمنين** عمر قال لي إنه سمع رسول الله يقول إن الله سيفتح عليكم مصر بعدي فاحفظوا عهد أقباطها فهم أهلكم وهم في حمايتكم".

وعلى مر العصور استمر تمسك الأقباط باستقلالهم الديني والقومي عندما ظهر الصليبيون في المنطقة بعد خمسمائة سنة من حكم العرب والتعريب الكامل، فإن أقباط مصر لم يظهروا أي قدر من التعاطف ولا من التعاون مع **زملاء** لهم في المسيحية. بعض من ذلك كان يرجع **دون شك** إلى حقيقة أن المصريين تذكروا على الفور أن هؤلاء الغزاة القادمين من الشطآن الشمالية للبحر الأبيض المتوسط – **سواء كانوا** الرومان **أو** الإغريق – لم يحملوا إليهم خيراً ولا حملوا إليهم حرية. وذلك لأن الصليبيين الكاثوليك يعتبرون عقائد أقباط مصر – وأولها عقيدة الطبيعة الواحدة للمسيح – نوعاً من **الهرطقة** الدينية **لا تقل** في رأيهم **سوءاً** عن "هرطقة" المسلمين.

ويمكنا القول إن الكنيسة القبطية مازالت حتى الآن على صمودها واستقلالها أمام القيادات الغربية العقائدية متمسكة و**متشبثة** بقوميتها المصرية.

محمد حسنين هيكل
من كتاب "خريف الغضب"
مركز الأهرام للترجمة والنشر ١٩٨٨

المفردات الجوهرية:

Eternity	الأبدية : الخلود – الحياة بعد الموت
Belief	عقيدة (عقائد) : مذهب (مذاهب)
Resurrection	بعث : قيامة
Apostles, desciples	حواري (حواريون) : تلاميذ السيد المسيح
To oppress, persecute	اضطهد : عذّب
To adopt	احتضن : تبنى
Conscience	ضمير
Priesthood	الرهبنة
Pious	تقيّ (أتقياء) : ورِع – متدين
Salvation	الخلاص : الإنقاذ
Historian	مؤرخ (مؤرخون) : علماء التاريخ
Good Friday	الجمعة الحزينة
Heresy	هَرطقة

المفردات المتداولة:

To provide s.o. with	أتاح – يتيح – متاح لِ: وفّر لِ – منح
To be effaced, obsolete	اندثر : اختفى – انقرض
To avoid	تحاشى : تجنّب
Decree	مرسوم (مراسيم) : أمر صادِر من جهة رسمية
A compromise	حل وسط: حل تقبله الأطراف المتعارضة
Independence × subordination	استقلال × تبعية
Ready, prepared	جاهز : مستعد
Peacefulness, reassurance × worry	طمأنينة × قلق
Copt	قبطي (أقباط) : مسيحيو مصر

عبارات تستخدم في جمل :

- بالعكس من ذلك

- لم ... مجرّد ... وإنما.....

- **لم تكدْ** تمضي سنوات ... حتى (أو **ما كادت** تمضي سنوات. .. حتى)

خمنوا معنى الكلمات التالية :

تستثير – الملجأ – القمع – أسهمت – أنْ يهبوا – الخصائص – البشع – تفلح –الفاتحين– طغيان – أغلال – متشبثة

أسئلة للفهم :

١. ما وجه الشبه في رأي الأستاذ هيكل بين الديانة المسيحية والمعتقدات الفرعونية ؟

٢. كيف انتشرت المسيحية في مصر ؟

٣. اذكر بعض إسهامات الكنيسة القبطية من حيث الفكر والممارسات المسيحية.

٤. تمسك الأقباط باستقلالهم الديني والقومي. علّق على ذلك.

٥. لماذا استقبل الأقباط الفتح الإسلامي بترحاب؟

أساليب وتراكيب :

١. لاحظوا نائب عن المفعول المطلق : واضحة **كل الوضوح**.

٢. لاحظوا اسلوب الحـــال : دفنها ... دون أن تترك (شبه جملة)

وصل..... **حامـلاً** (مفرد)

٣. لاحظوا أسلوب المفعول لأجله : ١) يذهبون إلى عزلة الصحراء **ابتعاداً عن**.

٢) هاجرت إليه **تحاشياً** لاضطهاد هيرود.

٤. لاحظوا أنواع الجمع المختلفة التي وردت في النص

جمع التكسير وأوزانه	جمع المذكر السالم	جمع المؤنث السالم
آثار (أفعال)	المسيحيون	ديانات
أودية (أفعِلة)	المؤرخين	عبارات
رموز (فُعول)	الفاتحين	مقارنات
عقائد (فعائِل)	مخلصين	روايات
تعاليم (تفاعيل)	المؤمنين	سنوات
رُسل (فعُل)	الصليبيون	ولايات
أساقفة (أفاعِلة)	المصريين	صلوات
هدايا (فعالى)		ضرورات
أتقياء (أفعلاء)		القيادات

هاتوا أوزان جموع التكسير التالية:

- أمثال:
- دروع:
- أقباط:
- زملاء:
- تلاميذ:

لاحظوا: مصري ← مصريون مستشفى ← مستشفيات

ولكنْ عربي ← عَرَب رواية ← روايات

ولكن مَدرسة ← مدارس

هاتوا جمع: فلسطيني فتاة

يهودي قرية

أمريكي مطار

ياباني جامعة

نشاط الكتابة :

ردوا على مقال هيكل مبينين رأيكم الشخصي فيما قال مستخدمين الأدوات والتعبيرات التالية :

فكرة الأبدية – أسهم – في عزلة – لم ... فحسب ... إنما – لم يكد يمضي وقت ... حتى –
حل وسط – استقلال – بالعكس من ذلك – أي مفعول لأجله – تمييز – مجرّد صدفة – دون
شك – سواءً كانوا .... أو – على سبيل المثال.

هموم الأقباط المسيحيين

قول **مأثور**: إن الدين لله. أما الوطن فهو للجميع ولجميع أبنائه المواطنين المصريين بدون تمييز على **هذا** النحو تعد قضية مناقشة **هموم** الأقباط في مصر إحدى أهم القضايا التي تثار بين الحين والآخر، فالأقباط يمثلون حوالي ١٠٪ من سكان مصر ولا يمكن أن تناقش تلك الهموم بمدخل طائفي فهم ليسوا **فئة منفصلة** عن تكوين المجتمع المصري ثقافياً واقتصادياً وسياسياً **وذلك أن** الأقباط يملكون أو يتحكمون في ٢٠٪ من ثروة مصر، وتبلغ نسبة الأقباط الخريجين من الجامعات ضعف نسبة المسلمين. كما أن نسبة الأقباط بين **المهن المرموقة** مثل الطب، الهندسة والصيدلة وأساتذة الجامعات تصل إلى ضعف نسبة المسلمين ومع **هذه** الأوضاع الاقتصادية التعليمية والمهنية المتميّزة لا يشغل قبطي واحد موقع محافظ لأي من الست والعشرين محافظة مصرية ولا رئيس مؤسسة سيادية **بما فيها** رئاسة الجامعات، أي أنهم **محرومون** من المشاركة في السلطة.

وهناك قانون في علم الاجتماع السياسي يقول ما معناه إن **الحرمان** لا يؤدي إلى الغضب والثورة ولكن الذي يؤدي إليها هو الإحساس بأن الشخص أو الجماعة تعطي أكثر مما يعطي الآخرون **ومع ذلك** فإنهم لا يحصلون على الحقوق **مثلما** يحصل عليه هؤلاء الآخرون. وإلى جانب أنواع الحرمان النسبي المذكور أعلاه – هناك أنواع من **التفرقة** وأهم مظاهرها هذه القوانين **واللوائح** المنظمة لبناء دور العبادة **فبينما** لا يحتاج المسلمون إلى **تصريح** رسمي لبناء مسجد في أي مكان يحتاج بناء أو حتى **ترميم** أي كنيسة في مصر إلى مرسوم رئاسي من رئيس الجمهورية وهو ما يعني الانتظار عدة سنوات حتى يتم إصدار هذا المرسوم وفي بعض الأحيان لا يصرح بالبناء أو الترميم على الإطلاق.

أما **المظلمة** الأخرى فهي التجاهل الكامل **للحقبة** القبطية في تدريس التاريخ لأبناء مصر **فبينما** هم يدرسون التاريخ المصري الفرعوني واليوناني والإسلامي والمملوكي والعثماني وتاريخ مصر الحديث منذ الحملة الفرنسية ١٧٩٨ إلى الوقت الحاضر هناك ستة قرون ٧٠ – ٦٤١ تحول فيها المصريون إلى المسيحية أضافوا إلى الدين الجديد كنيسته المصرية القبطية **الفريدة** في لاهوتها **وطقوسها وإسهاماتها** سواء للمسيحية **أو** للثقافة المصرية الوطنية المصرية. هذا التاريخ المجيد مسكوت تماماً عن التلاميذ المسلمين أي لا يوفّر لهم أي معلومات ومعارف عن الديانة المسيحية **فبينما** يتعلم التلميذ المسيحي عن الإسلام الشيء الكثير لا يتعلم التلميذ المسلم شيئاً عن التاريخ أو الدين المسيحي وربما كان هذا أحد أسباب **التعصب** والتوتر **والتأهب** للعنف.

وهناك مشكلة يواجهها الأقباط في مصر تتعلق بقضية تغيير الدين وبالرغم من وجود قواعد تشريعية تمنح المواطن المصري المسيحي الحق في تغيير دينه **واعتناق** الدين الإسلامي **وإلزام** الدولة بجميع أجهزتها بذلك **غير أنه** في الوقت نفسه لم يمنح هذا الحق للمسيحي الذي **اعتنق** الدين الإسلامي ثم عاد إلى المسيحية مرة ثانية بل يواجه صعوبة في تعديل بياناته إلى أصلها في حالة عودته إلى المسيحية. **ومن المعروف أن** هناك مادة في الدستور **تكفل** فيها الدولة حرية العقيدة وحرية ممارسة **الشعائر** الدينية. و**هذه** المادة ممكن أن يستخلص منها العديد من الحقوق **وعلى سبيل المثال** الحق في **اعتناق** أي دين والحق في تغيير **هذا** الدين بشكل طبيعي والحق في **الإجهار** العلني بالمعتقد وممارسة العبادة وإقامة **الشعائر والطقوس** الدينية **وما يترتب على ذلك** الحق من إقامة دور عبادة **وإزالة** خانة الديانة من كل البطاقات الشخصية لما تتسم به من تمييز مبدئي **ومن هنا** تبرز الحاجة إلى دور **أكثر وضوحاً وفاعلية** من المجلس القومي لحقوق الإنسان في هذا الشأن خاصة في **تقنين** قضية حرية الدين والمعتقد **ولابد من** وجود نظام عام في صورة قانون **إما** يمنح الحرية لجميع المواطنين المصريين مسيحيين ومسلمين في تغيير دينهم **أو** يمنع تماما تغيير أحد لدينه على أرض مصر **حتى لو كان هذا** إحدى الحريات الأساسية للإنسان. لأنه **لا يجوز** أن تترك القضية **بهذا** الشكل الذي يسيء للنظام المصري ويتهمه بمساندة من يريد إشهار إسلامه **واعتقال** من يريد اعتناق المسيحية **وما يتبع** ذلك **من** استغلال التوترات **الطائفية** داخلياً قبل خارجياً.

إن ما نحتاجه هو نظام عام يؤكد منظومة المواطنة ليتم تطبيقه على جميع المواطنين المصريين مسلمين و مسيحيين.

سعد الدين إبراهيم (بتصرف)
جريدة "المصري اليوم"
٢٠٠٧/٢/٢٦

المفردات الجوهرية :

Concern, worry	همّ (هموم) : ما يثير القلق
Proverb	قول مأثور: مَثَل متناقل
To declare publicly	أجهر – إجهار: إعلان – إشهار
Sectarian	طائفية

المفردات المتداولة :

A group	فئة (فئات): مجموعة من الناس لها سمات مشتركة
To be deprived of – deprivation	حُرم من – محروم من– حرمان: مُنع عن – مَنْع
To discriminate – discrimination	فَرّق – تفرقة : تمييز
Regulation	لائحة (لوائح): قانون (قوانين)
To repair, restore	رمّم: أصلح
A long time (here: the Coptic era)	حِقبة (حِقب): عهد – فترة طويلة من الزمن
Fanaticism × tolerance	تعصّب × تسامح
Preparedness for	تأهُب لـ: استعداد لِ
To embrace a religion	اعتناق الدين : الدخول في الدين
Coercion	إلزام: إجبار
To arrest × to release	اعتقل – اعتقال: سَجَن – سجْن حَبس × أطلق سراح

خمنوا معنى الكلمات التالية :

منفصلة – المهن – تصريح – مظلمة – الفريدة – طقوس – اسهامات – شعائر – إزالة – تقنين – يجوز.

أسئلة للفهم:

١. ماذا يعني هذا القول: الدين لله أما الوطن فهو للجميع ؟
٢. صف الخلفية الاجتماعية والاقتصادية للأقباط في مصر.
٣. ما مسببات الإحباط والغضب عند الأقباط ؟
٤. يعاني الأقباط من الإحساس بالظلم والتفرقة فيما يتعلق ببعض اللوائح الخاصة لممارستهم لطقوسهم الدينية. بم يبرر الكاتب هذا الإحساس ؟
٥. إلام يستند التحفظ الذي يبديه الكاتب إزاء البرامج التعليمية في المدارس ؟
٦. كيف يتعامل النظام المصري مع قضية تغيير الديانة من المسيحية إلى الإسلام وبالعكس ؟
٧. بم يطالب الكاتب فيما يتعلق بقضية التحول إلى دين آخر ؟

أساليب وتراكيب:

- **لاحظوا أسلوب التمييز**: منفصلة.. **ثقافياً واقتصادياً وسياسياً** أكثر **وضوحاً وفاعلية**
- **لاحظوا تركيب إما.. أو** : **إما** يمنح الحرية **أو**...
- **لاحظوا تركيب ما.. من** : **ما** يتبع **من**...
- **لاحظوا أسماء الإشارة**:
  - على **هذا** النحو
  - يحصل عليه **هؤلاء** الآخرون
  - أهم مظاهرها **هذه** القوانين واللوائح
- **هاتوا المثنى من هذا وهذه في حالات الرفع والنصب والجر.**

نشاط الكتابة:

١. **اكتبوا فقرة طويلة تصفون فيها بعض المشاكل التي يعاني منها الأقباط في مصر مستخدمين الأدوات والعبارات التالية**: وذلك أنّ – كما أنّ – بينما – سواء – أو – غير أنّ – على سبيل المثال – ما يترتب على ذلك من.. – ومن هنا – حتى لو كان – اعتنق – التعصب – التفرقة – مرسوم – ممارسة الطقوس الدينية.

٢. اكتبوا فقرة تصفون فيها بعض مظاهر التفرقة سواء العنصرية أو الطائفية في بلدكم مستخدمين أدوات الربط المذكورة سابقاً.

جمال عبد الناصر

● ماذا بقـي من ثورتـه ؟

عندما خرج ملايين المصريين لتشييع جنازة جمال عبد الناصر الذي رحل في ٢٨ أيلول / سبتمبر ١٩٧٠، وشاركت مشاعرهم ملايين أخرى غفيرة في شتى الأقطار العربية، كانت هذه المشاعر مزيجاً من الشعور بالذهول وعدم التصديق، إذ يظفر الموت برجل كان له كل هذا الحضور القوي في حياتهم، والشعور بالأسف والمرارة إذ يفقدون هذا الرجل الذي كثيراً ما عبرت مواقفه عن كبرياء المصري والعربي واعتزازهما النفسي إزاء الأجنبي، والشعور بالاعتراف بالجميل لما فعله من أجل تحرير المستضعفين في الأرض من أسر الاستبداد الطبقي، وكذلك الشعور بالخوف من مواجهة المستقبل بدونه.

ولم يكن غريباً أن يبعث رحيل مثل هذا الرجل مشاعر الرهبة والاحترام لدى الأنصار والأعداء على السواء وهؤلاء وأولئك كثيرون، ففي حين ذرف الأنصار دموعاً حارة على فقده، طأطأ الأعداء الرؤوس له احتراماً.

ومن الصعب على المرء أن يصدق أن هذا الرجل الذي حكم مصر لفترة قصيرة امتدت إنجازاته إلى مختلف ميادين السياسة والاقتصاد والمجتمع والثقافة. ففضلا عما كان له من دور في إنهاء الاحتلال البريطاني والنظام الملكي في مصر، وفي وضع نهاية لسيطرة الإقطاع على السياسة والاقتصاد والمجتمع، كان له الفضل في وضع خطة اقتصادية طموح للتنمية، وفي تنفيذها بنجاح، وفي فتح أبواب التعليم أمام الشرائح الدنيا من المجتمع، وفي حصول هذه الشرائح الدنيا على مختلف الخدمات الأساسية والسلع الضرورية، كما قدم عبد الناصر يد العون للحركة الاستقلالية والتقدمية في البلاد العربية الأخرى مما ساعدها على تحقيق الاستقلال السياسي ودرجة عالية من السيطرة على مواردها الاقتصادية، وتحقيق نهضة اجتماعية وثقافية، صاحبها تقريب للمواقف العربية وتوحيد الصف العربي أمام التدخل الأجنبي والأطماع الإسرائيلية.

وقد ألهم كل ذلك كثيراً من حركات الاستقلال والنهضة في بلاد أخرى من بلاد العالم الثالث، و ساهم عبد الناصر أيضاً في تقديم يد العون السياسي والعسكري والاقتصادي لكثير منها.

من المؤكد أنه قد ساعدت جمال عبد الناصر على تحقيق كل هذه الإنجازات ظروف دولية مواتية فقد كانت ظروف العالم فيما بين منتصف الخمسينيات ومنتصف الستينيات تسمح بظهور هذا النوع من القادة والزعماء في بلاد العالم الثالث، على الأخص، بسبب احتدام الحرب الباردة بين المعسكرين

الرأسمالي والاشتراكي. ولكن لم يكن كل رئيس من رؤساء العالم الثالث مؤهلا لأن يلعب هذا الدور النبيل. وقد كان من حسن حظ مصر أن توافرت في جمال عبد الناصر الشروط اللازمة للقيام بهذا الدور: الذكاء اللازم لفهم ما يدور في العالم، والدرجة الكافية من الوطنية التي تجعله يستثمر ظروف العالم لصالح أمته لا لصالحه الفردي، والشجاعة الكافية لاتخاذ قرارات غير مضمونة النتائج، والثقة الكافية بالنفس وبأمته التي تسمح له بتحدي من هو أقوى منه.

قد يقال إن كثيراً من إنجازات عبد الناصر قد جار عليها الزمن فلم يتبق منها إلا مجرد الذكرى، فهدف توحيد كلمة العرب في عدد من القضايا السياسية والاقتصادية الأساسية، قد انتهى بحالة من التفكك والتمزق العربي، ومن تفرق المواقف العربية في كل اتجاه، مما يصعب العثور على مثيل له في التاريخ الحديث.

وهدف استعادة حقوق الفلسطينيين وإرغام إسرائيل على رد هذه الحقوق أصبح أبعد عن التحقق مما كان في أعقاب هزيمة العرب في ١٩٤٨. والاستقلال الاقتصادي فقد الكثير منه نتيجة تطبيق سياسات الانفتاح الاقتصادي في مصر وفي دولة عربية بعد أخرى. والتنمية الاقتصادية والتصنيع قد تراخى معدلهما في مصر عما كان عليه خلال الستينيات، وزاد اختلال الهيكل الإنتاجي لصالح قطاع الخدمات وتصدير المواد الأولية. وهدف التقريب بين الطبقات وتحقيق العدالة الاجتماعية قد أصابه بدوره الانتكاس نتيجة الاتجاه نحو الاعتماد على الحافز الفردي وبيع القطاع العام وتقليص دور الدولة في النشاط الاقتصادي.

ولكن في هذا القول من الخفة والتهور أكثر مما فيه من الحقيقة، وهو على أي حال لا يجدي كثيراً في إصدار الحكم الأخلاقي أو السياسي على الحقبة الناصرية. فمن ناحية ليس صحيحاً أن ما أنجزه عبد الناصر في هذه الميادين كلها لم تبق منه آثار مهمة وإيجابية حتى يومنا هذا. فما زالت قناة السويس تدر للاقتصاد المصري عائداً مهماً كان يذهب قبل عبد الناصر للمساهمين الأجانب. ومازال السد العالي يحمي مصر من خطر القحط في بعض الأعوام ومن خطر الفيضان في أعوام أخرى. وربما كان أهم آثار الحقبة الناصرية الباقية، وأكثرها صلابة أمام تقلبات الزمن، هو ما أتاحته السياسة الناصرية من حراك اجتماعي سمح للشرائح الدنيا والمستضعفة من المجتمع المصري بالصعود إلى سطح الحياة، والمشاركة في الانتفاع بثمرات التنمية والتعليم والتقدم.

إلا أن هناك كثيراً من الانتقادات التي توجّه إلى حكم جمال عبد الناصر وثورة تموز / يوليو بصفة عامة وأثرها السيئ على الديموقراطية السياسية. فقد كان حكم عبد الناصر بلا شك حكماً فردياً، وأبعد عن الديموقراطية السياسية بكثير مما كان عليه نظام الحكم المصري قبل عام ١٩٥٢. بل وكثيرون هم من يردون إلى هذا العيب الخطير في الحكم الناصري، ليس فقط ما أصاب الحياة السياسية منذ ذلك

الوقت من ابتعاد عن الديموقراطية، بل وأيضاً ما أصاب مصر من هزيمة عسكرية. إذ يذهب كثيرون إلى أنه ما كانت هزيمة ١٩٦٧ لتحدث، بهذه الدرجة من السهولة والفداحة، بل وربما ما كانت لتحدث على الإطلاق، لـو تمتعت مصر في ذلك الوقت بحرية سياسية أكبر، ولو كان للشعب درجة أكبر من الرقابة والتأثير في اتخاذ القرارات الأساسية.

ومع ذلك فإني أعتبر جمال عبد الناصر، دون أي تردد، أفضل من حَكَمَ مصر في العصر الحديث، وأنه لا يعادله أو يقارن به في الخدمات التي أداها لمصر إلاّ محمد على.

ويكفي أن نعرف أنه في حقبة ناصر انتعش النشاط الصناعي إلى حد الاكتفاء الذاتي في بعض القطاعات فعلى سبيل المثال لا الحصر كان كل أثاث البيت المصري و"أجهزته" مصنوعاً في مصر، من الثلاجة إلى فرن المصانع الحربية، إلى قماش الستائر .. إلخ، إذ لم يكن من المسموح به استيراد ما ينافس هذه الأشياء. وحققت الصناعة المصرية تقدماً هائلاً في الجودة في هذه الفترة القصيرة.

وكل يوم يمر بعد وفاة عبد الناصر يمثل تراجعاً للنهضة الصناعية وعن مكاسب الفقراء والمستضعفين في الأرض، ولم نكسب في الوقت شيئاً ذا بال في رأيي في مجال الحريات.

كان كل يوم يمر بعد وفاة عبد الناصر يزيدني تقديراً له ولسياسته واستعدادي لغض النظر عن القيود التي فرضها على الحريات فالحرية بالنسبة له كانت حرية الحصول على رغيف الخبز. وقد عارضه في ذلك يوسف إدريس الذي أبدى تحفظه الصريح على ذلك قائلا إن هذا جزء من الحرية وليس الحرية كلها. ولكن أعتقد أن الغالبية من الناس لم تعانِ من فقد الحريات بل زادت حريتهم بحصولهم على ضروريات الحياة. إني لم أفقد بالطبع إيماني بأهمية الحرية السياسية، ولكن لكل مقام مقال، ولكل عهد القضية التي يجدر التأكيد عليها. والقضية الأساسية الآن هي استعادة المكاسب التي أتى بها عبد الناصر لمصر وتعرّضت للتهديد شيئاً فشيئاً بعد وفاته.

جلال أمـــين
من كتاب "شخصيات لها تاريخ"
دار الشروق

المفردات الجوهرية :

To be grateful	الاعتراف بالجميل : الاعتراف بالفضل
Oppression	استبداد : ظلم
Feudal system	إقطاع :
To inspire	ألهم : أوحى لِـ
Suitable	مواتية : مناسبة
Drought	قحط : جفاف
Important	ذو بال : مهم

المفردات المتداولة :

Various	شتى : مختلف
To be proud of	اعتزّ بـ – اعتزاز بـ: افتخر بـ
Supporter × enemy	نصير (أنصار) × عدو – أعداء
A person	مرء: إنسان
Here: social class	شريحة (شرائح): (هنا = طبقة اجتماعية)
Progressive × regressive	تقدمي × رجعي
Ambitious desire, greediness	طمع (أطماع): رغبة شديدة (سلبي)
To qualify – qualified	أهَّل – مؤهَل: أعدَّ – معَدّ – مستعدّ
Good luck × bad luck	حسن حظ × سوء حظ
In favor of, in the interest of	لصالح: لمصلحة
Disruption, break up	تفكّك: تمزّق – انقسام
In the aftermath	في أعقاب: بعد – عقب
Motive	حافز: دافع
To decrease, limit	قلّص – تقليص: صغَر – حجَّم – خفَض

To be useful, beneficial	يجدي : يفيد
Era	الحقبة : فترة طويلة من الزمن – عهد
The lower × higher	الدنيا × العليا
Majority	غالبية : أكثرية
To ignore, avert one's gaze	غض النظر : صرف النظر – تجاهل
Gradually	شيئاً فشيئاً : تدريجياً

خمنوا معنى الكلمات التالية :

غفيرة – مزيجاً – انجازاته – له الفضل في – صاحبها – إرغام – تراخى – الانتكاس – تدرّ – يحمي – تقلبات – أتاحته – اكتفاء ذاتي – مكاسب – تحفّظه.

أسئلة للفهم :

١. ما الذي جعل كلاً من أعداء جمال عبد الناصر وأنصاره يشعرون بالحزن عند وفاته ؟

٢. ما أهم إنجازات عبد الناصر ؟

٣. ما العوامل الدولية التي ساعدت ناصر على تحقيق إنجازاته ؟

٤. اذكروا بعض السمات الشخصية التي اتسم بها عبد الناصر.

٥. اذكروا بعض إنجازات عبد الناصر التي انتهى بها الأمر إلى مجرد ذكرى.

٦. ما أهم إنجازات عبد الناصر التي مازالت قائمة حتى الوقت الراهن ؟

٧. يشير الكاتب إلى سلبيات نظام عبد الناصر، ما أخطر هذه السلبيات ؟

٨. إن الأنظمة التي تلت الحقبة الناصرية قضت على إنجازاته الاجتماعية. علّقوا على ذلك.

٩. ما تقييم الكاتب لنظام عبد الناصر ؟

١٠. من الواضح أن مفهوم الحرية يختلف في مكوناته لكل من عبد الناصر ويوسف إدريس وجلال أمين. علّقوا على ذلك مبدين رأيكم في هذه القضية.

أساليب وتراكيب:

(أ) لاحظـــوا:

أسلوب المفعول لأجله : طأطأ له. . **احتراماً**

أسلوب الاستثناء : فلم يتبق منها **إلا الذكرى**

(ب) **استخدامات تراكيب مــا:**

- كثيراً **مـا**
- **لما** فعله
- **مما** يصعب العثور على...
- أبعد عن التحقق **مما** كان في. .
- أبعد **مما** كان عليه قبل...
- **مـا** أصاب مصر **من** هزيمة
- **ما** كانت الهزيمة. . لتحدث. . لو تمتعت...

(ج) استعمال أنْ وأنّ:

- **ومن** الصعب على المرء أنْ يصدّق
- **من** المؤكد أنه............
- **من** حسن الحظ (من حسن حظ مصر) أنْ /أنّ.....

(د) **لاحظوا تعبير : لكل مقام مقــال. على سبيل المثال لا الحصر.**

نشاط الكتابة:

اكتبوا فقرة تتناولون فيها إيجابيات عبد الناصر وسلبياته من وجهة نظر الكاتب ومن وجهة نظركم الشخصية مستخدمين بعضاً من التعبيرات والأدوات التالية:

الأنصار – أطماع – الإقطاع – في أعقاب – حافز – حقبة – لا يجدي – ربما – بلا شك – على سبيل المثال لا الحصر – شيئاً فشيئاً – إذْ – فضلاً عن – من المؤكد أن لو كان ... لَـ – مع ذلك – من الصعب على ... أن – من الغريب أن – على السواء – أسلوب التمييز / استثناء – تركيب ما ... من.

حزب الله

تأسس الحزب عام ١٩٨٢ في ظل الاحتلال الإسرائيلي لجنوب لبنان ووسط دوامة الحرب الأهلية اللبنانية. لعب دورا كبيرا على الساحتين الداخلية والإقليمية، ونجح في دفع إسرائيل إلى الانسحاب من الجنوب وإنهاء احتلال دام قرابة العقدين.

حزب الله حزب سياسي وعسكري شيعي في لبنان، نشأ كمجموعة تستهدف الاحتلال العسكري الإسرائيلي لجنوب لبنان عام ١٩٨٢. وقد **تبلور** الحزب حول حركة أمل التي أسسها الإمام موسى الصدر وبعض المنظمات الشيعية الأخرى. ويحمل الحزب في طياته آثارا من الفكر الشيعي السياسي المستمد من **المرجعيات** الدينية في إيران والعراق، **ولاسيما** الجانب الاجتماعي. فبالإضافة إلى الدور السياسي والعسكري الذي يلعبه حزب الله، هناك جانب اجتماعي يتمثل في إقامة المستشفيات والمدارس ودور **الرعاية**. أما الدور العسكري للحزب **فيضطلع به** جناحه المسلح «المقاومة الإسلامية». **كما** يمتلك الحزب قناة تلفزيونية خاصة به هي « تلفزيون المنار».

وقد لعب حزب الله دورا كبيرا في فترة الثمانيات وظهر **كقوة مقاومة لبنانية كبيرة تقاتل ضد الاحتلال** الاسرائيلي لجنوب لبنان. وكلل **كفاح** الحزب بالانسحاب الإسرائيلي من جنوب لبنان عام ٢٠٠٠، **مما** أكسبه رصيدا كبيرا في الشارع اللبناني، وزاد من **التفاف** اللبنانيين **حوله**. ومنذ الانسحاب الإسرائيلي من جنوب لبنان، استمرت المقاومة الإسلامية **بالمناوشات** مع الجيش الإسرائيلي في منطقة مزارع شبعا **المتنازع عليها**. يترأس الحزب حسن نصر الله، الذي قتل **نجله** البكر هادي شهيدا في إحدى المواجهات مع إسرائيل في جبل الرفيع في جنوب لبنان. وقد خلف حسن نصر الله **سلفه** عباس الموسوي الذي استهدفته الطائرات الإسرائيلية فاستشهد وزوجته وابنه في العام ١٩٩٢.

❖ الارتباط بسوريا وإيران:

يرتبط حزب الله بإيران **ارتباطا عقائديا**، **فكافة** أفراد الحزب هم من اللبنانيين الشيعة، وهم ملتزمون بولاية الفقيه في إيران ومرجعيته الدينية والسياسية. ويعتقد أن حزب الله يتلقى دعما ماديا كاملا من إيران، تقدرها بعض المصادر بـ ٥٠ مليون يورو في الشهر الواحد. **من ناحية أخرى** أدت ظروف المقاومة ضد الاحتلال الإسرائيلي إلى حدوث تقارب كبير بين حزب الله منذ ولادته وبين النظام السوري الذي **أتاح** لكوادر الحزب **التمركز في** سهل البقاع وسّهل وصول المعدات **والتموين** إليهم. وبعد اغتيال رئيس الوزراء السابق رفيق الحريري وما استتبعه من خروج للقوات السورية الحليفة

لحزب الله، والتي **تمركزت** لأكثر من ثلاثة **عقود** في لبنان تعرض حزب الله لضغوط محلية ودولية كبيرة بهدف حمله على إلقاء السلاح وتحويله إلى حزب غير مسلح. **غير أن** الحزب الذي يجلس ١٤ نائبا ينتمون له في مجلس النواب، يرفض **التخلي عن** سلاح المقاومة **طالما** لم يكتمل الانسحاب الإسرائيلي بالخروج من مزارع شبعا.

❖ **وساطـــة ألمانيـــة:**

في عام ٢٠٠٤ نجحت الوساطة الألمانية بين إسرائيل والحزب في إتمام صفقة تبادل **للأسرى**، قام حزب الله **بمقتضاه** بإطلاق سراح رجل أعمال إسرائيلي، وسلَّم رفات ثلاثة جنود إسرائيليين **أُسروا** في لبنان في أكتوبر / تشرين الأول ٢٠٠٠. وفي المقابل **أطلقت** إسرائيل سراح ما يقرب من ٤٠٠ معتقل فلسطيني و٣٥ **محتجزاً** من بلدان عربية أخرى، وأغلبهم لبنانيون، كما سلَّمت رفات ٥٩ لبنانياً قُتلوا على أيدي الجيش الإسرائيلي ودُفنوا في إسرائيل. ومن بين من **أفرجت عنهم** إسرائيل أربعة لبنانيين كانوا محتجزين **رهائن** دون **تهمة** أو محاكمة منذ عدة سنوات.

❖ **تحـــت المجهـــر:**

في الوقت الذي **تصنّف** كل من الولايات المتحدة، المملكة المتحدة، كندا وأستراليا حزب الله كمنظمة إرهابية، نجد أن الكثير من الدول لا يصف حزب الله بهذا الوصف. ويصف الإعلام الأوروبي حزب الله كجماعة مسلّحة مرتبطة بالإرهاب.

وفي العالم العربي، يتفق **السواد الأعظم** العربي أن حزب الله منظمة جهادية ذات حق مشروع **وسليب** من قبل الإسرائيليين ولهم الحق في مقاومة الاحتلال الإسرائيلي. ففي الوقت الذي **أدان** فيه حزب الله هجمات ١١ سبتمبر ٢٠٠١ وحادثة مقتل نيك بيرغ في العراق، نجد أن حزب الله يتعاطف ويؤيد التحركات العسكرية لحركة حماس التي **تصنّفها** الولايات المتحدة وحليفاتها كمنظمة إرهابية.

موقع الـ"BBC"
٢٠٠٥

المفردات الجوهرية :

Son	نجل : ابن
The majority	السواد الأعظم : الأكثرية
Microscope	مجهر : جهاز يكبّر الصورة
To steal – stolen	سلب – يسلب – سليب : سرق – مسروق

المفردات المتداولة :

To crystallize, appear	تبلور : نشأ – ظهر
Especially	لاسيما : خاصة
To undertake	اضطلع بـ: قام بـ – يقوم – قيام
To struggle	كافح – كفاح : قاوم – مقاومة
Disputed	متنازع عليه : هناك خلاف حوله
All	كافة : كل
To provision – food supply, provisions	موّن – تموين : وفّر الغذاء
To give up	تخلى عن : ترك
As long as	طالما : مادام
According to	بمقتضى : طبقاً لـ
To release s.o., set s.o. free	أطلق سراح : أفرج عن
Prisoner of war	أسير (أسرى) : سجين حرب
Hostage, prisoner	رهينة (رهائن) : أسير (أسرى)
To condemn	أدان : ندّد بـ – شَجب

خمنوا معنى الكلمات التالية:

مرجعيات – رعاية – التفاف.. حول – المناوشات – سلفه – ارتباطاً عقائديا – أتاح – تمركز – عقود – محتجزاً – تهمة – تصنّف.

أسئلة للفهم:

١. صف الخلفية التاريخية لحزب الله.
٢. ما الدور الرئيسي الذي لعبه حزب الله على الساحة اللبنانية في أواخر القرن العشرين ؟
٣. علام تقوم ارتباطات حزب الله الإقليمية مع سوريا وإيران ؟
٤. بالرغم من تمسك حزب الله بسلاح المقاومة ضد إسرائيل إلا أنه لم يتخلَّ عن استراتيجية التفاوض والمساومة. علّق على ذلك.
٥. ما موقف كل من الدول الغربية والدول العربية من حزب الله ؟

أساليب وتراكيب:

- **لاحظوا جملة الصلـــــــــة:** قوّة مقاومة **تقاتل ضد** الاحتلال

A resisting force **which** fights against occupation

- **لاحظوا أسلوب المفعول المطلق** : يرتبط **ارتباطاً** عقائدياً.
- **أكملوا الجملة التالية بإضافة مفعول مطلق:** قاوم حزب الله الاحتلال................

نشاط الكتابة:

هناك تباين في مواقف الغرب ومواقف الدول العربية تجاه حزب الله. ما موقفكم الشخصي من هذه الحركة ؟ عبّروا عن رأيكم مستخدمين التعبيرات وأدوات الربط التالية:

لاسيما – مما – من ناحية أخرى – بينما – أما ... فـ.

الشـــيعة

إنّ الشيعة هم الذين شايعوا (اتبعوا) عليا كرم الله وجهه، وساقوا الإمامة في أولاده من بعده وهم مسلمون كبقية المسلمين، **وإن** اختلفوا معهم في مسائل لا علاقة لها بجوهر العقيدة أو الرسالة.

وأهل **السنة** والشيعة يلتقون على الإيمان بإله واحد وكتاب واحد هو القرآن الكريم .. ورسول واحد هو النبي محمد بن عبد الله صلى الله عليه وسلم.

إنَّ الخلاف الجوهري بين الشيعة والسنة **أنَّ** الشيعة يرون **أنَّ** الإمامة وراثة في آل البيت، **أما** السنة **فيرون أنّ** الخلافة تقوم على الاختيار أو الانتخاب، وقد بدأ ظهور الشيعة بعد الفتنة الكبرى بعد معركة الجمل والنهروان، وكان الخلاف سياسيا في الأصل لا دينيا، **ولكنه احتمى** خلف الدين وغلب عليه الطابع الديني، ولعب أعداء الإسلام وهم أعداء السنة والشيعة معا دورهم التاريخي في تعميق **هوة** الخلاف بين الشيعة والسنة، وفي الكذب بين الاثنين حتى **دب** بينهما **الفتور**، وهما أبناء دين واحد، وعدد الشيعة يقترب من ١٥٠ مليون أي **أنهم** يمثلون ما يقرب من ١٠٪ من العدد الكلي للمسلمين البالغ مليارا و٥٠٠ مليون، ومعظم الشيعة موجودون في إيران والعراق وباكستان والهند، وتوجد منهم جماعات في لبنان وسوريا وشرق إفريقيا .. وهم مسلمون كبقية المسلمين ولكن لهم فقههم الخاص و**استنباطهم** وخلافاتهم **الجائزة** التي لا تخرجهم من خيمة الاسلام.

والمسلمون متفقون على **أن** أدلة الأحكام الشرعية **منحصرة** في الكتاب والسنة ثم العقل والإجماع، ولا فارق في هذا بين الشيعة وغيرهم، **إنما** اختلف الشيعة عن غيرهم في أمور منها أنهم لا يعملون **بالقياس**، ومنها أنهم **لا يعتبرون** من الأحاديث النبوية **إلا** ما صح منها عن طريق أهل البيت عن جدهم رسول الله، ومنها أن باب الاجتهاد لا يزال مفتوحا بخلاف جمهور المسلمين.

ويقرر الدكتور أحمد شوقي الفنجري في كتابه "مفاهيم خاطئة" **أن** من يدرس المذهب الشيعي لن يجد فيه اختلافا واحدا عن ركن أو قاعدة من قواعد الإسلام الرئيسية، لكنها اجتهادات من **الأئمة** في التفسير والتيسير في حدود قواعد الشرع، وهو أمر مسموح به في الإسلام، **بل** هو مطلب حيوي **لتحديث** الإسلام في عصرنا الحاضر.

وعلى سبيل المثال لا الحصر إنهم يجمعون الصلوات، الظهر مع العصر، والمغرب مع العشاء **تقديما وتأخيرا**.

وهذا أمر لم يفعلوه من أنفسهم وليس **بدعة** في الدين كما يعتقد بعض الجهلة، لكنها **رخصة** من الله ورسوله لمن يشاء من المسلمين والذي أراه هنا " والكلام للدكتور الفنجري" أن السنة بحاجة إلى هذا الاجتهاد في هذا العصر الحديث، **حيث** تأتي مواعيد الصلاة في وقت العمل وفي أثناء الاجتماعات المهمة **والمعروف أن** الشيعة **أكثر اجتهاداً** في الدين من السنة فكثير من فقهاء السنة قد أغلقوا باب الاجتهاد، واعتبروا أقوال الأئمة الأربعة منذ ألف عام صالحة **وخالدة** لكل العصور، **هذا في حين** أن الشيعة يعتبرون باب الاجتهاد مفتوحا إلى يوم القيامة حسب تطور الحياة وحاجة المجتمع.

بيد أن هناك قضايا لاتزال موضع خلاف الطرفين، مثال ذلك مسألة زواج المتعة .. ومعناه **أنْ يتم** الزواج بأجل معين، ثم ينفصلان عن تراض في مقابل **مهر** مسمى، وقد كان هذا **مباحا** في عهد الرسول صلى الله عليه وسلم ثم نسخ. يقول السنة: إنه نسخ بأمر الرسول نفسه، **بينما** يعتقد الشيعة أنه نسخ بأمر من عمر، **ولهذا** يعتبر حلالا لأنه لا يحق لعمر نسخ شيء بعد وفاة الرسول صلى الله عليه وسلم.

ومن القضايا التي لا تزال موضع خلاف مسألة زواج **البالغة الرشيدة** دون ولي، فهذا **جائز** عند الشيعة، وغير **جائز** في مذاهب السنة (ما عدا مذهب أبي حنيفة) ويعتبرون هذا الزواج **باطلا**.

وهذه قضية تحتاج من السنّة إلى اجتهاد عصري، **لأن** المرأة في العصر الحديث أصبحت أستاذة في الجامعة وقاضية، فكيف تحرم من تزويج نفسها **و نلزمها** بولي أمر؟.

من أهم قضايا الخلاف أيضا **أن** الشيعة يرفضون حديث الآحاد الذي ليس له إلا راو واحد **في حين أن** السنّة **برغم** اعتبارهم له أنه ضعيف، **فهم** يأخذون به ويطبقونه على المسلمين **ومن الظلم أنْ تلتزم** أمة الإسلام والأجيال كلها بحديث ضعيف.

والمعروف أنّ مصر كانت على مذهب السنّة، ثم تحولت إلى المذهب الشيعي في الخلافة الفاطمية، ثم عادت إلى المذهب السني في الخلافة الأيوبية، وكان هذا كله يتم بهدوء وبلا عنف، وكان الأزهر عند نشأته يدرّس المذهب الشيعي وحده، لكنه أصبح في العصر الحديث يدرس المذاهب الخمسة للشيعة والسنة.

وخلاصة الأمر أن جميع الخلافات أو اختلاف الاجتهاد بين الشيعة والسنة لا يوجد منها خلاف واحد في القواعد الخمس الرئيسية للإسلام. وهي شهادة أنه لا إله إلا الله، وأن محمدا رسول الله، وإقامة الصلاة، وإيتاء **الزكاة**، وصوم رمضان، وحج البيت لمن استطاع إليه سبيلا.

من هذا المنطلق يؤيد الدكتور أحمد شوقي الفنجري الإعلان العظيم الذي توصلت إليه لجنة علماء

السنة مع علماء الشيعة برئاسة الشيخ شلتوت، وأطلق عليه إعلان لجنة رسالة السلام الذي نصَّ على **أن** الشيعة والسنة أمة إسلامية واحدة تؤمن بالله ورسوله **كما** تؤمن بالملائكة والرسل والكتب واليوم الآخر والقدر، **غير أن** هذا الإعلان للأسف قد لقي معارضة عند **أنصار التكفير** من الجانبين.

أحمد بهجت (بتصرف)
جريدة "الأهرام"
٢٠٠٧/٦/٥

المفردات الجوهرية:

السنة : أحاديث وممارسات النبي محمد (صلعم)	The Prophet's sayings and doings
القياس : المقارنة	Analogy
بِدعة (بِدَع): ادّعاء أو اختراع شيء غير موجود في الدين	Heresy
نَسَخ – ينسَخ – نَسْخ: ألغى – شطب	To delete, invalidate
الزكاة: تبرعات للخير (أحد أركان الإسلام الخمسة)	Alms giving
مَهر (مُهور): المال الذي يقدم للعروس	Dowry

المفردات المتداولة:

دبّ: وقع – حدث	To occur, move slowly
فُتور × حماس	Lack of enthusiasm × enthusiasm
استنبط – استنباط: استخلص	To find out
جاز – يجوز – جائز: مسموح به	To be possible, permissible
أئمة (جمع إمام): لقب لرجل الدين الإسلامي	Imam, prayer leader
خالدة × فانية	Eternal × transient
تمّ – يتمّ: وقع – يقع : يحدث	To take place
نصير(أنصار): مؤيد (مؤيدون)	Proponent – supporter
التزم – يلتزم بـ: تَقبلّ واحترم	To adhere, abide by

تعبيرات تستخدم في جمل مفيدة:

- على سبيل المثال لا الحصر
- خلاصة الأمر
- من هذا المنطلق
- من الظلم أن

خمّنوا معنى الكلمات التالية:

احتمى – هوّة – منحصرة في – تحديث – رُخصة – مُباح – البالغة – الرشيدة – باطل – تلزم – تكفير.

أسئلة للفهم:

١. من الشيعة ؟
٢. ما نقاط اللقاء الجوهرية بين السنة والشيعة ؟
٣. علام يقوم الخلاف الجوهري بينهما ؟
٤. اذكر بإيجاز الخلفية التاريخية للشيعة مشيراً إلى وضعهم الراهن في العالم الإسلامي.
٥. ما أركان الإسلام الخمسة ؟
٦. ما تقييمك لموقف الكاتب من عقائد الشيعة وممارساتهم استناداً إلى ماورد في النص من أفكار؟

أساليب وتراكيب:

لاحظوا أسلوب التمييز : – **أكثر** اجتهاداً
لاحظوا أسلوب ظرف الزمان : – يجمعون. .... **تقديماً وتأخيراً.**
لاحظوا استعمالات إنّ وأنَّ وأنْ : – إنّ الشيعة....
– يرون أنّ الإمامة....
– معناها أنْ تتمَّ.....

استعملوا إنَّ – أنَّ – أنْ كلا في جملة لبيان الفرق في استعمالاتها.

نشاط الكتابة:

قارنوا بين حزبين أو طائفتين أو ظاهرتين مستخدمين أدوات الربط التالية التي وردت في النص.

وإن – ولكن – إنما – بل – المعروف أنّ – في حين – بينما – برغم. .... فـ – خلاصة الأمر – من هذا المنطلق – كما – غير أنّ – بيد أنّ – أما. .. ف.

الشـيعة في العراق بين الدين والسياسة

أعادت المتغيرات الأخيرة في العراق الضوء إلى طائفة الشيعة التي تشير التقديرات إلى أنها تشكل ما بين ٥٥ إلى ٦٠ في المئة من مجموع السكان المسلمين، وتسود جنوب البلاد والفرات الأوسط مع انتشار **متباين** في بغداد ومناطق أخرى شمالها.

وغاب عن الذهن في أحيان كثيرة أن الشيعة، كسكان، ليسوا حركة سياسية **متجانسة** أو شبه متجانسة، **فهم كغيرهم** من الطوائف والأديان موزعون بين فئات وطبقات و**توجهات** وانتماءات مختلفة.

كما لا يعني مجرد الانتماء إلى الطائفة الشيعية أو غيرها مؤشرا إلى هوية سياسية محددة، ولم يكن الدور السياسي الذي اضطلع به الشيعة في تاريخ العراق الحديث ذا جذر طائفي بحت **بقدر ما** هو دور وطني عام غير **منعزل** عن نشاط الطوائف والملل الأخرى.

إلا أن الإسلام الشيعي، في إطاره العام، اصطبغ بصبغة سياسية بسبب الأحداث التي أحاطت بنشأته والمسار الذي اتخذته تلك الأحداث في الفترات اللاحقة من تاريخ الدولة الإسلامية، وفي حالة العراق يضاف عامل **القهر** الذي وقع على الطائفة الشيعية **في أعقاب** بناء الدولة الحديثة.

❖ تاريخ التشيع

ويرجع التشيع إلى فترة خلافة علي والأحداث التي رافقتها وتلتها. **وثمة** من **ينسب** انتشار التشيع في جنوب العراق ووسطه إلى فترات تاريخية أقرب قد تصل لدى بعضهم إلى القرنين السابع عشر والثامن عشر.

أما في إيران **فقد** اتسع نطاق التشيع أيام الدولة الصفوية في القرن السادس عشر الميلادي، بعد أن كان محصوراً في مناطق محددة.

❖ الشيعة والعراق:

للوجود الشيعي ارتباط عضوي بالعراق، **بسبب أن** الأحداث الجسيمة التي كونت تاريخه **وبلورت** هوية أتباعه وقعت على هذه الأرض. **لكن** لهذا الوجود امتدادات في دول أخرى **وخصوصاً** إيران التي شكلت فيها مدينة قم مركزاً **رديفا** للنجف العراقية وبديلا عنها في ظروف معينة.

ويروي المؤرخون أن الإمام الحسين توجه مع رهط من صحبه وأهله إلى الكوفة قادما من الحجاز عام

٦٨٠ للميلاد للمطالبة باستعادة الخلافة، التي تولاها يزيد بن معاوية بعد وفاة أبيه.

ووجد الحسين نفسه مجردا **إلا** من نفر قليل من **أنصاره** في مواجهة قوة منظمة يقودها والي يزيد في البصرة والكوفة، **الأمر الذي اضطره** إلى مواصلة السير باتجاه كربلاء حيث **حوصر ومنع** الماء عنه، **ومن ثم قتل وأسر** الأطفال والنساء من أهله ومن بين من أسر ابنه، علي زين العابدين، الإمام الرابع لدى الشيعة.

❖ **طقوس الشيعة:**

بدأت عادة إحياء **الطقوس** الشيعية في القرن الخامس الهجري (الحادي عشر الميلادي). **وتقام** خلال الأيام العشرة الأولى من محرم المجالس الحسينية **لاستذكار** الحدث والتعبير عن الحزن بالبكاء ولطم الصدور.

كما تمارس طقوس أخرى تتضمن مسرحة الحدث حيث **تقدم** عروض في الهواء الطلق **تسمى** "التشابيه" **تروي** أحداث واقعة كربلاء وتجسد شخوصها الرئيسيين وتحضرها أعداد غفيرة من المشاهدين.

ومن بين الطقوس الأخرى ضرب الرأس **وشجها** بأدوات حادة واستخدام السلاسل الحديدية لضرب الكتفين، لكن هذه الطقوس محدودة ومختلف على شرعيتها **من قبل** علماء الشيعة أنفسهم.

❖ **دوافع سياسية:**

ولم تكن الإجراءات التي اتخذتها السلطات العراقية في السنوات الأخيرة **للحد من** ممارسة هذه الطقوس هي الأولى من نوعها في التاريخ، فقد جرى **التضييق** عليها في فترات تاريخية مختلفة.

ويقول المؤرخون الشيعة إن شعائر عاشوراء **مُنعت** في بعض الحواضر **إبان** حكم المماليك في العراق، لكنها **استؤنفت** في ما بعد خلال الحكم العثماني.

كما جرت مساع أخرى للسيطرة عليها في فترات أخرى من تاريخ العراق الحديث وخاصة في العشرينيات والثلاثينيات من القرن الماضي.

ويعد الدافع السياسي من أهم العوامل التي **تحدو بالسلطات إلى** اتخاذ إجراءات لتقييد تلك الممارسات ومنع تحولها إلى أداة ضغط سياسي، **لكونها** تشكل مناسبة للتعبير عن الاعتراض أو الرفض أو الاحتجاج، أو **حافزا** للانتفاضات العشائرية والمناطقية.

وزادت وطأة التضييق على ممارسة الطقوس الشيعية بعد **قمع** الانتفاضة الشعبية التي اندلعت في العراق عام ١٩٩١ **إثر** هزيمة بغداد في حرب الخليج. وقد تعرض السكان إلى عمليات انتقام واسعة ونفذت القوات الحكومية عمليات قصف لم تنجُ منها حتى **العتبات المقدسة**.

❖ الإسلام الشيعي السياسي :

تعرضت الطائفة الشيعية في العراق في <u>الحقبة</u> الماضية إلى إجراءات سعت للحد من نفوذها لعل أهمها الحرمان من المشاركة الفعالة في الحكم. فلم <u>يحظ</u> الشيعة كسكان في العراق بتمثيل في المؤسسات السياسية بما يتناسب مع حجمهم.

ويرجع سبب ذلك ، في جانب كبير منه ، إلى غياب الديمقراطية خلال فترات طويلة من تاريخ البلاد الحديث ، وخاصة خلال العقود القليلة الماضية ، **الأمر الذي <u>كبح</u>** إسهام الكثير من <u>الفئات والشرائح</u> القومية والدينية والسياسية والفكرية ، وأدى في ما أدى إليه إلى أن يبدأ منحى الإسلام الشيعي السياسي بالصعود ممثلا بنشاطات رجال الدين ومجموعات سياسية منظمة.

وانعكست هذه النشاطات في مسيرات احتجاجية في المدن المقدسة اعتُقل **على أثرها** كثيرون **وأعدم** قادة ورجال دين كان من أبرزهم المفكر الإسلامي محمد باقر الصدر الذي **يعتقد** أنه أسهم في أواخر الخمسينيات بتأسيس حزب الدعوة في وقت كانت الساحة السياسية تشهد نشاطا واسعا للحزب الشيوعي وأحزاب قومية.

واضطلع حزب الدعوة بنشاط بارز في السبعينيات والثمانينيات **مما** أثار غضب النظام السابق الذي أصدر قرارات <u>تعاقب</u> من <u>يتهم</u> بالانتماء إليه بالإعدام، لكن الحزب عانى في ما بعد من <u>انشقاقات</u> حولته إلى عدد من الأجنحة.

وما أن تأزم الوضع أكثر بعد اندلاع الثورة الإسلامية في إيران ونشوب الحرب بين العراق وإيران وتهجير أعداد كبيرة من أبناء الطائفة الشيعية **بحجة أنهم** من أصول أجنبية **حتى اضطر** محمد باقر الحكيم، وهو نجل آية الله محسن الحكيم المرجع الأعلى الذي توفي في أوائل السبعينيات، إلى مغادرة العراق نحو إيران حيث أسس ''مكتب الثورة الإسلامية في العراق''.

وقد تحول هذا التنظيم في الثمانينيات إلى المجلس الإسلامي الأعلى للثورة الإسلامية ، وأصبح له في ما بعد جناح عسكري عُرف بفيلق بدر.

موقع ''بي بي سي''
٢٠٠٥

المفردات الجوهرية :

Parallel to, equal to	رديف : مساوٍ لـ – مماثل لـ
The holy thresholds	العتبات المقدَّسة :
The fact which	الأمر الذي : مما
To control, restrain, prevent	كبح – يَكْبَح – كَبْح : قيّد
For being	لكونها : بسبب أنها

المفردات المتداولة :

Differing, varying	متباين : مختلف
Harmonious	متجانسة : متسقة مع بعضها البعض
To some exteut	بقدر ما : بدرجة ما
Isolated	منعزل : مبتعد عن الآخرين
There is	ثمة : هناك
To attribute to	نسب إلى – ينسب – نَسْب : أرجع إلى
Crystallize	بلور : أظهر وجسّد
To be forced to	اضطُر إلى : أجبر على
To narrate	روى – يروي – رواية : حكى – يحكي – حكاية
By	من قِبَل : من جانب
Motive, incentive	حافز : دافع
Suppression, oppression	قمع : قهر
After	إثر : بعد – عقب
A long time, a stretch of time	حِقبة (حِقب) : فترة زمنية طويلة – عهد
To enjoy the favor of s.o.	حظي بـ : كسب – ملك (إيجابي)

| To punish × reward | عاقب × كافأ |
| Dissension, disunion | انشقاق (انشقاقات) : انقسامات |

خمّنوا معنى الكلمات التالية:

توجهات – أنصار – استذكار – شجهّا – التضييق – إبان – تحدو بـ .. إلى – بحجة أن.

أسئلة للفهم:

١. ما تصنيف الكاتب للشيعة في العراق ؟

٢. ما الذي جعل الإسلام الشيعي العراقي له طابع سياسي ؟

٣. صفوا الخلفية التاريخية لنشأة التشيّع في العراق.

٤. اذكروا بعض الطقوس الشيعية ولماذا تعرّضت هذه الممارسات للحظر.

٥. صفوا الخلفية التاريخية لتأسيس المجلس الأعلى للثورة الإسلامية.

أساليب وتراكيب:

- لاحظـوا هذا التركيب وخمنوا معنى فـ: <u>فهم كغيرهم</u>..
- " أسلوب الاستثناء: وجد <u>نفسه</u> مجرداً <u>إلا</u> من نفر قليل من أنصاره.
- " الأفعال المبنية للمجهول:

١. في <u>الزمن الماضي</u>: حوصِر – مُنع – قتِل – أُسِر – استؤنفت.

٢. في <u>الزمن الحاضر</u> (المضارع): تُقام – تُقدَّم – تُسمَّى – يُعَدُّ.

٣. اذكروا الأفعال الأخرى المذكورة في النص والمبنية للمجهول.

نشاط الكتابة:

لخّصوا الأفكار الرئيسية التي وردت في المقالة مستخدمين العبارات والأدوات التالية:

متباين – بقدر ما – منعزل – ينسب إلى – قمع – بلور – ممارسة الطقوس – للحد من – لكونها – على إثرها – إثر – أما – إلا أن – خصوصاً – الأمر الذي – مما – ما إن – حتى.

التيار الإسلامي والسلطة

هل **من الممكن أن يستوعب** التيار الإسلامي ضمن الخريطة السياسية أم لا ؟ **من المعروف أن** الدستور المصري **أورد** مجموعة من المواد **التوجيهية** وفي مقدمتها النص على أن الإسلام دين الدولة وأن مبادئ الشريعة الإسلامية تمثل المصدر الرئيسي للتشريع ، وثمة نصوص أخرى **تعلقت بطبيعة نظام الدولة** وأشارت إلى ممارسة الشعب لسيادته **وحمايته وصونه** الوحدة الوطنية. وهذا يعني أنه لا تعارض بين الإسلام والشريعة الإسلامية من جانب وبين الوحدة الوطنية أو حق المواطنة من جانب آخر.

ومن المفارقات أن قانون الأحزاب الذي **يحظر** قيامها على أسس **طائفية** أو طبقية نص أيضاً على ألا تعارض مبادئ الحزب وأهدافه مبادئ الشريعة الإسلامية التي هي المصدر الرئيس للتشريع. ولا يصح أن يحظر القانون الأمر **ونقيضه** فيحظر التعارض مع الشريعة الإسلامية ويحظر الدعوة إلى نظم يُستخلص منها أو يحظر الدعوة إلى تطبيقها.

وإذا أخذ الأمر على محمل الجد وفحصت **خلفيات** الحظر **بموضوعية فسنجد** أن خلفيات الحظر له صلة قوية بالحسابات السياسية ولا **سند** قوي لها من الاعتبارات القانونية.

ومن هنا **لا مفر لنا** من الاعتراف بأن ثمة حالة خوف وأزمة ثقة بين السلطة وتيار الإسلام السياسي **ومن جراء** هذه الأزمة ظل المجتمع المصري يعاني من التوتر وعدم **الاستقرار طيلة** نصف القرن الأخير على الأقل وليس هناك عاقل مخلص لهذا البلد **يؤيد استمرار هذه الحرب وتأبيدها الأمر الذي** يفرض ضرورة البحث عن **مخرج** من هذه الأزمة التي **تبين** أن أسلوب **الاستئصال لا يجدي ولكنه** يوسع من دائرة التعاطف مع التيار الإسلامي.

ولا شك أن مسؤولية **التصالح** تقع على الجانبين. وعلى التيار الإسلامي أن يثبت **حسن النية** وسلامة القصد. **وفي هذا الصدد** فإن استمرار محاكمة ذلك التيار بسبب أخطاء وقعت قبل ٥٠ أو ٦٠ عاماً تم تجاوزها بعد ذلك تظل **من قبيل** سوء النية ويسعى إلى **تعميق** الأزمة وليس إلى تجاوزها ولعل **تطبيع** العلاقات مع إسرائيل ليس أسهل من تطبيع العلاقات بين السلطة والتيار الإسلامي **ومن الغريب أن** بلداً بحجم مصر وبقوّة سلطة الدولة يخاف التعامل مع ذلك الملف **في حين تجاوزت** العقدة دول أخرى كثيرة حولنا مثل المغرب والجزائر وموريتانيا والكويت واليمن والأردن ولبنان إلى جانب تركيا وباكستان وماليزيا وأندونسيا. وهو ما يدعو إلى التساؤل ماذا عندهم أكثر منا وأفضل **بحيث** نجحوا فيما فشلنا فيه ؟

ولابد أن نشير هنا إلى الدراسات والندوات التي تجريها الدوائر البحثية الغربية حولنا والتي تناقش الوسائل **البديلة** لمواجهة الإسلاميين عبر صناديق الاقتراع. **وبلا استثناء** فإن هذه الدراسات لم تعبّر عن أي سعادة بوجود ظاهرة الإسلام السياسي **ناهيك عن تنامي** حضوره لكنها انطلقت من **استحالة استئصاله والقضاء عليه** ودعت جميعها إلى **احتوائه** ومحاولة **إضعافه** بوسائل شتى ومنها تقوية منافسه. إن هؤلاء يحاولون استخدام عقولهم في مواجهة التيار الإسلامي وليس عصيهم ويجعلون السياسة حاكمة للأمن وليس العكس.

فهمي هويدي (بتصرف)
جريدة "المصري اليوم"
٢٠٠٧/٨/٤

المفردات الجوهرية:

أبّد – تأبيد: الاستمرار في الظاهرة إلى الأبد – عدم توقفها	To eternize, perpetuate
بلا استثناء: يشمل الجميع	Without exception

المفردات المتداولة:

استوعب: احتوى	To contain, embrace
وجّه – توجيه – توجيهي: أرشد	To guide – guidance
صان – يصون – صيانة: حمى – يحمي – حماية	To protect
حظر – يحظُر – حظر: منع – يمنعَ – مَنْع	To forbid, prohibit
نقيض: عكس	Opposite
موضوعية × ذاتية	Objectivity × subjectivity
من جرّاء: بسبب	Because of
استقرار × اضطراب	Stability × disturbance
أيّد – يؤيّد × عارض	To support × to oppose
مخرَج: الخروج من موقف صعب	Outlet, way out
بيّن – يبين: أظهر – يظهر	To show, explain
استأصل: قضى على – اقتلع	To uproot
حسن النية: سلامة القصد × سوء النية	Good intention × bad intention
في هذا الصدّد: في هذا الأمر	In this respect
تطبيع: جعل العلاقات طبيعية	To normalize (relations)
تجاوز: تغلب على	To overcome, exceed
استحال – استحالة: أصبح مستحيلاً	To be impossible
القضاء على: وضع نهاية لِـ	Putting an end to

خمّنوا معنى الكلمات التالية:

أورَد – طائفية – خلفيات – سند – طيلة – يجدي – التصالح – من قبيل – تعميق – البديلة – تنامي – احتوائه – إضعافه.

أسئلة للفهم:

١. ما الحجج والأسانيد التي أوردها الكاتب ليثبت حق التيار الإسلامي في تكوين نظام أو حزب سياسي له ؟
٢. لماذا تمنع السلطة التيار الإسلامي من تكوين حزب سياسي برأي الكاتب ؟
٣. كيف يمكن أن تتم عملية التصالح بين السلطة والتيار الإسلامي ؟
٤. ما الآليات التي تستخدمها الدوائر الغربية لمواجهة التيار الإسلامي ؟
٥. ما الذي برأيك جعل الكاتب يستشهد بالدوائر الغربية وطريقة تعاملها مع هذا الملف الإسلامي ؟.

أساليب وتراكيب:

من الـ........ .... أنْ
من الـ........ .... أنَّ

- **لاحظوا استخدام أنْ** : من الممكن **أنْ**
  " " **أنّ** : من المعروف **أنّ**
- **أضيفوا أنْ أو أنَّ بعد** : من المفارقات............
  ومن الغريب............
  من الواجب.............
- **لاحظوا استخدام ولكنَّ – لعلّ:**
  ١. ... التى تبيّن **أنّ** الاستئصال لا يجدي **ولكنه** يوسّع .....
  ٢. **ولعلّ** تطبيعَ العلاقات مع إسرائيل .....
- **أكملـوا باقي أخوات إنّ.**

- **لاحظوا هذه العبارات:**

١. تعلقت بطبيعة نظام الدولة

٢. ومن المفارقات

٣. وإذا أُخِذ الأمر على محمل الجد .. فسنجد

٤. لا مفَّر لنا

نشاط الكتابة:

اكتبوا فقرة طويلة معبرين عن رأيكم في موضوع استيعاب التيار الإسلامي في النظام السياسي ومستخدمين بعضاً من الأدوات والتعبيرات التالية:

من المفارقات – إذا أخذ الأمر (على محمل الجد) بجدية – بموضوعية – لا مفر من – لابدّ من – من جّراء – استئصال – في هذا الصدد – في حين – بحيث – ناهيك عن – ثمّةَ – الاستقرار – من الغريب أن.

حمــــاس..
(خلفية تاريخيــــــة)

إن التأصيل التاريخي لحركة حماس لابد أن يعود إلى جذور العلاقة بين الإخوان المسلمين (التي تمثل حركة حماس جناحها العسكري)، وبين منظمة التحرير ممثلة السلطة الوطنية الحالية. فهي علاقة قديمة تجاذبتها الكثير من عوامل **الصراع والمهادنة** والتعاون أحياناً ولكن العامل الحاسم في تشكيلها كان هو عامل المنافسة.

وقد توافرت ظروف موضوعية محلية وإقليمية ودولية في زمن سابق أسهمت في توفير مناخ **ملائم** لنمو حركة الإخوان المسلمين وتطورها في الأراضي الفلسطينية **ليس فقط** في الثلاثينيات وقت إنشائها فحسب **وإنما** بعد ١٩٦٧ **أيضا**، ومع **تداعيات** حرب ١٩٧٣ وما **أعقبها** من تنامي التيارات السياسية الدينية وإنتشارها في المنطقة مع قيام الثورة الإيرانية في ١٩٧٩. **أما** عقد الثمانينيات فقد شهد انتهاء الحرب الأفغانية بكل **تداعياتها**، ثم الانقلاب الذي حدث في السودان في ١٩٨٩، مروراً بتجربة الجزائر، وغيرها من العوامل التي ساعدت في النهاية على صعود الحركات السياسية الإسلامية. وفي هذا السياق جاءت "حماس" كجزء من ظاهرة عامة تشهدها المنطقة منذ فترة طويلة.

والمتابع لتطور حركة الإخوان المسلمين في فلسطين لا يمكن أن **يغفل** أيضا **الدور الذي** لعبته إسرائيل في نمو الحركة وتدعيم نفوذها خاصة بعد هزيمة ١٩٦٧ **وخضوع** أراضي الضفة الغربية وغزة للحكم الإسرائيلي. فقد **تركت** لها الباب **مفتوحاً** لمارسة نشاطها من خلال الجمعيات الخيرية الإسلامية ونشر كتبها وأفكارها وإنشاء المدارس **والمساجد التي تضاعف** عددها واستخدمتها الحركة لدعم نفوذها السياسي، وخلق قاعدة جماهيرية مؤيدة لها. وقد ساعد على اتباع هذه السياسة عدم **انخراط** الإخوان المسلمين في عمليات المقاومة **المسلحة التي** قامت بها منظمة التحرير والقوى الوطنية الأخرى في مواجهة سلطة الاحتلال، والتي تعرضت-على العكس-لعمليات القمع والملاحقة المستمرة. وربما راهنت السياسة الإسرائيلية في ذلك الوقت على تزايد نفوذ الإخوان بقدر يتيح لهم خلق منافس أو بديل لمنظمة التحرير أو على أقل الفروض استخدام التيارات السياسية الفلسطينية المختلفة في مواجهة بعضها البعض.

إن هذه الخلفية التاريخية قد تساعد على فهم وتتبع مسار العلاقة الحالية بين "حماس" والسلطة الوطنية. حيث ظلت المنافسة قائمة واتخذت مستويات مختلفة **بما في ذلك** محاولة حماس المستمرة تمييز مواقفها عن مواقف منظمة التحرير ففيما يتعلق بالموقف من الدولة الفلسطينية **حيال** قيامها أراد الإخوان **صبغها** بصفة أيديولوجية إسلامية وليست وطنية، **كما** وقفوا ضد قرارات المجالس الوطنية الأخيرة **سواء** تلك المتعلقة بإنشاء

دولة فلسطين في الضفة والقطاع **أو** القرارات التي أيدت الدخول في مسيرة السلام، **كذلك** لم يقدم الإخوان على الاعتراف بمنظمة التحرير كممثل شرعي ووحيد للشعب الفلسطيني، **ورغم** بعض التصريحات التي أظهرت قدراً من المرونة في هذا الاتجاه **إلا أن** المواقف الفعلية للإخوان **وبالتالي** لحركة حماس ظلت **متضاربة** وغير حاسمة، وهو أمر قد **ينسحب** ضمنا **على** موقفهم من السلطة الوطنية الحالية. وقد ظلت حركة الإخوان بأجنحتها المختلفة تكسب أرضية سياسية في أكثر من مجال منها النقابات المهنية والاتحادات الطلابية والغرف التجارية والجامعات والمؤسسات التعليمية، **فضلا عن** مجالات الأنشطة الاجتماعية. وقد زادت حدة هذه المنافسة بعد اندلاع حرب الخليج ودخول اعتبارات التحالفات الإقليمية للجانبين في تحديد مسار العلاقة بينهما، وقد حاول الإخوان – في إطار هذه العلاقة التنافسية– توجيه انتقاداتهم لمنظمة التحرير تأسيسا على موقف سياسي رافض للتسوية يتجاوز اللغة الدينية التقليدية **التي** كانوا يستخدمونها من قبل، بل واشتركت في هذا الموقف مع التنظيمات السياسية الرافضة للتسوية **والتي** تختلف معها جذرياً مثل قوى اليسار (الجبهة الشعبية والحزب الشيوعي) من ناحية ومع تنظيم "الجهاد الإسلامي **الذي** يلقى دعما ومساندة إيرانية – من ناحية أخرى. هذه الخلفية التاريخية تساعد على قراءة الأحداث الجارية.

فإذا كانت محاولة التنافس مع منظمة التحرير (السلطة الوطنية الحالية)، هي الغالبة على تاريخ العلاقة معها، فالمتوقع أن **تزداد حدة** هذه المنافسة تبعا لعمق وأهميتها التغييرات التي تجري على أرض الواقع، ويمكن هنا الإشارة إلى حدثين فاصلين أولهما هو اندلاع الانتفاضة الفلسطينية في عام ١٩٨٧–١٩٨٨ **والتي** أخرجت الإخوان عن موقفهم **السلبي** التقليدي من المقاومة المسلحة، فتشكلت حركة حماس (كجناح عسكري لهم) للمشاركة في هذا الحدث بما يجعلهم طرفا فاعلا ومؤثرا على مجريات الأحداث. مع ملاحظة أن حماس حاولت أن تظهر وضعا متميزاً عن باقي الفصائل أثناء الانتفاضة. والأمر الآخر، وهو ما يهمنا في تحليل الموقف الراهن– يتمثل فيما حققته عملية التسوية السلمية من تقدم ملموس نحو الحل النهائي للقضية الفلسطينية. ومن هنا كان **لابد** "لحماس" في هذه الفترة الانتقالية "الحاسمة" التي **سيترتب عليها** تحديد الوضع النهائي للدولة الفلسطينية، **أن** تعيد إثبات وجودها كطرف قادر على قلب الموازين السياسية **وبالتالي** لا يمكن تجاهله في الترتيبات النهائية، **ويقتضي** ذلك امتلاك أوراق للضغط قد تمكنها من التفاوض المباشر مع الجانب الإسرائيلي وعقد نوع من **الصفقة** السياسية تتفاوض فيها على وقف عمليات العنف مقابل اعتراف إسرائيل بدورها بشكل قد يكون مستقلا عن السلطة الفلسطينية.

وفي هذا الإطار أتت محاولة حماس من خلال **اضطلاعها** بالعنف **إحراج** السلطة الفلسطينية بل وهز **ركيزة** هذه السلطة **وقواعدها**.

وعلى الصعيد الإقليمي تهتم حركة حماس بالحصول على دعم من بعض الأطراف العربية المعنية مباشرة بعملية التسوية السلمية. وقد راهن الإخوان قديما على علاقتهم التاريخية بالأردن، إلا أن قيام "حماس" وانتهاجها في كثير من الأحيان **نهجا** سياسيا **مغايرا** للسياسة الأردنية قد أدى إلى

تغيير بعض القواعد الحاكمة لهذه العلاقة القديمة. وربما تراهن حماس في الوقت الراهن- مع وجود أجنحة متشددة فيها مثل كتائب عز الدين القسام- على الحصول على دعم بعض الأنظمة الأخرى مثل سوريا. **صحيح أن** علاقة الإخوان بسوريا شابها الكثير من عوامل **التوتر** بسبب موقفها من حركة الإخوان المسلمين، **إلا أن الخطوات التي** اتخذها النظام السوري لتحقيق نوع من المصالحة مع هذه الحركة بالإفراج عن معتقليها وقياداتها- وهي خطوة **غير مسبوقة** منذ الصدام العنيف **الذي** وقع بين الجانبين في حماة ١٩٨٢- ربما دفع ببعض أجنحة حماس للمراهنة على هذا الخيار خاصة في ظل تعثر المفاوضات السورية الإسرائيلية.

ويبقى التساؤل المطروح حول أثر ممارسات حماس على مسيرة السلام. **فعلى الرغم مما** يبدو من آثارها السلبية على تلك المسيرة **إلا أن** هناك العديد من الاعتبارات السياسية الإقليمية والدولية التي يجب أخذها في الاعتبار عند التقييم النهائي للموقف.

أولاً: إن عملية السلام أصبحت اختيارا استراتيجيا لا يمكن الرجوع عنه لأسباب عديدة **لا تقتصر** على الجانب السياسي وإنما تتشابك فيها المصالح الاقتصادية ومشروعات التنمية التي تحرص عليها جميع الأطراف.

ثانيا: إن ممارسات العنف تأتي في وقت يدين فيه المجتمع الدولي والشعوب والمجتمعات الراغبة في تحقيق الاستقرار والتقدم- ظاهرة الإرهاب، **وبالتالي** فإن الإرادة الجماعية تلتقي على مواجهته بشكل حاسم. ولن **تفلح** جماعة، أو نظام في تغيير هذه الإرادة.

ثالثا: إن مراهنة أي حركة سياسية على العنف لتحقيق أغراض سياسية **بعيدة المدى** أصبحت وسيلة **عقيمة**. وقد سبق أن استخدمت هذه الوسائل في السبعينيات (مثل حوادث خطف الطائرات واحتجاز المدنيين، والاغتيالات وغيرها) ولم **تثمر** على المدى الطويل. ويجب هنا التفرقة بين مثل هذه الحركات التي تسعى لتحقيق مطالب سياسية ضيقة تتعلق بمصالحها ذاتها وبين حركات التحرر الوطني مثل منظمة التحرير. فعندما دخلت الأخيرة المفاوضات كانت تمتلك رصيدا ضخما من **النضال** الوطني لما يزيد عن خمسة وعشرين عاما. وهو نضال اكتسب معنى وطنيا خالصا، لأنه بلور هوية وطنية مستقلة، وقام باسم الحقوق المشروعة للشعب الفلسطيني بأكمله وليس لشريحة منه. هذه المقاومة الوطنية الطويلة هي التي **أتاحت** في النهاية الجلوس على مائدة المفاوضات **لجني ثمار** هذا النضال من أجل تحقيق الهدف الوطني الأكبر وهو إقامة دولة فلسطينية.

على ضوء هذه الاعتبارات سيظل الخيار الوحيد المطروح هو الإسراع بعملية السلام، وحسم القضايا المعلقة حتى تشعر شعوب المنطقة- وخاصة الشعب الفلسطيني- بثمار هذه العملية، وفي ذلك الضمان الأكبر **لتحجيم ظاهرة** العنف **وتهميش** التيارات **التي** تدعو إليه.

د. هالة مصطفى (بتصرف)
جريدة "الأهرام"
٢٠٠٢/٤/٧

المفردات المتداولة :

الصراع : الاقتتال	Conflict, fighting
هدنة : وقف القتال	Truce
المهادنة : وقف الاقتتال	Conclusion of a truce
تداعيات : عواقب	Repercussions
أغفل – يغفل : تجاهل – نسي	To ignore, forget
خضَع لِـ – يخضَع – خضوع : استسلم لِـ × تحرّر من	To submit, surrender × to be freed from
انخرط في – انخراط: شارك في	To be involved in
حِيال : نحو – تجاه – إزاء	Towards
مُتضارب : متناقض	Contradictory
فضلاً عن : إضافة إلى	In addition to
سلبي × إيجابي – ناشط	Passive
يقتضي : يلزم – يتطلب	To necessitate
أحرج – إحراج : أخجل – إخجال	To embarrass
ركيزة : قاعدة	Here: position
مغاير : مختلف	Different
توتر × هدوء – استرخاء	Tension × calmness, relaxation
اقتصر على : انحصر في × تجاوز – تعدى	To be limited to × to exceed
بعيدة المدى × قريبة المدى	Far-reaching × narrow (in scope)
أثمر : ترتب عليه نتائج إيجابية	Here: to realize positive results
نِضال : مقاومة	Struggle, resistence
حجّم – تحجيم : صغّر – قلّص – تقليص	To minimize, limit

عبارات تستخدم في جمــل: على ضوء – جنى ثمار – حجّم ظاهرة.

خمّنوا معنى الكلمات التالية:

ملائم – أعقبها – تضاعف – صبغها – ينسحب على – يترتب عليها – الصفقة – اضطلاعها بـ – نهج – غير مسبوقة – يفلح – عقيمة – أتاحت – جني ثمار – تهميش.

أسئلة للفهم:

١. أعطوا لمحة تاريخية عن نشأة الإخوان المسلمين في فلسطين.
٢. إلام كانت ترمي إسرائيل في دعمها لحركة الإخوان في فلسطين ؟
٣. صفوا بإيجاز الشد والجذب بين الحركة الإسلامية ومنظمة التحرير الفلسطينية.
٤. ما الذي جعل الإخوان المسلمين يتخلون عن موقفهم السلبي من المقاومة المسلحة ؟
٥. اضطلاع حماس بالعنف استهدف إحراج السلطة الفلسطينية وكسب موقع مميزّ عنها. علقوا على ذلك.
٦. على من كانت حماس تراهن على الصعيد الإقليمي ؟
٧. بم تبرر الكاتبة عدم جدوى اللجوء إلى العنف في هذه المرحلة من التاريخ الفلسطيني ؟
٨. اذكروا نقاط الخلاف ونقاط التماثل بين حركة حماس وحزب الله مستخدمين أدوات الربط التالية: سواء ..... أو – رغم ..... إلا أنّ – فضلاً عن – لابد أنْ – وبالتالي – في حين – بينما.

أساليب وتراكيب:

- **لاحظوا الاسم الموصول وجملة الصلة (الجملة الوصفية).**
  - الدور **الذي** لعبته إسرائيل
  - المقاومة المسلحة **التي** قامت بها منظمة التحرير
  - والمساجد **التي** تضاعف عددها
  - القرارات **التي** أيدت الدخول في مسيرة السلام
- استخرجوا من النص جملة وصفية أخرى تحتوي على اسم موصول.

- لاحظوا أدوات الربط التالية واستعمالاتها:
  - ليس. .. فقط .... وإنما .... أيضا (not only .... but also)
  - بما في ذلك: (including)
  - ورغم بعض التصريحات .... إلا أنّ (فإنَّ) المواقف Inspite of .....
  - وعلى الرغم مما يبدو .... (إلا أنّ) هناك العديد من المواقف.
  - إلا أنَّ = غير أنَّ = بيد أنَّ

نشاط الكتابة:

إن المتابع لحركة تطور حماس لا يستغرب ما آلت إليه الأوضاع الفلسطينية الراهنة. علّقوا على هذه المقولة مستخدمين بعضاً من التعبيرات والأدوات التالية:

رغم ... إلا أن – بالتالي – فضلا عن – لابدّ لِـ .... أن – صحيح أن ّ... إلا أنّ جني الثمار – النضال – تداعيات – بعيد المدى.

المياه والعولمة

يمكن تعريف **العولمة** على أنها الزيادة في اعتماد البشر على بعضهم البعض بهدف دفع النمو الاقتصادي للدول ورفع مستويات المعيشة لسكان كوكب الأرض، ولقد **تباينت** تقديرات الخبراء والمختصين حول ما إذا كانت العولمة سوف تحقق **تطلعات** البشر أم أن **مردودها** سوف يقتصر على شعوب أو فئات بعينها دون غيرها. ومن تعريف العولمة يتضح أنها ممارسات أقدم عليها الإنسان **من قديم الأزل** ولكن عولمة هذا الزمان تتميز ببعض العناصر الجديدة مثل الأسواق التي تعمل دون توقف ومتصلة ببعضها البعض **لحظياً** على مدار اليوم والأدوات المساعدة الجديدة من وسائل الاتصالات وشبكات المعلومات. **كما** تتميز العولمة أيضاً بظهور **كيانات**، ومنظمات إقليمية ودولية جديدة **يتعاظم** دورها تدريجيا في رسم السياسات الدولية مثل **منظمة التجارة العالمية**، والمنظمات غير الحكومية. كما يصاحب العولمة أيضاً استحداث **أعراف** ومفاهيم جديدة لإدارة المياه بالإضافة إلى قوانين دولية **ملزمة** للدول.

ومع **توغل** هذه العناصر الجديدة في حياتنا فان تأثيرها **بطبيعة الحال** سوف يشمل كافة قطاعات الحياة ومنها قطاع المياه. **ونظراً لـ**حيوية موضوعات المياه في مصر والمنطقة العربية بأكملها لكونها من أكثر مناطق العالم جفافاً **فسوف** نحاول في هذا المقال عرض التأثيرات الإيجابية والسلبية المحتملة على قطاع المياه في ظل العولمة الاقتصادية.

من خلال سرعة الاتصالات أمكن للعلماء تنبيه العالم إلى ضرورة **تكتل** كافة الدول لمواجهة بعض مشكلات **البيئة** العالمية مثل تغير المناخ وماله من تأثيرات متوقعة على توزيع الأمطار في العالم وما يصاحبه من تغير في كميات المياه **المتاحة** للدول المختلفة ونوعينها. ومن هنا **أفرزت** العولمة أطر **وآليات** تمويل مثل مرفق البيئة العالمي تتيح مساعدة الدول في تنفيذ مشروعات للتغلب على هذه المشكلات وتنفيذ التزاماتها تجاه المعاهدات الدولية البيئية ومنها الحفاظ على المياه الدولية من **التلوث.**

وأما عن **الكيانات** الجديدة التي صاحبت ظهور العولمة **فهي** تتضمن أعدادا متزايدة من المنظمات غير الحكومية الوطنية والدولية مع زيادة تأثيرها في صياغة القوانين الدولية وقوة ضغطها على الدول لتعديل قوانينها الوطنية. **ويتزامن** هذا مع ظهور **منظمة التجارة** العالمية والتي تتمتع بسلطات **غير مسبوقة** لمتابعة مدى التزام حكومات الدول بتنفيذ الاتفاقات الدولية مثل **اتفاقية الجات.** ومن المعلوم

أن اتفاقية الجات تشجع على تحرير التجارة بين الدول **وإزالة** الحدود أمام حركة الاستثمارات ورؤوس الأموال. ولأن **بنود** الاتفاقية لم تنص صراحة على ما إذا كانت تسري على المياه أم لا، فقد نتج عن ذلك **الجدل** الجاري بين خبراء الاقتصاد والبيئة حول القيمة الاقتصادية للمياه ومدى قانونية **الاتجار** في المياه بين كل من الدول التي تتمتع **بفائض** كبير وتلك التي تعاني من **الشح المائي**.

ومع الخلاف الجاري حول مدى صلاحية الجات للتطبيق على المياه تظهر بجلاء أهمية صياغة اتفاقية أو قانون دولي يحكم توزيع المياه بين الدول التي تعتمد على المصدر المائي نفسه. وفي هذا الصدد قدمت الأمم المتحدة للدول الأعضاء في عام ١٩٩٧ **مسودة** اتفاقية للاستخدامات غير الملاحية للمجاري المائية الدولية. **وبالرغم من** الإجماع الدولي على أهمية هذه الاتفاقية **فلم تقرها** سوى ست دول فقط **مما** يعكس دقة الموضوع وحساسيته وأن **الصياغة** المقبولة للدول مازالت تحتاج إلى مزيد من الجهد والمشاورات.

هذا ويصاحب العولمة ظهور مبادئ **مثيرة للجدل** مثل مبدأ تسعير المياه والذي يتعارض مع النظرة التقليدية للمياه **كمورد** طبيعي مجاني. ويستند الخبراء الذين يدعمون هذا المبدأ على أن تكلفة تحقيق الأمن المائي العالمي بمعنى توافر مياه الشرب والصرف الصحي لمواطني العالم تبلغ ١٨٠ مليار دولار حتى عام ٢٠٢٥. ولأن هذه المبالغ تفوق في واقع الأمر قدرة الحكومات على توفيرها **فلا يمكن** تحقيق هذا الهدف **إلا** بمشاركة القطاع الخاص في الاستثمار في مشروعات **البنية الأساسية** للمياه وتجديد ما هو قائم وتقديم خدمة أفضل لمستخدمي المياه.

ويرى هؤلاء الخبراء أن **تسعير** المياه سيكون هو الحافز لمشاركة القطاع الخاص في الاستثمار في الإنشاءات في مجال المياه بالإضافة إلى البحوث والتطوير للوصول إلى تكنولوجيات رخيصة التكاليف ومرتفعة الكفاءة لتنقية مياه الشرب ومعالجة مياه الصرف الصحي، الري، تحلية مياه البحر الخ. وبالفعل نرى أن بعض الشركات العالمية المتخصصة قد حصلت على عقود تتراوح ما بين حق استغلال المورد المائي إلى مجرد إدارته وفقا لاشتراط جودة معينة في عدد من المدن حول العالم، منها بعض المدن العربية في الأردن والمغرب.

وعند الحديث عن **خصخصة** قطاع المياه فلا يمكن إغفال **تنامي** دور شركات الاستثمار الزراعي العملاقة متعددة الجنسيات على أساس أن الزراعة هي المستهلك الرئيسي للمياه في العالم وترتبط مباشرة بتوفير الغذاء للبشر. وتقوم هذه الشركات بتطوير أحدث تكنولوجيات **الري** والزراعة وتطبيقها مع ربط الإنتاج الزراعي من حيث الكمية والنوعية بمتطلبات الأسواق العالمية بهدف تعظيم **العائد** الاقتصادي للزراعة. وفي ظل العولمة سوف يشهد العالم تضخم حجم هذه الشركات وزيادة كبيرة في

استثماراتها حول العالم وخصوصاً في دول العالم النامي.

وبصفة عامة مازال بعض الخبراء يحذرون من أن خصخصة قطاع المياه قد تضعف من سيطرة الشعوب على مواردها المائية مما يؤدي إلى إغفال الأبعاد البيئية والاجتماعية والسياسية في استخدام المياه مثل ضمان الأمن الغذائي على مستوى الأسرة وحق الفقراء في المياه. ومع زيادة نفوذ هذه الشركات العملاقة على الدول **واحتكارها** لسوق الغذاء في العالم يخشى عدم مراعاة هذه الشركات الخاصة للجوانب البيئية في استخدام المياه في سعيها إلى تعظيم الربح على المدى القصير مثل الضخ الجائر **للمياه الجوفية** وزيادة استخدام **المبيدات** وخصوصاً في ظل نظم مراقبة ضعيفة **كما** هو الحال في العالم النامي.

وكحل وسط يقر معظم خبراء المياه مبدأ أن القيمة الاقتصادية للمياه هي تكلفة استخراج المياه، معالجتها ونقلها والتي يجب أن يتحملها المستهلك. لكن في الوقت نفسه هناك **حد أدنى** من المياه يجب توفيره لكل مواطن كحق من حقوق الانسان تكفي لتلبية أغراضه الأساسية قبل حساب أي قيمة مادية للمياه.

بقلـم: د. محمد بيومي (بتصرف)
جريدة "الأهرام"
٢٠٠٣/٩/١٨

المفردات الجوهرية

Globalization	العولمة :
Entity	كيان (كيانات) : (هنا : شركات أو منظمات)
World Trade Organization	منظمة التجارة العالمية
Environment	البيئة : ما يحيط بنا من ماء وهواء ونبات وحيوان
Mean	آلية (آليات) : وسائل
The GATT	اتفاقية الجات
Privatization	خصخصة : إدارة القطاع الخاص
Revenue	العائد : هنا الربح والفائدة
ground water	مياه جوفية : المياه التي تستخرج من باطن الأرض
Compromise	حل وسط

المفردات المتداولة :

To differ	تبايَن- تبايُن : اختلف – اختلاف
aspirations	تطلّع – (تطلعات) : آمال – تمنيات
Accepted practices	عُرف (أعراف) : ممارسات متبعة
Penetration	توغُّل : (هنا) التداخل المكثف في حياتنا
To unite in a bloc or group	تكتُل : تجمُّع–تعاون
Vitality (here: importance)	حيوية : (هنا) أهمية
Article, or paragraph (of a law)	بند (بنود) :
Argument	جَدَل : نِقاش
Trading	الاتجار = من تاجر : البيع والشراء
Surplus × deficit, shortage	فائض : زائد عن الحاجة × عجز – نقص
Shortage of water	الشح المائي : النقص الشديد في الماء
Draft	مُسَوَّدَة – أو مُسْوَدَّة :

To approve	أقرّ: وافق على
Wording, composing	صياغة = صيغة: طريقة كتابة مسوّدة اقتراح أو مشروع
Monopoly	احتكار: التحكم في أو السيطرة على بيع سلعة معينة – استئثار بـ
Insecticides	مبيدات: الأسمدة والمواد التي تستعمل لقتل الحشرات الضارة بالزرع
The minimum × the maximum	حد أدنى × حد أقصى

خمّنوا معنى الكلمات التالية:

مردودها – من قديم الأزل – لحظياً – يتعاظم – ملزمة – المتاحة لـ – أفرزت – التلوث – يتزامن مع – غير مسبوقة – مثيرة للجدل – كمورد – البنية الأساسية – تسعير – تنامي.

أسئلة للفهم:

١. بمَ تتميز العولمة بمفهومها الحديث عن العولمة المعروفة منذ قديم الأزل وما السـبب – في رأيكم – لهذا التميّز؟

٢. اذكروا بعض التأثيرات الإيجابية والسلبية المحتملة على قطاع المياه في ظل العولمة الاقتصادية.

٣. بالنظر إلى خريطة الشرق الأوسط نستطيع أن نتنبأ بالمناطق التي يمكن أن تقوم فيها حروب مياه – تتبع منابع الأنهار في تلك المنطقة والبلاد التي تجري فيها والتي تصب فيها.

أساليب وتراكيب:

- **لاحظوا تركيب**: – نظراً لـ ... فسوف

  – بالرغم من ... فلم

- **لاحظوا أسلوب الاستثناء**: ليس هناك بد من .... **إلا**

- **وبصفة عامة × وبصفة خاصة**

نشاط الكتابة:

هل توافقون على خصخصة مرفق المياه في بلادكم ؟ برّروا إجابتكم بالسلب أو بالإيجاب مستندين إلى بعض الحجج والأسانيد التي ذكرت في النص ومستخدمين بعضاً من التعبيرات والأدوات التالية: بطبيعة الحال – نظراً لِـ ... فـ – أما ... ف – ليس هناك بد من ...

التغيّر المناخي

انشغل الرأي العام العالمي بقضية التغيرات المناخية وهناك **كمٌّ** هائل من الكتابات والدراسات والأحاديث حولها، **سواء** بالنسبة لما **يمكن أن** تؤدي إليه من **عواقب وخيمة**، **أو** لتأثيرها على الحياة اليومية **للكائنات**، فالإنسان اختل توازنه وفقد القدرة على **التكيف** مع محيطه **مما** يصيبه بالهبوط أو الإحباط .. والطيور وأسرابها في حالة **ارتباك**، فهي تهاجر حسب المناخ وليس حسب " الأجندة " وكذلك الأسماك والأزهار والنباتات.

التغيرات المناخية، **صعودا وهبوطا**، تأتي نتيجة أسباب متعددة، و**الاحتباس الحراري** الذي يؤدي إلى ارتفاع حرارة الأرض ليس ظاهرة جديدة، فقد أشار إليها العلماء وحذروا منها ولدينا في مصر رواد على مستوى دولى حذروا منها، **ولو كان** أصحاب القرار في العالم استمعوا لهؤلاء **لأمكن تلافي** بعض **الأضرار** أو **التخفيف** منها.

وتتلخص هذه الظاهرة ببساطة في أن بعض الغازات تسمح بوصول أشعة الشمس للأرض لكنها تحجب الحرارة عن **التسرب** خارج الغلاف الجوي فيصبح الغلاف الجوي حول الأرض **بمثابة** سقف البيت الزجاجي "الصوب". هذه الظاهرة في حد ذاتها إيجابية، ولولاها لانخفضت درجة حرارة الأرض لدرجة **تستحيل معها الحياة**، لكن **تفاقم** زيادة الحرارة **عواقبه وخيمة**، وتبين الدراسات أن حرارة الأرض هي الأعلى منذ ١٢ ألف سنة وأن ذلك الارتفاع حدث خلال الثلاثين عاما الماضية، وأن الارتفاع قد يصل إلى ٤ درجات مئوية بنهاية القرن وسيؤدي إلى ارتفاع سطح البحر بنحو ٦٠٠سم، واحتمال غرق الأراضي المنخفضة في هولندا ودلتا النيل وبعض الجزر، وسيهدد المدن الساحلية مثل فينيسيا ودول بأكملها مثلا بنجلاديش، **مما** يسبب هجرة الملايين من السكان المقيمين في المدن والتجمعات السكنية الساحلية، **كما** ستتأثر أغلب الصناعات التي تقع في مناطق مصبات الأنهار وعلى سواحل البحار.

إن المبالغة في ارتفاع الحرارة يمكن أن يؤدي إلى **كوارث** أخرى في مقدمتها إصابة المحاصيل والمزروعات والحيوان، وكذلك **الجفاف** الذي يمكن أن يقضي على الحياة في المناطق الاستوائية، وزيادة **التصحر**، و**انهيار** المياه التي تجرف ما في طريقها.

إن الاسئلة التي تثيرها هذه القضية كثيرة، لعل أولها هل يتعامل المجتمع الدولي مع هذه الظاهرة الخطيرة بجدية ؟ ثم هل يمكن الحد من تفاقمها ؟

تعددت الاجتماعات الدولية حول التغير المناخي والاحتباس الحراري، أبرزها اجتماع الأمم المتحدة سنة ١٩٦٨ وصدور القانون الدولي للبيئة، وجاءت قمة الأرض ريو باتفاقية سنة ١٩٩٢ بشأن تغير المناخ الذي وضع أهدافا معينة أصبح لها سنة ١٩٩٦ صفة الالتزام، ثم صدرت اتفاقية كيوتو الشهيرة سنة ١٩٩٧ وحدد البروتوكول نسبة خفض تدريجي للانبعاث الحراري من الصناعات بحلول ٢٠١٢.

واستمرت اللقاءات سنة ٢٠٠٤ في ميلانو، سنة ٢٠٠٦ في نيروبي ومتوقع اجتماع بالي في ديسمبر سنة ٢٠٠٧.

الاهتمام الدولي متوافر والمشكلة تكمن في مدى التزام الدول، خاصة الغنية، بهذه الاتفاقيات.

أما بالنسبة للسؤال الثاني **فإن** المطلوب باختصار يشمل:

- التقليل من استخدام الفحم والعمل على إنتاج الفحم صديق البيئة.
- تطوير الطاقة النووية والمصادر **البديلة** والوقود العضوي.
- الحفاظ على المحميات الطبيعية والغابات.
- الانضمام إلى معاهدة كيوتو مع الالتزام بما تفرضه.
- مراقبة و**محاسبتها** الدول التي **تخل** صناعاتها بتوازن أيكولوجية الكون.

من المؤكَّد أنها مشكلة ليست سهلة وحلولها أيضا ليست سهلة لتداخل عوامل كثيرة سياسية واقتصادية وثقافية وأطماع دول **وتخلّف** أخرى .. مثلا في الولايات المتحدة رغم أن القضية أصبحت على أجندة المرشحين للرئاسة، **ورغم ما** أصاب الأمريكيين من **أعاصير** مثل كاترينا وأخواتها ومن فيضانات ودمار دفعت فيه شركات التأمين ٦٠ بليون دولار تعويضات وتكلفت الحكومة أضعاف ذلك، **إلا أن** بعض الصحافة الأمريكية تخفف من خطورة هذه الظاهرة بل تذكر أن لها بعض **الإيجابيات**، ولعل ذلك التهوين يرجع **لعقدة الذنب** لأنهم مسئولون عن إطلاق ربع هذه الغازات **الضارة**، **يقولون إن** أماكن مثل كندا وروسيا والدول الاسكندنافية سوف تحقق فوائد **سواء** بالنسبة للزراعات **أو** الصناعات الغذائية، و**تنشط** المواني، وإن صناعة تحلية المياه سوف **تنتعش** بسبب نقص مياه الأنهار "**مما يعني زيادة الفقراء فقرا والأغنياء ثراء**" وسوف تظهر أماكن أخرى للسياحة و**الترفيه** غير الشواطئ المعروفة وإن **عالم الرياضة سيصبح** له خريطة جديدة **تختفي منها الرياضة** الشتوية والصيفية **وتقتصر على** رياضة الربيع المعتدل !

صحيح أن البعض يشكك فيها إلا أن مجرد <u>احتمالها</u>، خاصة أن أعراضها بدأت في الظهور "وتسونامي ليست آخرها" تجعلها قضية جديرة بالاهتمام على المستوى العالمي والمحلي.

بقلـم: د. ليلـى تكـلا (بتصرف)
جريدة "الأهرام"
٢٠٠٧/٢/٢٣

المفردات الجوهرية

The universe, beings	الكائنات : النبات والحيوان والانسان
Desertification	التصحّر : التحول إلى أرض صحراوية
Global warming	الاحتباس الحراري : انبعاث الغازات السامة
Hurricane	إعصار (أعاصير) :

المفردات المتداولة :

Grave consequences	عاقبة – (عواقب) وخيمة : نتائج سلبية خطيرة
Adjustment to	التكيّف مع : التأقلم مع
To be confused – confusion	ارتبك – ارتباك : حيرة
To avoid	تلافي : تجنُب
Harm × benefit	ضرر (أضرار) × فائدة – (فوائد)
As, like	بمثابة : كَ – مثل
To become more serious	تفاقَم – تفاقُم : ازداد خطورة – ازدياد
Catastrophe	كارثة (كوارث) : مصيبة – مصائب
To collapse	انهار – انهيار : سقط – سُقوط
Alternative	بديل (بدائل) : بدلاً من
To infringe, violate	أخلَّ بـ: انتهك – خرق
Guilt complex	عُقدة الذنب : الإحساس بالخطأ نحو الآخر
To entertain – entertainment	رفه – ترفيه : سلّى – تسلية
To be limited to × to exceed	اقتصر على : انحصَر في × تجاوز

خمّنوا معنى الكلمات التالية:

كمّ – التخفيف – تسرّب – تستحيل – جفاف – محاسبة – تخلف – الإيجابيات – الضارة – تنشط – تنتعش – احتمالها.

أسئلة للفهم:

١. اين تكمن خطورة التغيرات المناخية ؟

٢. ما أسباب ظاهرة الاحتباس الحراري ؟

٣. ما التداعيات التي قد تترتب على تلك الظاهرة ؟

٤. كيف تعامل المجتمع الدولي مع هذه الظاهرة ؟

٥. ما السلوكيات الضرورية والتي من الممكن أن تحد من تفاقم هذه المشكلة ؟

٦. مشكلة التغيرات المناخية مسألة بالغة التعقيد. علّقوا على ذلك مستخدمين أدوات الربط
التالية : سواء ..... أو – مما – لولا ..... لَـ – ولو كان ..... لَـ – إلا أنّ.

أساليب وتراكيب:

▪ **لاحظوا استخدام أنَّ – إنّ – أنْ:** – يمكن أنْ تؤدي إلى
– يقولون إنّ
– صحيح أنّ

▪ **لاحظوا أسلوب التمييز:** ازداد فقراً – ثراءً – مالاً ....

▪ **اذكروا بعضاً من أدوات الربط التي وردت في النص واستعملوها في جمل.**
مثال: سواء ...... أو (أم)
سوف أدرس الأدب العربي المعاصر سواء في مصر أو في سوريا.

نشاط الكتابة:

اكتبوا فقرة تصفون فيها ظاهرة بيئية سلبية كالتلوث أو غيره مستخدمين العبارات التالية:
عواقب وخيمة – تكيف مع – أضرار – كارثة – بدائل. اربطوا الجمل ببعض أدوات الربط التي
وردت في النص.

في العلاقات مع إيـران!

درج الغرب في سنوات الحرب الباردة **على** أن يلقي مسئولية ما **ينشب** من أزمات في الشرق الأوسط على الاتحاد السوفيتي الذي كان الشيطان الأكبر من وجهة النظر الأمريكية .. فهو الذي يزود **خصوم** أمريكا وإسرائيل بالسلاح، وهو الذي **يعرقل** عملية السلام، وهو الذي يحاول فرض أيديولوجيته على العرب. أما الآن فقد حل محور الشر **بزعامة** إيران محل الاتحاد السوفيتي .. يعلق الغرب على أكتافها **مجازر** العراق، والأزمة اللبنانية، و**تدهور** الأوضاع الفلسطينية، وتصاعد العنف الديني في المنطقة وتزايد الانتشار النووي في العالم.

وفي حقبة الحرب الباردة لم يكن العرب **يسيرون كالقطيع** خلف السياسات الأمريكية، بل **سعوا** إلى انتهاج سياسات مستقلة تتسم بالحركية **والمرونة**، تراعي المصالح العربية **حتى وإنْ** اختلفت مع أمريكا. أما الآن **فكلما** ازداد تدهور الأوضاع، وتفاقمت المشكلات العربية، **وتبدى العجز** العربي عن انتهاج سياسات ذكية تتسم بالواقعية وتحافظ على المصالح العربية، **بحثنا عن مبررات نعلق عليها فشلنا**، وأطلقنا الشعارات التي تتهم النظام الإيراني بأنه يخفي **أطماعا توسعية** في الخليج، ويلعب دورا **هداما** في مسيرة السلام، ويحرض الفلسطينين والسوريين وحزب الله على الزج بالمنطقة في أتون الصراعات.

والاتهام الجاهز هو أن لدى إيران مخططين لتصدير الثورة ونشر التشيع، مع أن هذا **النزوع** المذهبي لم **يحتدم** إلا في ظل اشتداد الصراع بين أمريكا وإيران وقد دخل الشعب المصري إلى التشيع وخرج منه على مر التاريخ دون صعوبة تذكر أو **مذابح** كالتي تجري في العراق.

والسبب في ذلك لا يرجع إلى المذهب الشيعي **بقدر ما** يرجع إلى خلط الدين بالسياسة والدور المذهبي **التحريضي** الذي يلعبه رجال الدين في إثارة **الفرقة** والكراهية لحساب مصالح سياسية.

وتبدو السياسات العربية ومن بينها سياسة مصر الخارجية وكأنها **مجذوبة مغناطيسيا** خلف أمريكا المحكومة **بعدائها** لإيران.

والحاصل هو أن بعض القوى في العالم العربي تعمل على تحويل الخلافات السياسية مع إيران، من خلافات يمكن الحوار والتفاهم حولها إلى **منازعات** ايديولوجية تقوم على المواجهة مع أن المشكلات التي تنسب إلى إيران **سواء في** العراق أو فلسطين أو لبنان ليست **وليدة** اليوم ولم تكن تعقيداتها الراهنة نتيجة **مناصرتها** لحماس أو لحزب الله الذي برز على الساحة اللبنانية نتيجة تغيرات داخلية في لبنان.

وعندما يطالب العقلاء بانتهاج سياسة براغماتية عربية تقوم على الحوار مع إيران كقوة إقليمية **لا ينبغي تجاهل مصالحها**، والتعاون معها في إقامة نظام أمني مشترك وعدم التدخل في الشئون الداخلية، فإن البعض ممن **يستمرئون** التبعية يعتبر تلك الدعوة **هرطقة** غير مقبولة .. في الوقت الذي يمكن أن تلعب فيه العلاقات العربية الإيرانية أدوارا إيجابية في حل الأزمة اللبنانية وتخفيف التوتر في المنطقة، وتفتح الباب أمام خيارات استراتيجية عربية تخرجها من ثقب **الهيمنة** الأمريكية السوداء !

سلامـة أحمد سلامـة (بتصرف)
جريدة "الأهرام"
٢٠٠٧/٢/٤

المفردات الجوهرية

درج على : اعتاد على	To proceed along the lines of
نشب : اندلع	To break out
سار كالقطيع : (تشبيه) كناية عن التبعية الكاملة	To follow blindly
استمرأ : استمتع بـ	To enjoy

المفردات المتداولة :

خَصْم (خُصوم) × نصير (أنصار)	Opponent × supporter
عرقل : عوّق	To hinder
مجزرة (مجازر) : مذبحة – مذابح	Massacre
بدا – يبدو – تبدّى : ظهر	To appear
عَجْز × مقدِرة	Incapacity, disability × capability
طَمَع (أطماع) : طُموح (سلبي)	Ambitious desire/ greed
هدّام × بنّاء	Destructive × constructive
نزوع : ميل إلى	Tendency, inclination
حرّض – تحريض – تحريضي : أثار – حثّ (سلبي)	To instigate against
جذب – مجذوب : استقطب – مُستقطَب	To attract – attracted, draw to one's side
عداء – عدو × صداقة	Enmity × friendship
الحاصل : النتيجة	The result
وليدة اليوم : حدثت اليوم	Here: recent
ناصر – مناصرة × عادى – معاداة	To support × to act in opposition
هيمن على – هيمنة : سيطر على – سيطرة	To dominate – domination

خمّنوا معنى الكلمات التالية:

زعامة – تدهور – سعوا إلى – مرونة – توسعية – يحتدم – بقدر ما – الفرقة – منازعات.

أسئلة للفهم:

١. ما وجه الشبه بين الاتهامات التي كانت توجه إلى الاتحاد السوفيتي والاتهامات الموجهة إلى إيران في الوقت الراهن ؟

٢. بم اتسمت السياسات العربية في فترة الحرب الباردة ؟

٣. ينتهج العرب سياسة التبعية لأمريكا – علّق على ذلك.

٤. لماذا لا يبدي الكاتب أي تخوف من انتشار الفكر الثوري والشيعي في البلاد العربية ؟

٥. ماذا يعني اتباع سياسة براغماتية إزاء إيران برأي الكاتب ؟

أساليب وتراكيب:

- لاحظوا أداة الشرط كلما : فكلما ازداد تدهور الأوضاع. .. بحثنا عن مبررات.

  هاتوا أداة شرط أخرى واستعملوها في جملة.

- تعبيرات وردت في النص – استعملوها في جمل :

١. أما الآن ... فقد حلَّ محور الشر محلّ ....

٢. تراعي المصالح ..... حتى وإن اختلفت مع أمريكا

٣. مع أن هذا النزوع المذهبي لم يحتدم ....

٤. سواء في العراق أو (أم) في فلسطين.

نشاط الكتابة:

اكتبوا فقرة تردون فيها على دعوة الكاتب للتحاور مع إيران ذاكرين فيها المخاطر التي قد تمثلها إيران للعالم العربي ومستخدمين التعبيرات والأدوات التالية :

خُصوم – عرقل – مذبحة – هيمن على – حتى وإن – كلّما – سواء في ... أو – جملة صلة وصفية بدون اسم موصول – وأخرى مع اسم موصول.

لماذا تصر أمريكا على منع إيران من امتلاك التكنولوجيا النووية ؟

الأسئلة التي تطرح في هذا الإطار هـــي:

- لماذا تسعى أمريكا وأوروبا إلى منع إيران من امتلاك التكنولوجيا النووية **حتى وإن** كانت **للأغراض** السلمية ؟
- هل تملك إيران **القدرة** على مواجهة التهديدات والضغوط الأمريكية الأوروبية ومحاولات حصارها وعزلها دولياً ؟

- **أولاً:**

منذ انتصار الثورة الإيرانية على نظام الشاه، الذي كان يشكل حارساً أمنياً للمصالح الأميركية في منطقة الخليج، وواشنطن توظف **طاقاتها** وإمكاناتها السياسية والأمنية من أجل محاصرة هذه الثورة و**تقويضها وصولا** إلى إسقاط النظام الجديد الرافض لسياسة الهيمنة والتسلط الأمريكيين في المنطقة، **ولا يخفى على أحد** أن الإدارة الأميركية كانت تقف وراء تشجيع نظام صدام حسين على شن الحرب على إيران الثورة من أجل تحطيم قوة البلدين و**استنزاف** طاقاتهما وفي الوقت ذاته **إضعاف** الثورة الإيرانية واندفاعتها الراديكالية.

ولم تكن أوروبا بعيدة عن هذه السياسة الأمريكية **بل** إنها كانت شريكة فيها، لأن الاستراتيجية المشتركة الأمريكية الأوروبية تقضي بمنع **نشوء** دولة إقليمية قوية ذات **نزعة** استقلالية عن الغرب، خصوصاً في هذه المنطقة الغنية بالنفط والغاز اللذين يشكلان مادة حيوية للعالم الرأسمالي الصناعي، لأن قيام دولة إقليمية قوية في إقليم النفط تشرف على مضيق هرمز يشكل خطراً كبيراً على المصالح الاستعمارية وعلى وجود إسرائيل التي تشكل امتداداً للغرب الذي زرعها في قلب المنطقة لمنع توحدها أو قيام أي دولة قوية فيها، ومن أجل حماية المصالح الغربية، ومثل هذه السياسة الغربية ليست جديدة فهي **قديمة قدم** التدخلات والأطماع الاستعمارية في المنطقة لكن أبرز مثالين على هذه السياسة في منع نشوء دولة قوية ذات استقلالية عن السياسة الغربية همـا:

١. قيام بريطانيا وفرنسا في القرن الثامن عشر بالعمل على **تقويض** نظام محمد علي في مصر الذي كان يسير في طريق بناء دولة قوية تملك مقومات الاستقلالية.

٢. تدبير **المؤامرات** المتواصلة **لإسقاط** نظام جمال عبد الناصر وضرب الوحدة المصرية – السورية ،
لأنه أيضاً كان ينتهج سياسة مستقلة بعيداً عن **التبعية** للغرب .

هذا في المبدأ ، فكيف إذا كانت إيران تسعى إلى امتلاك صناعة التكنولوجيا النووية بنفسها ، وهي
التي تملك النفط والغاز والموقع الجغرافي والإمكانات الاقتصادية الزراعية والصناعية الآخذة بالتطور ،
فإنها ستصبح عندئذ قوة إقليمية ودولية لا يمكن **النيل منها** ، وتكون عندها **قادرة ليس فقط** على
حماية استقلالها ، **بل وأيضا** دعم الدول العربية والإسلامية الساعية إلى **تعزيز** استقلالها **بمنأى عن**
التبعية للولايات المتحدة والدول الغربية ، **عدا عن** دعم **نضال** الشعب الفلسطيني ومقاومته في مواجهة
الاحتلال الإسرائيلي لفلسطين .

انطلاقاً من ذلك يجب فهم العوامل والخلفيات التي تجعل الولايات المتحدة وأوروبا تتشددان في
مواقفهما تجاه محاولة منع إيران من امتلاك التكنولوجيا حتى للأغراض السلمية .
من وجهة النظر الغربية « تشكل إيران أكبر تحد في الوقت الراهن **ليس** لأنها تسلك سلوكاً **انطوائياً**
صعباً فقط ، **بل** لأنها تدعم بشكل خاص الجماعات الإرهابية ، لكن الانتشار النووي الإيراني يمكن
أن يكون **نقطة تحول** في الشرق الأوسط مع دول مثل السعودية وسورية والجزائر ، التي يمكن أن
تستجيب للجهود **الرامية** لامتلاك القدرات النووية وتهديد نظام منع انتشار السلاح النووي»
« .. وتضيف إسرائيل وأصدقاؤها في أمريكا هدفين آخرين إلى هذه السياسة : ضمان احتكار إسرائيل
لأسلحة الدمار الشامل ، **وحرمان** الفلسطينيين من أي **عون** خارجي . .. ولعل المبدأ الاستراتيجي
وراء هذه الأهداف أن أمريكا **لابد أن** تحتفظ **بالتفوق** العسكري الشامل ، **في حين** تحتفظ إسرائيل
بالتفوق العسكري الإقليمي ، **ولابد من** حرمان أعدائها من أي قدرات **رادعة** بحيث **يتخلون** عن أي
أمل في تحقيق توازن القوى » .

• **ثانياً** :

إن إيران ليست دولة يسهل على أمريكا وأوروبا **النيل منها** ، فهي تملك من عناصر القوة
مايجعلها قادرة على الرد على أي اعتداء عسكري ضدها أو مواجهة أي محاولة لفرض عقوبات دولية
لمحاصرتها اقتصاديا . من جهة ثانية فإيران :

١. تملك أولاً سلاح النفط حيث باستطاعتها أن توقف تصدير نفطها إلى الدول **المعادية** لها وأن
تمنع تصدير نفط الخليج عبر مضيق هرمز مما يؤدي إلى اشتعال أسعار النفط بصورة لا يمكن
تصورها ، **الأمر الذي** يلحق الضرر الفادح بالاقتصاد الغربي ، ولذلك لم **تتوانَ** طهران عن
التهديد باستخدام هذا السلاح **إذا ما تم** نقل ملفها النووي إلى مجلس الأمن .

٢. باستطاعتها أن توجه ضربات قوية للقوات والقواعد الأميركية الموجودة في الخليج وهي لديها القدرات العسكرية وخاصة الصواريخ المتطورة للقيام بذلك.

٣. إن إيران تملك أيضا قدرات ذاتية اقتصادية ونفطية **تمكنها** من **الصمود** و**مواجهة** الضغوط الأمريكية الأوروبية وأية محاولات لمحاصرتها، بل **على العكس**، **فإن** إيران قامت بمعاقبة الدول التي تعارض برنامجها النووي حيث أوقفت استثماراتها وأعلنت أنها ستعيد النظر بعلاقاتها الاقتصادية مع تلك الدول.

٤. إن هذه العوامل مضافا إليها الموقف الروسي والصيني الداعم والمساند لحق إيران في امتلاك التكنولوجيا النووية للأغراض السلمية يجعل إيران في موقع قوي في مواجهة الضغوط الأميركية والأوروبية.

فيما حقق ارتفاع أسعار النفط لإيران **مداخيل** كبيرة وفرت لها القدرة المتزايدة على **تعزيز** خط التنمية الاقتصادية والاجتماعية المستقلة و**بالتالي** تعزيز **الالتفاف** الشعبي **حول** النظام في مواجهة التهديدات الأميركية.

حسن حـــــردان (بتصرف)

جريدة "الحياة"

٢٠٠٦/٥/٢

المفردات الجوهرية

In addition to	عدا عن : فضلاً عن – بالإضافة إلى
To be isolated – isolated	انطواء – انطوائي : انعزالي
To aim at – aiming at	رمى إلى – رامية إلى : هدف إلى
Weapons of mass destruction	أسلحة الدمار الشامل
To deter – deterring	رَدع – رادع : صدّ
To slacken, temporize	توانى : تأخر – تلكأ

المفردات المتداولة :

Frame, scope	إطار– أُطُر : نطاق – مسألة
Purpose, objective	غرضَ (أغراض) : هدف – أهداف
To be able to – ability × to be unable to – incapacity	قَدَر – يقدُر – القدرة على × عجَز – يعَجز – العجز عن
To destroy – destruction	قوّض – تقويض : دمَّر– تدمير
Consuming, exhaustion	استنزاف : استهلاك
Tendency, attitude	نزعة (نزعات) : ميل – ميول
Conspiracy	مؤامرة (مؤامرات) : مخطط سري ضد طرف آخر
Dependency, subordination × independence	تبعية × استقلال
To overcome, assault, weaken	نال من : مسّ – أضعف
To reinforce – strengthening	عزّز – تعزيز : قوّى – تقوية
To keep away from, not involved in	بمنأى عن : بعيداً عن – بمعزل عن
Turning point	نقطة تحوّل : منعطف – نقطة تغيير المسار
To deprive of, cut off s.o. from s.th.	حرم من – حِرمان من : منع عن

To give up | تخلى عن: ترك

Income | دخل (مداخيل): عائد – عائدات

To support, rally around | التف حوْل: ساند – دعم

خمّنوا معنى الكلمات التالية:

طاقات – إضعاف – نشوء – إسقاط – نضال – عون – التفوق – محاصرة – معادية – تمكنها– الصمود – مواجهة.

أسئلة للفهم:

١. لماذا تسعى أمريكا إلى منع إيران من امتلاك أسلحة نووية ؟

٢. لماذا تساند أوروبا السياسة الأمريكية إزاء إيران ؟

٣. لا تشجع دول الغرب قيام دولة قوية في الشرق الأوسط. علّقوا على ذلك مستشهدين ببعض الأمثلة التاريخية.

٤. ما الخطر الذي تمثله إيران من وجهة النظر الغربية ؟

٥. ذكر الكاتب أنه ليس من السهل إخضاع إيران للإرادة الغربية وإضعافها. إلام تستند قوة إيران في مواجهة الغرب ؟

٦. ما الذي جعل الشعب الإيراني يدعم النظام في مواجهة التهديدات الأمريكية ؟

أساليب وتراكيب:

- لاحظوا أسلوب المفعول لأجله : تقويض هذه الثورة <u>وصولاً</u> إلى.

- لاحظوا أسلوب المفعول المطلق : قديمة <u>قِدَمَ الزمن</u>.

- لاحظوا نائب عن المفعول المطلق: (١) وعزلها <u>دوليا</u>.

(٢) <u>خصوصاً</u>.

- لاحظوا ما زائـــدة : (إذا <u>ما</u> تمَّ).

نشاط الكتابة :

١. اكتبوا فقرة طويلة تصفون فيها نقاط القوه التي تملكها إيران أمام المواجهة مع الغرب مستخدمين الأدوات والتعبيرات التالية :

في حين – وبالتالي – «حتى وإن – لم تكن ... بل إنَّ – فيما – القدرة على – التبعيه لِـ – نقطة تحوُّل – أسلحة الدمار الشامل – تعزيز – مؤامرة – مقاومة – تخلى عن.

أو :

٢. هل تتفقون مع الدول الغربية أن إيران تمثل خطورة على العالم في حالة حيازتها برامج نووية ؟ دافعوا عن وجهة نظركم مستخدمين أدوات الربط التالية :

حتى وإن – لم تكن ... بل – فيما .... لا يخفى على أحد أنَّ – على العكس ... فإن الأمر

أطفال الشوارع ..
من يلقي إليهم بطوق النجاة ؟!

ليست القضية أن عصابة من أطفال الشوارع قتلت نحو ثلاثين طفلا <u>مشردا</u> بعد أن اعتدت عليهم جنسيا .. وليست القضية أن عصابات قتل الصغار قد انتشرت في محافظات كثيرة .. وأن جرائمها وقتلاها من الأبرياء <u>المشردين</u> ما زالوا في علم الغيب .. وليست القضية أن <u>المقر</u> الرئيسي لزعماء عصابات قتل أطفال الشوارع على بُعد ١٠٠ متر من قسم شرطة شبرا الخيمة داخل <u>سرداب</u>، يعيش فيه الأطفال المشردون وتحت أقدامهم هياكل عظمية لأطفال بلا عدد قتلوا عنوة واعتداء ولا أحد يعرف عنهم شيئا .. ليعود إلى <u>الأذهان</u> دفتر الجرائم البشعة في مصر متمثلا في حادث ريا وسكينة في العشرينيات من القرن الماضي حيث كان <u>مقر</u> جرائم قتل النساء وسرقة مصوغاتهم الذهبية يقع مباشرة خلف قسم اللبان في الإسكندرية !

ولكن القضية أعظم وأشد هولا بعد ما سجلت مستويات بالغة الخطورة تتعلق بالبناء الاجتماعي للمصريين وبالأمن القومي لمصر كلها .. بعد أنْ قفزت أعداد أطفال الشوارع المشردين بلا مأوى .. بلا طعام .. بلا أمن .. بلا حماية .. بلا لمسة حنان، إلى أكثر من مليوني طفل في عام ١٩٩٩، طبقا لآخر أرقام الهيئة العامة لحماية الطفل، وهم في تزايد مستمر، مما يجعلهم حقلا خصبا لتصاعد السلوك <u>الإجرامي</u> في المجتمع المصري.

وتشير أبحاث كلية العلوم الإنسانية والاجتماعية بجامعة القاهرة إلى أن ٩٨٪ من هؤلاء الأطفال بلا أحذية ويسيرون في الشوارع <u>حفاة</u> الأقدام، وأن ٩٦٪ منهم يمارسون <u>التسكع</u> والعنف <u>وإيذاء</u> خلق الله <u>والتسول</u> .. وأن ٩٤٪ منهم ينامون الليل أسفل الكباري والحدائق العامة وعلى شاطئ النيل، وفي الأماكن المهجورة لا فرق بين ذكر وأنثى ! أما خبراء المركز القومي للبحوث الاجتماعية والجنائية فقد كشفوا في دراساتهم عن أن الغالبية العظمى من هؤلاء المشردين من الذكور بنسبة ٩٢٪ .. بينما لا تتجاوز نسبة الإناث ٨٪.

ويقول هنا الدكتور أحمد على المجدوب بالمركز القومي للبحوث الاجتماعية والجنائية: إن هؤلاء الأطفال يمثلون مشكلة شديدة <u>التعقيد</u> .. ويتسببون في إصابة المجتمع المصري <u>بكوارث</u> صحية ونفسية واجتماعية .. وإن ظاهرة الأطفال المشردين في الشوارع .. أشد خطرا من ظاهرة عمالة الأطفال

.. لأن الأطفال الصغار العاملين يقومون بدور إيجابي **ولو كان** قليلا .. أما الأطفال المشردون في الشوارع فإنهم شئنا أو لم نشأ مشروع مجرمين كبار! ولكي نضع حلا لهذه القضية **لابد أن** نعالج أولا أسباب الفقر والبطالة و**التمزق** الأسري الذي يؤدي إلى **طردهم** أو هروبهم إلى الشارع .. إن القضية أخطر مما نتصور، وأكبر من مجرد القبض على عصابة لقتل أطفال الشوارع .. إن القضية الآن هي **إلقاء طوق نجاة لإنقاذ** مليوني طفل مشرد **بلا مأوى**، وبلا رعاية، وبلا أي لمسة حنان !.

ومن المعروف أن مصر كانت في مقدمة الدول التي عرفت **التشريعات** التي تتعامل مع ظاهرة أطفال الشوارع، وهي مجموعة التشريعات التي أطلق عليها تشريعات **الأحداث** والمشردين، التي ظهر أول قوانينها سنة ١٩٠٢ تحت رقم ٢، ثم توالت بعد ذلك سلسلة طويلة من **التعديلات** والقوانين التي يلغي كل منها الآخر، مثل القانون ٤٩ لسنة ١٩٣٣، والقانون رقم ٩٨ لسنة ١٩٤٥.

– من هو الحدث **المشّرد** ؟ هو من ليس له محل إقامة مستقر، ولا وسائل للعيش، والأبوان متوفيان أو **محبوسان**، يتسول في الطرقات العامة أو المحال العمومية، وهي الصفات التي تنطبق على أطفال الشوارع، **ورغم أن التوصيف** القانوني للطفل المشرد أو المعرّض **للانحراف** ينطبق على واقع أطفال الشوارع، وما يتعرضون له من أخطار كضحايا لظروف **بائسة** هم غير مسئولين عنها، **إلا** أن جميع القوانين التي شُرِّعت في هذا المجال تعاملت معهم بوصفهم مجرمين، وهو ما تعكسه فلسفة هذه القوانين، وهي الفلسفة القائمة على فكرة الخطورة الاجتماعية المتوقعة، التي تستند **لاحتمال** ارتكاب جرائم في المستقبل، أي فكرة السلوك الإجرامي المحتمل وليس الذي حدث بالفعل.

وهذا ما تظهره بوضوح **التدابير** و**الإجراءات** الواردة في القانون رقم ١٢ لسنة ١٩٩٦ مادة ١٠١ ومادة ١٠٨، التي **على الرغم من** كونها إجراءات وتدابير تميل لتخفيف وسائل المعاملة **الجنائية** مع الأطفال المشردين، **فإن** الأصل فيها توقيع **تدابير** و**قائية** أو علاجية، لكنها في النهاية **عقاب**.

إن المادة ١٠٧ تعاقب الطفل المشرد **بالإيداع** في مؤسسات الرعاية الاجتماعية لمدة تصل إلى ٣ سنوات، وهو ما اعتبرته محكمة النقض في أحد أحكامها عقوبة جنائية بالمفهوم القانوني الذي يقيد من حرية **الجاني** وهو ما يعني في النهاية زيادة حجم **الانتهاك** و**الاضطهاد** الواقع على هؤلاء الأطفال الذين لا تكفيهم ظروف حرمانهم من **المأوى** والأسرة والتعليم، فيأتي القانون في النهاية و**يسلبهم** ما تبقى لهم من حق .. يسلبهم حريتهم في الوقت الذي لا يقدم لهم القانون أو المجتمع أي شكل من أشكال التدخل الجدية والإنسانية لإعادة اندماجهم في المجتمع كبشر لهم الحق في الحياة الآمنة.

أحمد بهجت (بتصرف)

جريدة "الأهرام" ٢٠٠٦/٢/٦

المفردات الجوهرية

Life buoy	طوق نجاة: وسيلة للخلاص
Basement, cellar	سِرداب: مكان تحت الأرض
By force	عنوةً: بالقوة

المفردات المتداولة:

Fugitive, homeless	مشرّد (مشردون): بدون مأوى
Mind	ذِهن (أذهان): عقل – عقول
Horror	هَوْل: خوف
Shelter, place of refuge	مأوى: ملجأ – بيت
To roam around aimlessly	تسكّع – يتسكّع – تسكّع: تجوّل في الشارع لا ينوي على شئ
To harm s.o.	آذى – يؤذي – إيذاء: الإضرار بـ
Begging	تسوّل: شِحاذة
To be torn	تمزّق: تفكك
Laws	تشريع (تشريعات): قوانين
A youth, a juvenile	حَدث (أحداث): صغير السن
Amendment	تعديل (تعديلات): تغيير
To deviate – delinquency	انحرف – انحراف: الابتعاد عن الطريق المستقيم
Measures	تدابير: إجراءات
Felony, crime	جِناية – جنائي: جريمة
Preventive measures	تدابير وقائية – وقائي: إجراءات للحماية

Punishment × reward	عاقب – عقاب × ثواب
To violate – violation	انتهك – انتهاك : خرق – الإخلال بـ
To oppress, persecute – oppression	اضطهد –اضطهاد : ظلم – استبداد
To steal	سلب – يسلُب – سَلْب : سرق – سَرِقة

خمّنوا معنى الكلمات التالية :

مقرّ – الإجرامي – حفاة – التعقيد – كوارث – طردهم – إنقاذ – محبوسان – التوصيف – بائسة – احتمال – الإيداع – الجاني.

أسئلة للفهم :

١. اذكروا بعض مظاهر وتداعياتها انتشار ظاهرة أطفال الشوارع في مصر.

٢. أين تكمن خطورة هذه الظاهرة ؟

٣. صفوا حالة أولاد الشوارع.

٤. ما تقييم الكاتب للتشريعات الخاصة بظاهرة أطفال الشوارع ؟

٥. ما تعريف الحدث المشرّد كما ورد في التشريعات ؟

٦. كيف يمكن إيجاد حل لهذه الظاهرة ؟

أساليب وتراكيب :

• اذكروا (١٠) مصادر وردت في النص مع ذكر فعل كل مصدر.

مثــلا :

– قَتْل (قَتَل)   – اعتداء (اعتدى)

• لاحظوا أسلوب الحال : يسيرون <u>حفاة</u> الأقدام

استخدام ما وأن المصدريتين : <u>بعد ما</u> سجلت = (بعد تسجيلها)

<u>بعد أنْ</u> قفزت = (بعد قفزها)

نشاط الكتابة :

صفوا ظاهرة أولاد الشوارع في بلدكم (إذا ما وُجِدتْ) مستخدمين التعبيرات التالية :

مأوى – تسكّع – تسوّل – تشريعات – مشرّد – انحرف – تدابير – عاقب – انتهك – سلب – رغمَ أنّ ..... إلا أنّ – أشد خطورة.

الفقر والفقراء .. قنبلة تحت أقدامنا

إن القراءة المتعمقة للواقع تقول إن المجتمع المصري **الأكبر عربيا**، قد تغير **كثيرا خصوصا** خلال **العقود** الثلاثة الأخيرة، **متنقلا من " مجتمع رعاية الفقراء** و**المهمشين بحثا عن العدالة الاجتماعية** " ونزع **هيمنة** النصف في المائة على الثروة والسلطة لصالح **الأغلبية** من الفقراء ومتوسطي الحال، إلى مجتمع جديد، نكاد نقول معاكسا لسابقه، **حيث** عادت نسبة أقل من نصف في المائة، **تهيمن** و**تحتكر** و**تقتني** الثروات الفلكية، **وتتغلغل في** مفاصل السلطة ومسام الحياة السياسية، على **حساب** الفقراء **المتزايدين عددا وفقرا وتخلفا**.

منذ تسعينيات القرن الماضي، بدأ برنامج الإصلاح الاقتصادي " الموجه من البنك الدولي وصندوق النقد ودول غربية عديدة " يزأر في وجه الفقراء، تحت شعار اقتصاد السوق وتحرير الاقتصاد و**الخصخصة** وبيع القطاع العام **بأبخس** الأسعار، وزيادة عبْء الضرائب على **الشرائح** الأضعف وتخفيفها عن تلك الأقوى، وترك الأسعار لآليات السوق وقواعد **العرض** و**الطلب**، وتخلي الدولة عن كثير من مسئولياتها درجة بعد درجة، خصوصا في مجالات الرعاية الاجتماعية والصحية والتعليمية، **بحجة** أن هذا هو الأسلوب **الأمثل** للإصلاح والنمو، والأسلوب الأسرع للاندماج في الاقتصاد الدولي واللحاق بقطار العولمة، وعلى **المضارين**، وهم بالملايين ألا يقلقوا، فالازدهار قادم بسرعة، فقط التضحية الآن والصبر، والعمر الطويل لمن يعيش حتى يرى !!.

غير أن المحصلة لم تكن كذلك، وليست **مبشرة** باقتراب موعد الازدهار الموعود، **رغم إقرارنا** بأن مشروعات كثيرة واستثمارات محلية وأجنبية متزايدة، وإصلاحات عديدة **في** بعض **المرافق**، وزيادة واضحة في مداخل السياحة وقناة السويس قد تحققت، **في** ظل سياسة إعادة **هيكلة** الاقتصاد، ولكن هذه الهيكلة لم يتحمل عبئها سوى الفقراء، **بينما** استثمرها بشراسة أغنى الأغنياء، **وباتت** المسافة تتسع وتتعمق بين أولئك وهؤلاء، **مما أخل** بالتوازن الاجتماعي وهزه بعنف **فانعكس** بقوة أشرس على الواقع الثقافي والتطور السياسي .. **سلبا** بالطبع !

التقط من بعض البحوث، أرقاما مزعجة مقلقة لكل ضمير، **مسئولا كان أو غير مسئول**، تقول إن نسبة الفقر في مصر ارتفعت حتى وصلت الآن إلى ما بين ٥٠ و ٥٥ في المائة من مجموع السكان، متصاعدة من ٤٢,٦ في المائة عام ١٩٩٠ إلى ٤٣,٩ في المائة عام ٢٠٠٠، وتقول الأرقام أيضا إن الصعيد لا يزال يضم مخزون الفقر الرئيسي، **حيث** تحتل محافظة أسيوط مثلا المرتبة الأولى بنسبة

٦١ في المائة، **تليها** سوهاج بنسبة ٤٥,٧ في المائة وبني سويف ٤٣,٦ في المائة، بينما تقل النسب كثيرا في محافظات الدلتا لأسباب معروفة، أهمها الميراث الحكومي التاريخي لإهمال الصعيد **عمدا** أو **غفلة** !!

الفقر المتزايد ونسبة البطالة التي بلغت ٢٠ في المائة، وتضم عدد المتأرجحين عند خط الفقر وتحته " أقل من دولارين في اليوم طبقا للمقاييس الدولية "، دفعهم إلى **الاستعانة** بأطفالهم في الأعمال الرثة العشوائية و**التسول** والسرقة، بنسبة وصلت إلى ٧٥ في المائة في الأرياف بالطبع **هروبا** من التعليم وبلا غطاء تأميني أو رعاية صحية، **وتحملا لعبء** الفقر الذي يعصف بالأغلبية، والذي لم ينتج سوى استمرار معدلات الأمية وزيادة العشوائيات " أحزمة الفقر" **المأوى** الطبيعي للجريمة و**الانحراف** والبطالة والتطرف وصولا للإرهاب المسلح !!

هذا في **السفح** الغائر للمجتمع، أما **القمة**، **فقد** احتلتها **احتلالا وعنوة شريحة** صغيرة رفيعة **هشة**، من الأثرياء والأثرياء الجدد، الذين استغلوا **التحولات** و**التقلبات** الاقتصادية والاجتماعية الطارئة، لكي يقفزوا من الطبقة المتوسطة **المتداعية** إلى القمة، **ويكتنزوا** ثروات فلكية الأرقام، بعضها غير معلوم المصدر، وبعضها الآخر من عمليات **السمسرة** والتجارة والتوكيلات الأجنبية و**المضاربة** في **البورصات** وممارسة **الاحتكار**، من احتكار **استيراد** السلع الغذائية، إلى احتكار شراء مصانع ومؤسسات القطاع العام بأبخس الأسعار، إلى التسابق على الاستيلاء على الأراضي النيلية والصحراوية **على السواء**، انتهاء **بالتورط** أحيانا فيما يعرف بالاقتصاد الأسود، الذي يضم تجارة السلاح والمخدرات والتهريب والدعارة، **ناهيك** بالطبع **عن** سرقة أموال البنوك في صفقات مجهولة و**تيسيرات مريبة**.

والنتيجة أن المجتمع المصري بملايينه الخمسة والسبعين، قد ضربه **الخلل** ففقد **التوازن** الوسطي الذي كان عنوانا تاريخيا له، وعرف الصراع على لقمة العيش الذي **يستدعي** رفع السلاح، وغزاه التطرف و**العصبية**، مع الإحباط وفقدان الأمل في غد أفضل، بينما الملايين تتزايد وتتزاحم على كعكة صغيرة من الموارد الطبيعية المحدودة.

مصر بملايينها، **سواء كانوا** بالأمس عشرين مليونا، **أو** أصبحوا سبعين مليونا، لم تكن قط دولة غنية الموارد بالمعنى السائد في العصر النفطي، ولكن مواردها الرئيسية كانت ومازالت تكمن في العنصر البشري، وهو ما كانت تتميز به، من الفلاح المجتهد والعامل الماهر والصنايعي الشاطر، إلى علماء الطب والذرة، ورواد الفكر والفن، وعظماء الصحافة والثقافة وخبراء القانون والسياسة. .. بشرط **إعدادهم** و**تأهيلهم** على أعلى مستوى .. عبر التاريخ، لم يبن مصر الأثرياء والمتاجرون والسماسرة و**ناهبو** الأموال، ولكن بنتها الطبقة المتوسطة مع الفلاحين والعمال المهرة، **فإنْ**

<u>تدهورت</u> أحوال هؤلاء إلى درجة أن نصف المجتمع أصبح تحت خط الفقر، فماذا يبقى لهذا المجتمع، وماذا يبقى منه إلا معارك الهوامش على الهوامش !! .

صلاح الدين حافظ (بتصرف)
جريدة "الأهرام"
٢٠٠٨/٢/٢٦

المفردات الجوهرية

Privatization	الخصخصة : جعل المشروعات تحت سيطرة القطاع الخاص أي الأفراد
Utilities	المرافق : المباني العامة
Restructuring	إعادة هيكلة : إعادة بناء – تركيب
Brokerage	سمسرة : البيع والشراء للغير مقابل نسبة معينة
Speculation	مضاربة : وضع المال بالبورصة بهدف الربح
Stock market	بورصة : سوق الأوراق المالية

المفردات المتداولة :

Decade	عَقْد (عُقود) : عشرة أعوام
To monopolize	احتكر : استأثر بـ : سيطر على .. لوحده
Supply × demand	العرض × الطلب
Under the pretext, an excuse	بحجة : تحت ذريعة – عذر
The best	الأمثل : الأحسن
Hurt, harmed	مُضار (مضارون) : أُلحِق به ضرر أو خسارة
The final result	محصِّلة : النتيجة النهائية
To violate	أخلّ بـ : انتهك – خرق
Intentionally	عمداً : عن قصد
Deviation × rectitude	انحراف × استقامة
The bottom (here: the lowest social class) × the peak	السَّفْح × القمة
Here: social class	شريحة : مجموعة من الناس لها سمات مشتركة
Fragile	هش : سريع الانكسار

To collapse — collapsing	تداعى – متداعية : انهار – سقط
To facilitate — facilitation	يسّر – تيسير (تيسيرات) : تسهيلات
Suspicious	مريب : مثير للشك
Imbalance, disorder × balance	الخلل × التوازن
To necessitate	استدعى : تطلب
Fanaticism × tolerance	العصبية × التسامح
Preparation (here: training)	تأهيل : إعداد
To plunder, rob, steal	نَهَب – ناهِب : سَرَق – سارِق
To deteriorate	تدهو : ساء – تردّى

خمّنوا معنى الكلمات التالية :

مهمّش – أغلبية – تقتني – أبخس – شرائح – مبشرة بـ – إقرار – انعكس سلبا – تليها – الاستعانة بـ – التقلبات– يكتنزوا – التورط في.

عبارات تستخدم في جمل مفيدة :

انعكس سلباً أو إيجاباً – بحجة – على السواء – ناهيك عن – سواء كان .. أو – إعادة هيكلة – الأكبر عربياً – تزايد عدداً وتخلفاً – على حساب.

أسئلة للفهم :

١. كيف تطور المجتمع المصري خلال السنوات الثلاثين الماضية ؟

٢. ما المبادئ الاقتصادية التي قام عليها البرنامج الاقتصادي في مصر ؟

٣. ما تقييم الكاتب لهذا البرنامج ؟

٤. أعطوا لمحة موجزة عن الأحوال الاقتصادية والمعيشية في مصر في الوقت الراهن.

٥. ما مصادر ثروات الأثرياء الجدد ؟

٦. ما عواقب هذه التغيرات والتقلبات الاقتصادية على بنية المجتمع المصري ؟
٧. أين تكمن برأي الكاتب ثروة مصر ؟

أساليب وتراكيب:

- بات من أخوات كان بمعنى صار.
- هاتوا باقي أخوات كان وخاصة تلك التي تعني (بات / صار) واستعملوا بعضا منها في جمل.
- ثم استعملوا نفس الجمل مع إنَّ وأخواتها ولاحظوا التغيير الإعرابي.

نشاط الكتابة:

١. صفوا الأوضاع الاقتصادية المصرية في الوقت الراهن مستخدمين بعضاً من أدوات الربط والتعبيرات التالية:

حيث – غير أنّ – رغم +(المصدر) – بينما – مما – (فـ + فعل) – أما ... فـ – سواء كان ... أو – لدرجة أنّ – هيمن على – احتكر – العرض – الطلب – استيراد – ناهيك عن – الخلل.

أو

٢. صفوا الأحوال الاقتصادية في بلدكم مستخدمين العبارات و أدوات الربط التي وردت سابقاً

أرقـــام مفزعـــة

تعاني دول العالم من ظاهرة اقتصادية واجتماعية **مؤلمة** موجودة بدرجات متفاوتة هي الفقر، **ومما لا شك فيه** أن هذه الظاهرة أدت إلى انقسام العالم إلى أغنياء وفقراء ويمكن تعريف الدول الفقيرة بأنها الدول التي يفتقد فيها الفرد الدخل الكافي للحصول على المستويات العادية من الرعاية الصحية، والغذاء والملبس والتعليم، وكل ما يعد من الاحتياجات الضرورية لتأمين مستوى **لائق في** الحياة. والسؤال الذي يطرح نفسه الآن هو ما مقياس الفقر وأسبابه ؟.

خلال النصف الثاني من القرن العشرين تم تحديد مقاييس **ومؤشرات** للفقر على مستوى البلدان، حيث يعيش فوق كوكب الأرض ٦ مليارات من البشر، يبلغ عدد سكان الدول النامية منها ٣,٤ مليار، منهم ما يقارب ٣ مليارات تحت خط الفقر، وهو دولاران أمريكيان في اليوم، ومن بين هؤلاء هنالك ١,٢ مليار يحصلون على أقل من دولار واحد يوميا كما كشفت **الإحصائيات** عن أن نسبة ٣,٣٣٪ ليس لديهم مياه شرب آمنة أو **معقّمة** صالحة للشرب والاستعمال، ٥٢٪ **يفتقرون** للسكن اللائق، و٢٠٪ يفتقرون لأبسط الخدمات الصحية الاعتيادية و٢٠٪ من الأطفال لا يصلون لأكثر من الصف الخامس الابتدائي و٢٠٪ من الطلبة يعانون من سوء التغذية ونقصها.

وفي المقابل تبلغ ثروة ثلاثة من أغنى أغنياء العالم ما يعادل **الناتج المحلي** لأفقر ٤٨ دولة في العالم، كما أن ثروة ٢٠٠ من أغنى أغنياء العالم تتجاوز نسبتها دخل ٤١٪ من سكان العالم مجتمعين. **بينما** يموت ٣٥ ألف طفل يومياً بسبب الجوع والمرض، ويقضي خمس سكان البلدان النامية بقية اليوم **وهم يتضورون جوعاً**، وتقل المساعدات المخصصة للدول الفقيرة عن طريق منظمة الأمم المتحدة، وتبرز كل هذه الأرقام **الخلل** الكبير **في تمركز رأس المال** العالمي، وهو خلل لا يمكن تجاهل تفاعلاته السلبية **وما يترتب** عليها من **آثار وخيمة** على البشرية، كما توضح ما آل إليه حال الإنسانية **في التغاضي عن** هذه الفضيحة الأخلاقية التي تهدد على نحو خطير السلام الاجتماعي.

وقد أرجع الكثير من الدراسات أسباب الفقر التي تجتاح دول العالم إلى عدة أسباب منها ظاهرة العولمة، ففي الوقت الذي رفعت الدول الغربية شعار العولمة **مبشرة** بعهد جديد يخفف من معاناة الفقراء، **إلا أن** تلك الظاهرة ساعدت في نشر الفقر، وتدمير اقتصاد الدول النامية. أما الظاهرة الثانية فهي **الاحتباس الحراري**، فقد تجاهلت الدول الصناعية الكبرى توقيع أية اتفاقيات للحد من انبعاث الغازات السامة من مصانع التكنولوجيا التي تمتلكها، **مما** سيؤدي إلى كارثة مناخية، ربما تصيب كوكب الأرض

بشيخوخة مبكرة، وكوارث طبيعية مثل الزلازل **والأعاصير** وكلها ظواهر تؤدي إلى **إفقار** الشعوب **وتشريدها**.

كما توجد أسباب أخرى مثل العقوبات الاقتصادية التي تفرض على بعض الدول، والغزو، والاحتلال من أجل السيطرة على الأماكن الإستراتيجية في العالم. وهيمنة الدول الغنية الكبيرة على لائحة الأغنياء لتأكيد السيطرة، وبسط النفوذ قاد الكثير من الدول إلى الفقر الشديد، **لذا** هناك مجهودات يسعى البنك الدولي إلى تنفيذها من أجل الحد من الفقر عن طريق مساندة تصميم استراتيجيات وطنية وتنفيذها لتخفيض أعداد الفقراء، وذلك عن طريق مجموعة متنوعة من الأدوات التحليلية وأدوات **الإقراض** التي تستهدف توسيع نطاق فرص النمو وقدرة الأسر المعيشية **الأكثر فقراً** على المشاركة في النمو عن طريق تحسين سبل حصولها على الخدمات الأساسية **والبنية الأساسية**، وفرص الإنتاج الأخرى، **ومع ذلك، فإن** انخفاض أعداد الفقراء **يتفاوت** تفاوتاً كبيراً من منطقة إلى أخرى، ففي شرق أسيا، تم تحقيق الهدف الذي كان متمثلاً في خفض أعداد الفقراء الذين يعيشون في **فقر مدقع** إلى النصف. وبحلول عام ٢٠١٥، من المتوقع أنْ تتراجع نسبة الفقراء إلى أقل من ٢٪، **ولو أن** نسبة كبيرة تبلغ ١٥٪ ستظل تعيش على أقل من دولارين أمريكيين في اليوم للفرد، وتقف منطقة إفريقيا جنوب الصحراء **على النقيض** من ذلك، حيث تشير توقعات وتقديرات تستند إلى أحدث البيانات إلى أنه **بالرغم من** انخفاض نسبة الفقراء المدقعين حوالي ٧,٤ في المائة خلال الفترة بين عامي ١٩٩٩ - ٢٠٠٦، **إلا أن** نحو ٣١٪ من الأفارقة سيكونون قابعين بين براثن الفقر المدقع بحلول عام ٢٠١٥، وهذا **يتجاوز** بكثير النسبة المستهدفة البالغة ٢٣٪ لتحقيق الهدف الإنمائي للألفية الجديدة المتعلق بتخفيض نسبة الفقر المدقع إلى النصف. **وبالإضافة إلى ذلك**، فمن المتوقع في ضوء معدلات الزيادة السكانية المرتفعة أن يزيد العدد المطلق للأفارقة الذين يعيشون عند مستوى دولار أمريكي واحد للفرد في اليوم أو أقل. **ونظراً لأن** نصيب الفرد من الدخل في أماكن أخرى **من المتوقع أن** ينمو بصورة أسرع، فإن القارة السمراء سوف تستمر في تراجعها **مقارنة** ببقية العالم، **ما لم** تتخذ خطوات لتعزيز النمو الاقتصادي في إفريقيا. وضمت هذه المنطقة ٣١٪ من بين أشد الفقراء في العالم لم يتبق سوى أقل من عشر سنوات لبلوغ عام ٢٠١٥ وهناك ضرورة لاتخاذ إجراءات من أجل تضافر جهود البلدان النامية والبلدان المتقدمة **على حد سواء** من أجل **تقليص** عدد الفقراء.

وحتى أغسطس ٢٠٠٧، لم يكن هناك إلا ٥٤ بلدا من البلدان المنخفضة الدخل قد أعدت استراتيجيات تخفيض أعداد الفقراء، وتقتضي هذه المهمة جهداً واعياً ومتواصلاً من جانب

الحكومات لتوفير الظروف الأساسية الضرورية لتحقيق نمو عريض القاعدة في المناطق والقطاعات التي يعيش ويعمل فيها الفقراء. ويمكن للدراسات التحليلية الخاصة بكل بلد أن تساعد على تحديد القيود الشديدة أمام تحقيق النمو المشترك، **سواء أكانت** تتعلق بالاقتصاد الكلي **أم رأس المال** البشري أم المادي.

داليا مصطفى ســـلامة (بتصرف)
جريدة "الأهرام"
٢٠٠٨/٤/٢٧

المفردات الجوهرية

Local resultant, local income	الناتج المحلي :
Capital	رأس المال :
Hurricane	إعصار (أعاصير) :
Infrastructure	البنية الأساسية : البنية التحتية

المفردات المتداولة :

To be frightened — horrible	فَزَع – يفزَع – فَزَع – مفزِعة : مخيفة جداً
To be fitting, appropriate	لاق – يليق – لائق : مناسب
Defect × balance	الخَلَل × التوازن
Ignoring	التغاضي عن : التجاهل – صرف النظر عن
To make homeless	تشريد : جعل....بدون مأوى
Abasing, degrading poverty × obscene wealth	فقر مدقع × غنى فاحش
Contrary to	على النقيض : على عكس
Even though	ولو أنّ : مع أن
Because, on the grounds that	نظراً لأن : حيث أن – لأن
Unless	ما لم : إلا إذا
In the same manner, equally	على حدٍّ سواء : بالدرجة نفسها

خمّنوا معنى الكلمات التالية :

مؤلمة – مؤشرات – الإحصائيات – معقمة – يفتقرون إلى – تمركز – مبشرة – شيخوخة – إفقار – يتفاوت – يتجاوز – تقليص.

أسئلة للفهم:

١. صفوا الحالة الاقتصادية الراهنة لعالمنا اليوم ذاكرين بعض الإحصائيات التي وردت في المقالة.

٢. إلامَ تعزو معظم الدراسات أسباب الفقر ؟

٣. ما الإجراءات التي يعتزم البنك الدولي اتخاذها للحد من الفقر ؟

٤. استراتيجيات تخفيض مستوى الفقر تتطلب جهداً كبيراً. علّق على هذه المقولة.

أساليب وتراكيب:

- **لاحظوا أسلوب الحال(واو الحال وجملة الحال الاسمية):** يقضي. .. **وهم يتضورون جوعاً**
- " **استخدام ما. .. من :** **ما** يترتب عليها **من** آثار وخيمة
- " **أسلوب التمييز** : الأسر **الأكثر فقراً**
- " **أسلوب المفعول المطلق** : يتفاوت **تفاوتاً كبيراً**
- " **أدوات الربط التالية واستعمالاتها:**
  - **إلا أن** تلك الظاهرة ساعدت في نشر الفقر.
  - **لذا = لذلك = لهذا** هناك مجهودات يسعى البنك الدولي إلى تنفيذها
  - **ومع ذلك = وبالرغم** من ذلك فإن انخفاض أعداد الفقراء يتفاوت....
  - **ولو أن= ولو أنّ** نسبة كبيرة. .. ستظل تعيش على أقل من دولارين
  - **ونظراً لأن = حيث أن** نصيب الفرد من الدخل. .. من المتوقع أن ينمو....
  - **ما لم = (إلا إذا)** تتخذْ خطوات......
  - **إلا إذا** اتَّخذت خطوات...............

نشاط الكتابة:

قارنوا بين الوضع الاقتصادي في شرق آسيا ومنطقة أفريقيا جنوب الصحراء مستخدمين بعضاً من التعبيرات والأدوات التالية:

الإحصائيات – تفاوت – فقر مدقع – من المتوقع أنْ – على النقيض – بالرغم من .... إلا أنّ – ما لم – سواء أكانت ..... أم – مما لا شك فيه – في المقابل – بينما – ما لم – ومع ذلك فإنّ – نظراً لأن – على حد سواء – يترتب على – مما – أسلوب التمييز – المفعول المطلق – تركيب ما .. من.

الوصايا السبع

خواطر هجائية ساخرة من مجموعة حكايات جحا الدمشقي
لزكريا تامـــر

قال التلميذ: لمعلمه جحا " أسمَع كثيراً عن الوصايا العشر، ولا أعرفها، فما هي ؟ "

قال جحا: ولماذا تسأل عنها ؟

قال التلميذ: ألم **تحضّني** دائماً على طلب العلم ولو في الصين ؟

قال جحا: كانت الوصايا في قديم الزمان عشراً ثم **طرأ** عليها بعض التعديل واختصرت في سبع وصايا فقط.

قال التلميذ: ما هي الوصية الأولى ؟

قال جحا: **إذا أُرغمتَ** يوماً على أن تكون قاتلاً أو مقتولاً، **فلا** تَتردد **أو تَجبن**، **فمن الأفضل** لك **أن** تُلعن و**تُهان** وأنت حيّ بدلاً من أن **يُعطف** عليك **ويُرثى** لك وأنت ميت «

قال التلميذ: « وما هي الوصية الثانية ؟»

قال جحا: «حتى لا تصبح سارقاً يُذمّ أو مسروقاً يُسخر من غفلته، فلا تملك ما هو جدير بأن يُسرق».

قال التلميذ: « وما هي الوصية الثالثة ؟»

قال جحا: « الزم الصمت في الليل والنهار وفي الخريف والشتاء والصيف والربيع، **ولا** تكلم أحداً

سوى نفسك **همساً**، فتهمة الجنون خير من تهم أخرى **مهلكة** ».

قال التلميذ: « وما هي الوصية الرابعة ؟»

قال جحا: الكذب شر **لابد منه**، والشرور أحياناً تدفع شروراً أعظم **وأدهى**.

قال التلميذ: « وما هي الوصية الخامسة ؟»

قال جحا: كنْ غبياً إذا كانت الغباوة **تنجيك** من ليل لا فجر له.

قال التلميذ: «وما هي الوصية السادسة ؟»

قال جحا: «كلما التقيت شخصاً **تافهاً دعيّاً**، **عظّمه** ومجّده، فلا مفر من مجيء يوم يصبح فيه سيداً مهيمناً على أمورك ».

قال التلميذ: « وما هي الوصية السابعة .. آخر الوصايا ؟»

قال جحا: " لا تنتقدْ خدم السلاطين سواء أكنت حياً أم ميتاً، فهم لا يسكتون على **أذي**، ولا ينسون **إساءة** مهما صغرت، ويجهلون **العفو والتسامح** ".

فأعجب التلميذ بالوصايا السبع، وآمن بنفعها، ووعد جحا بإطاعتها، ولكنه وجد نفسه فيما بعد **مرغماً** على تناسي وعده، فأقسم جحا أمام قبر تلميذه ألا يدخل مدرسة.

زكريا تامـــــر
من كتاب " نداء نوح "
الطبعة الثانية ٢٠٠١
دار نشر رياض الريس

المفردات الجوهرية

Idea, notion	خاطر (خواطر): أفكار
Commandment, will	وصية (وصايا):
To satirize, ridicule × to praise	هجا – يهجو – هجاء × مدح – أشاد بـ

المفردات المتداولة :

To encourage, incite s.o. to	حضَّ – يحُضّ – حض على: حثَّ – يحُثّ – حَث – شجع على
To be forced	أُرغِم – مُرغَم: أُجبِر – مُجبَر
To be a coward x to be courageous	جَبُن – يجبُن – جُبْن × تشجع
To be humiliated	أهان – يُهان: أذلَّ – يُذَلُّ
To sympathize with s.o.	عطف على: شاركه مشاعره
To pity s.o, lament or mourn s.o.	رثى – يرثى لِ : أشفق على
To save	نجَّى: خلَّص

خمّنوا معنى الكلمات التالية :

طرأ – مهلكة – أدهى – تافها – دعياً – عظّمة – أذى – إساءة – عفو – التسامح.

أسئلة للفهم :

١. إلامَ يدعو زكريا تامر ساخراً في كل وصية من الوصايا السبع ؟

٢. إذا افترض أن هناك إسقاطاً على النظام السائد في بلد ما فما السمات التي يطلقها الكاتب عليه ؟

٣. ما مصير الذي لا يلتزم بالوصايا السبع ؟

أساليب وتراكيب :

- لاحظوا أسلوب الشرط: إذا أرغمت. ..... فلا تتردّد

   "   "   **الاستثناء:** لا تكلم أحداً سوى نفسك

- لاحظوا الأفعال المبنية للمعلوم (in the active voice) والأفعال المبنية للمجهول (in the passive voice) الواردة في النص:

   - المبنية للمجهول (في الزمن الماضي) :

      أُرغِمت – أُعجِب

   - المبنية للمجهول (في الزمن المضارع) :

   تُلعَن – تُهان – يُعطَف عليك – يُرثَى لك – يُذم – يُسخَر منه – يُسرَق.

   - الأفعال المبنية للمعلوم (الفعل الماضي) :

   طرأ على– التقيت – صغرت – آمن بـ – وعد – وجد – أقسم.

   - الأفعال المبنية للمعلوم (الفعل المضارع) :

   تردد – تجبن – أسمع – أعرف – تسأل – تملك – تدفع – تكلم – تنجّي – تنتقد – يسكتون – ينسون.

   - ليس كل الأفعال المبنية للمعلوم يمكن أن تحوّل إلى مبنية للمجهول.

   - أعطوا المبني للمجهول من الأفعال السابقة التي يمكن تحويلها.

   مثال: أَسمَع – أُسمع ولكن تجبن لا يمكن تحويله إلى المبني للمجهول.

نشاط الكتابة :

اكتبوا فقرة قصيرة توردون فيها بعض الوصايا التي تصلح لمجتمع ديمقراطي مستخدمين فيها بعضاً من الأدوات والتعبيرات التالية:

الأفضل أن – لابد من – إذا + فعل ماضٍ .... ف – سواء أكان ..... أم ..

وزراء جحـــا

خواطر هجائية ساخرة من مجموعة حكايات جحا الدمشقي
لزكريا تامـــر

قالت القطط للملك إن جحا يتكلم كثيراً، فابتسم، وقال: "لم يخلق الله اللسان لابن آدم إلاّ لحكمة **خفية**، جليلة الشأن".
وقالت العصافير الدورية للملك إن جحا ينتقد أتباعه وأعوانه، فضحك وقال: "الناس أجمعون أحرار يقولون ما يشاؤون".
أما عندما قالت الأسماك للملك إن جحا يقول عليه إنه **ظالم جائر مستبد**، فغضب، و**نقم** على جحا واستدعاه، وقال له بنزق: "بلغني أنك تحكي في الأمور السياسية، فقل لي ما كنت تقوله **وإلاّ** ".
فتطلع جحا فيما حوله، فرأى السيوف أكثر من الرؤوس، فارتجف، وقال للملك: "أعوذ بالله ! عندي شهود على أني منذ ولادتي لم أنطق كلمة واحدة لها صلة بالسياسة لأني من **المؤمنين** بأن الحي **الجائع** الجبان خير من الميت **الشبعان** الشجاع".
فتصنع الملك **الاقتناع** بما سمع، وقال لجحا: " **نمي** إليّ كلام كثير عن علمك وحكمتك، فآمرك أن تتخيّل ماذا ستفعل إذا كلفتك تأليف وزارة وكيف ستختار وزراءك وما هي الأعمال التي ستطلب إليهم تنفيذها".
فنظر جحا ثانية إلى السيوف **المسلولة**، وقال **تـواً** كمن فكر مطولاً في الجواب: "سأحرص يا مولاي على أن أختار وزراء أكفاء، وستكون لكل وزير مهمة واضحة **محددة**، فوزير الشموع سيوزع الشموع مجاناً على المواطنين شرط أن تشعل في المناسبات التاريخية **كالإنصات** للبيانات الملكية السامية أو لزوج يمتدح حسن زوجته. أما وزير الأجواء، فسينحصر عمله في منع المنخفضات الجوية من **التسلل** إلى البلاد لأنها إذا تكاثرت أصبحت **مثالاً يحتذى**، و**حضت** المواطنين على المطالبة بتخفيض الضرائب وأسعار المواد الغذائية والثياب وإيجار البيوت، فإذا نالوا ما يطالبون به **تضاءل** ما يدخل خزائن مولاي من مال، أما إذا أهمل مطلبهم غضبوا وثاروا و**أمسوا مؤهلين** لدخول السجون".

فقال الملك: " كأنك نسيت ما لديَّ من سجون ؟ "

قال جحا: " السجون لا داعي إليها، وستلغى كلها لأنها تتطلب أموالا تقضي مصلحة الوطن بألا تنفق إلاّ على شراء الجواري الجميلات لمولاي، فحين يصبح مولانا سعيداً، فالناس أجمعون سيصبحون سعداء ".

فقال الملك: متسائلاً بفضول: "وهل ستصبح البلاد بلا سجون ؟"

قال جحا: " سنجعل من كل بيت سجناً، وهذا إجراء لن **يعاديه** إلا من كان **راغباً** في **تبديد** ثروة البلاد على ما لا ينفع".

قال الملك: "وهل ستشمل وزارتك وزيرين فقط ؟ "

قال جحا: " لا لا. سيكون هناك وزراء آخرون. هناك وزير **الفضيلة**، وواجبه الأول **حثّ** الناس على أن يكونوا دائما مؤدبين **محتشمين**".

قال الملك متعجباً: «وكيف يكون المواطن المؤدب المحتشم ؟"

قال جحا: " المواطن المؤدب المحتشم هو الذي إذا حلّ به ظلم أو ذل لا يغضب على **أولي أمره** بل **يندد** بضوضاء السيارات".

قال الملك: وقد تزايدت بهجته: " تابع كلامك يا جحا تابع".

قال جحا: " والوزير الرابع هو وزير الأحياء والأموات، وسيكون مسؤولاً عن المواطنين وصحتهم وعملهم، ويجب أن يتصف بالقدرة على التأثير في المواطنين **لإقناعهم** بأن الإكثار من الأكل يحطّ من قدر الإنسان، وأن الحيوان وحده هو الذي يخصص حياته كلها للحصول على طعام ".

قال الملك: " وكيف **سيَرعى** صحة المواطن ؟ هل سَيبني مزيداً من المستشفيات ؟ "

قال جحا: " سيطبع كتباً تتضمن **فتاوى** تبين أن الله فقط هو الشافي".

قال الملك: " وتعليم المواطنين ؟ هلى ستفتتح مدارس جديدة ؟ "

قال جحا: " التعليم **ترف** لا تحتاج البلاد إليه **ولا سيما** وأن الدولة تؤمن **بالمساواة** وبمبدأ **تكافؤ** الفرص، ولا تميّز بين جاهل وعالم ".

قال الملك: " والأعداء **الطامعون** في الاستيلاء على البلاد ؟ ماذا أعددنا لهم ؟ "

قال جحا: " اطمئن يا مولاي، فهناك وزير سيتولى حماية البلاد. وهناك وزير آخر سيسهر على أمن المواطنين، فيسجن اللص الذي يسرق ملعقة، أما اللص الذي يسرق الملايين، فسيظل طليقاً **تقديراً** لشجاعته وجرأته وذكائه، وحتى لا تهاجر الأدمغة إلى خارج البلاد".

قال الملك: " لا تنسَ يا جحا الفرح. أنا أرغب في أن يسود الفرح ".

قال جحا: " سيكون هناك وزير مختص بالمسرات، ومهمته **تذكير** الناس دائماً بالقبور التي تنتظرهم، فيشعرون **حتماً** بالفرح لأنهم مازالوا أحياء ".

قال الملك: " والعدل يا جحا؟ "

قال جحا: " سيسود العدل إذا **وفق** الوزير المسؤول عنه في إقناع المواطنين بالإيمان بأن **القناعة كنز لا يفنى**، وأن الحسود لا يسود **والحسد** أصل الشرور ".

قال الملك: بحماسة: " **إياك** ونسيان الضرائب ".

قال جحا: " كيف أنساها **وبؤس** البائسين لا سبب له سوى إحساسهم بأنهم مقصرون لا يدفعون إلاّ القليل من الضرائب ؟ "

فصاح الملك قائلاً لجحا بصوت مفعم بالإعجاب: «كفى كلاماً يا جحا، فقد استوثقت بأنك الرجل المنتظر والجدير فعلاً بتأليف الوزارة التي كنت **أتوق** إليها. وزارة **ترعى** الناس **وتنصف** المظلوم وتعاقب الظالم وتنشر العدل ". **فذعر** جحا، ولكن ذعره **تلاشى** بسرعة لما تكلم الملك وأمر خادماً من خدمه بتأليف الوزارة واختيار وزراء أكفاء يعملون باخلاص و**أمانة** و**نزاهة** وفق المنهج الجحوي.

زكريا تامـــــر
من كتاب " نداء نوح"
الطبعة الثانية ٢٠٠١
دار نشر رياض الريس

المفردات الجوهرية

Withdrawn swords	السيوف المسلولة
To become	أمسى : أصبح
Those responsible	أولو الأمر: المسؤولون
Treasure	كَنْز
Endless	لا يفنى : لا ينتهي
To envy	حَسَد – يحسُد – حَسَد: غار من – الغيرة من

المفردات المتداولة :

Tyrant, oppressor, unjust × just	ظالم – ظُلم: جائر × عادل
Otherwise	وإلا
Believer × unbeliever	مؤمن (مؤمنون) × كافر (كفار)
To be convinced by	اقتنع بـ – الاقتناع بـ: التسليم بـ
It came to my knowledge	نمى إلىَّ: وصل إلى علمي – علمت
Immediately	تواً: فوراً – حالا
Clearly defined	محددّة: معينة
To listen to	الإنصات لِ (إلى): الاستماع إلى
An example to be followed	مثال يُحتذَى: جدير بأن يُتبع
Qualified	مؤهل لِ: معَدّ – مدرّب لِ
To want – wanted, desired	رغِب – راغب: أراد – ودَّ
Waste	تبديد: إضاعة – إهدار
Virtue × vice	فضيلة × رذيلة
Decent × indecent	محتشم × مبتذل

ندّد بـ: أدان × أشاد بـ	Condemn × praise
فتوى (فتاوَى): رأي رسمي صادر من (مصدر) ديني	Formal legal opinion
ترف: بذَخ – إسراف × تقشف	Luxury × asceticism
طامعون	Striving for, aspiring to
حتما: لابد أن يحدث	Definitely, inevitably
وُفِّق في: نجح في	To succeed
إياكَ من: إحذر من	Don't ever
بؤس: شقاء	Misery
تاق – يتوق – توق إلى: حنّ إلى	To long for
أنصف: عَدَل	To treat s.o. with justice
ذُعِر: خاف	To be horrified, afraid
تلاشَى: اختفى	To disappear, vanish

خمّنوا معنى الكلمات التالية:

خفية – مستبد – نقم على – الجائع – شبعان– التسلل إلى – حضّ على – تضاءل – يعاديه – حث – إقناعهم – سيرعى – مساواة – تكافؤ – تذكير – أمانة – نزاهة.

أسئلة للفهم:

١. إذا افترض أن هنا إسقاطاً على نظام بلد ما فما سمات هذا البلد ؟
٢. ما مواصفات الوزراء الذين يوصي بهم جحا ؟
٣. لماذا برأيكم شعر جحا بالذعر لدى سماع رد فعل الملك ؟
٤. لماذا اختار الملك أحد خدمه لتأليف الوزراة بدلاً من جحا ؟

أساليب وتراكيب:

- لاحظوا أسلوب المفعول لأجله: سيظل طليقاً <u>تقديراً</u> لشجاعته.
- لاحظوا أسماء الفاعل والمفعول (لأوزان مختلفة) التي وردت في النص:

<u>اسم الفاعل:</u>

ظالم(I) – جائر(I) – مُستبد (X) – مُؤمن (IV) – جائع (I) – واضحة (I) – متسائل(VI) – راغب (I) – محتشمين (VIII) – الطامع (I) – البائسين (I)– مقصِّرون (II).

<u>اسم المفعول:</u>

مسلولة (I) – محدَّدة (II) – مؤهَّلين (II) – مؤدَّبين (II) – مسؤول (I) – المنتظَر (VIII)– المظلوم (I).

نشاط الكتابة:

اكتبوا فقرة تصفون فيها نماذج مثالية لوزراء أكفاء مستخدمين التعبيرات والأدوات التالية:
مثال: حضّ على – مؤهّل – فضيلة – حث على – تكافؤ الفرص – لاسيما – حتماً – أمانة – نزاهة – العدل – يرعى – مثال يُحتذى به – وإلا – أما ... ف.

هل من نهاية لظاهرة العربيزي؟!

الفعل إنها ظاهرة تستحق التوقف عندها بل ورصدها، إن لم يكن **من منطلق** ثقافي- حضاري فعلى لأقل من **منطلق** لغوي بحت فالشباب العربي الذين ولدوا منتصف الثمانينيات من القرن الماضي رما بعدها وخصوصا من نال تعليما حديثا فيه **جرعة** من اللغة الإنجليزية، يتكلمون اليوم لغة هى خليط من العربية والإنجليزية فلا تكاد تخلو جملة من حديثهم من دون أن يتخللها كلمة أو أكثر من اللغة الإنجليزية، وهذه الظاهرة تبدو غير مرتبطة بطبقة اجتماعية أو حتى **بالتظاهر** و**التحضر** والغربنة "نسبة إلى الغرب" ولقد لاحظت ذلك **طيلة** سنوات وسنوات كما أنها ليست مرتبطة **بتوجيهات** فكرية معينة، **فلقد رأيت** الشباب والشابات **بتوجهات** دينية ومدنية فكرية يمارسون هذا الخلط اللغوي بشكل **تلقائي** بعضه **يناصفه التكلف** والآخر لا تكلف ولا تمثيل فيه وقد يرى لمراقب أن التدفق الحضاري والثقافي للغة الإنجليزية من **نوافذ لا حصر لها** تعليمية وإعلامية ومهنية وثقافية وغيرها هى السبب الأساسي في هذا **المزج** اللغوي بين العربية والإنجليزية فيما يسمى بظاهرة "العربيزي" وهو مصطلح اشتق من كلمتى العربي والإنجليزي وهناك البعض يرى أن سبب الظاهرة **التهاون** باستعمال الكلمات والألفاظ الأجنبية، وعدم رفضها **حفاظا على لغتنا**، ويسوقون مثلا باليابانيين والألمان والفرنسيين الذين يتحاشون الكلام بغير لغتهم ويضيف هذا الفريق أن **التهاون** اللغوي **انعكاس لانحطاط** الأمة، وابتعادها عن دينها وعن لغتها الجميلة التي كرمها بها الله سبحانه وتعالى كذلك هذا التهاون يرى فيه **تسامحا** لغويا يعكس طبيعة كامنة للتسامح لم يصل إليها اليابانيون والألمان والفرنسيون **بينما** يرى بعض آخر في هذه الظاهرة تعبيرا عن حالة رفض **للموروث** وثورة ضد كل ما هو قائم، لا بل إنه انعكاس **للجفاف الحضاري** الذى يقدمه اليوم الناطقون بلغة الضاد أي أن اليابانيين والألمان والفرنسيين يقدمون للحضارة الانسانية اليوم ما يجعلهم **يفخرون** بلغتهم **بينما** لا نقدم نحن سوى **التغني** بالماضي **التليد** وهناك فريق يرى أن المسألة طبيعية جداً، وأنه لا توجد لغة "**نقية**" تماما وأن **الاقتراض** اللغوي من الآخرين مرتبط بما **نستجلبه** منهم وأن الآخرين سيقترضون منك لو أنهم جلبوا مخترعاتك ومنتجاتك وصناعتك لكن أن تستورد كل شيء من الآخرين و**تستهجن** أن تستورد كلامهم فهذا مخالف لمنطق التواصل مع الآخر و**التأثر** به و**التأثير** فيه ولكن الجديد في ظاهرة العربيزي حقا هو انتقالها من **المنطوق** إلى المكتوب فكتابة العربية بالأحرف اللاتينية ظاهرة **لم تعد تخفى على أحد** نراها في المنتديات الالكترونية وفي **التراسل** الالكتروني. يا سادة العربيزي من مظاهر **انحطاط** الأمة وسببها **عقدة النقص** والإحساس بالدونية لدى كثير من

العرب حتى أن معظم من يستخدم هذه المفردات الإنجليزية في كلامهم لا يجيدون الإنجليزية بل وبعضهم لا يعرف كتابة الكلمة التي ينطقها. الأغلبية يظنون أنهم باستخدامهم للمفردات الانجليزية يظهرون بمظهر المثقف المتحضر الفاهم. لاشك أنها ظاهرة سيئة **فاعتزاز المرء** بلغته الأم جزء من اعتزازه بذاته فكيف إذا كانت هذه اللغة الأم هى لغة القرآن الكريم، **لا شك أن** الاعتزاز بها من باب أولى وأعتقد أن أول الأسباب هو النظم التعليمية **العقيمة** في تدريس لغتنا العربية في المدارس منذ المرحلة الابتدائية والحرص على **التلقين** والحفظ وعدم الاهتمام بجعل تعليم لغتنا **أكثر جاذبية** للأطفال. وثاني الأسباب هو ضعف مستوى معظم مدرسي اللغة العربية فمن يلتحق بكلية تعده لأن يكون مدرسا بصفة عامة يكون حاصلا على مجموع متوسط أو أقل من المتوسط في الثانوية العامة. وعلى الحكومات العربية إعداد برامج تدريبية مستمرة للمدرسين بصفة عامة ولمدرسي اللغة العربية بصفة خاصة وذلك لزرع الولاء و**الانتماء** للغتنا في نفوس المدرسين والطلاب فالشباب العربي **مغيب** تماما **ولا لوم عليه فالمسألة أكبر منه** بكثير فالعالم العربي في مجمله مغيب هو الآخر **فلقد تسببت** الأنظمة العربية المعاصرة عبر تراكماتها **القمعية** والرجعية في تحويل عالم عربي شائك لعالم أقرب إلى العدم منه إلى الحياة وثورة ضد كل ما هو قائم لا بل إنه انعكاس **للجفاف الحضاري** ومن يفهم لغات الشعوب **المتقدمة علميا وتكنولوجيا** والتي ليست لديها **مركبات نقص** حضاري ولا تعاني **من الاغتراب** الثقافي لا يجد لدى شبابها مثل هذا الاستخدام **الهجين** للغة الوطنية **وإن كانت** لا تعدو كونها لغة محلية ويمكن تلمس أحد الأسباب لهذا الضياع الثقافي في تحول بعض البلدان العربية إلى الإنجليزية كشرط أول للحصول على وظيفة في شركاتهم العصرية وفقا لمتطلبات العولمة ومن المعروف في أدبيات السياسة **أن** المهزوم يحاول تقليد المنتصر والحضارة الغربية هي الحضارة السيدة أو السائدة. باختصار ودون الغوص في التفاصيل **ستستفحل** هذه الظاهرة يوما بعد يوم **طالما** كنا متأخرين عن ركب الحضارة نأخذ ولا نعطي **نستهلك** ولا ننتج فالعالم العربي يعتمد على ٩٠٪ في استهلاكه على الخارج. والذوبان الحضاري لا يستثني ثقافة ولا لغة ولا حتى قيم وهذه علامة صريحة على **الذوبان** ورحمة الله على الأمة العربية إن لم تدركها معجزة.

م/ علاء بيومى عبد العظيم
عضو المنظمة العربية لحقوق الإنسان
جريدة "الجمهورية"
٢٠٠٨/١/٢٠

المفردات الجوهرية

Cultural dullness, desiccation	جفاف حضاري : كسل ثقافي
Inferiority complex	عقدة النقص : الإحساس بالدونية
Alienation	اغتراب : الشعور بالغربة
Low, mean	هجين : الدمج – المزج

المفردات المتداولة :

Here: starting point	منطَلَق : مبدأ
Dose	جُرعة : كمية
Directives	توجيهات – من وجَّه : أشار على – أمر
Tendencies, attention	توجُّهات – من تَوَجَّه : ميول – اهتمامات
Spontaneous	تلقائي : بدون تحضير سابق
To share with s.o. half of s.th.	ناصَف – يناصِف : اقتسم بالنصف
Pretence	تكلُّف : تصنُّع = تمثيل
Deterioration	انحطاط : تدهوُر
Traditional, inherited	الموروث : التقليدي
To be proud of	يفخربِ : يشعر بالاعتزاز والكبرياء
Pure	نقية : صافية بدون شوائب
Borrowing, taking from	الاقتراض : الأخذ من
To condemn, consider s.th. improper	استهجن : رفض وانتقد بشدة = أدان
To be affected by s.o. or s.th. × to influence s.o. or s.th.	التأثر به × التأثير فيه
Verbal	منطوق : شفاهي

اعتزاز: افتخار	Sense of pride
المرء: الإنسان	Man, human being
عقيمة: فاشلة – بلا فائدة	Sterile, unproductive
لقّن – تلقين: إملاء الدرس بدون شرح	To dictate s.th to s.o.
غيّب – مغيَّب: تجعل المرء غير مدرك أو ذاهلا	To make s.o. oblivious
قمعي: قهري	Suppressive
استفحل: ازداد سوءا	To be irrepairable, become worse
ذاب – يذوب – ذوبان: اندماج	To melt - melting

١٠ الأهرام – [٢٠٠٨-٧-٥]

مناظر بريشة الفنان: حلمى التونى

خمّنوا معنى الكلمات التالية:

التظاهر – التحضر – طيلة – المزج – التهاون – انعكاس – تسامح – التغني – التليد – نستجلبه – التراسل – الانتماء – نستهلك.

أسئلة للفهم:

١. هناك فريقان كل فريق يُرجع ظاهرة العربيزي إلى أسباب تختلف عن الأسباب التي يُرجعها الفريق الآخر. اذكر رأي كل منهما وأي الرأيين – في اعتقادك – أقرب إلى الحقيقة ؟
٢. إلامَ يعزو الكاتب عدم اعتزاز الطالب العربي بلغته ؟
٣. كيف يقارن الكاتب بين الشباب العرب والشباب في بلاد مثل ألمانيا وفرنسا واليابان بخصوص استعمال اللغة الأم ؟
٤. ماذا يقترح الكاتب للارتفاع بمستوى اللغة العربية في مدارسنا ؟

أساليب وتراكيب:

- **لاحظوا تركيب لا النافية للجنس:** **لا حصرَ لها**
- " **أسلوب المفعول لأجله:** ...... رفضها **حفاظاً على**
- " **أسلوب التمييز :** أكثر **جاذبية**

: المتقدمة **علمياً** وتكنولوجية

- **لاحظوا المصادر التالية التي وردت في النص مع أوزانها:**

المصدر	الفعل	الوزن
رَصْد	رَصَد	I فعل
تعليم	علّم	II فعَّل
مناصفة	ناصف	III فاعل
إعداد	أعدَّ	IV أفعل
توقُّف	توقَّف	V تفعل

تظاهُر	تظاهَر	VIتفاعل
انعكاس	انعكس	VIIانفعل
اغتراب	اغترب	VIIIافتعل
استعمال	استعمل	X استفعل

- **اختاروا مصادر أخرى من النص مع ذكر أوزانها.**

نشاط الكتابة:

اكتبوا – في صيغة مناظرة (debate) – ما يمكن أن يدور بين الفريقين المذكورين في النص، مع استعمال تعبيرات مثل:

في رأيي – أعتقد أن – من الأرجح أن – ليس من المقبول أن – أشك في ذلك – ما أود قوله....إلخ.

الفصحى .. هل أصبحت لغة ميتة ؟!

أين نستطيع اليوم أن نجد لغتنا العربية الفصحى لغة حية مستعملة ؟
قبل أربعين عاماً أو خمسين ، كانت الفصحى هي اللغة المستعملة في الدوائر الحكومية ، وفي المدارس والجامعات المصرية **باستثناء** الكليات العملية التي لم تنجح قط في تعريب برامجها الدراسية ، لأن هذا يحتاج إلى **جهود مضنية** متواصلة تشارك فيها جهات متعددة. وكانت الفصحى هي لغة الأدب ، والصحافة ، والإذاعة ، والخطابة السياسية والدينية ، والمسرح الرفيع ، والقضاء ، والبرلمان.
أما الآن ، فقد **انحسرت** الفصحى عن كثير من هذه **المجالات فمعظم العروض** التي تقدمها المسارح المصرية مكتوبة بالعامية.

والأغاني لا تكتب بالعامية وكفى ، بل بعامية **ركيكة** رخيصة **مبتذلة**. والعامية هي المستخدمة في كثير من البرامج الإذاعية والتليفزيونية ، وفي المناقشات البرلمانية أو معظمها.

ونحن نرى الآن أن الأخطاء اللغوية ليست **متفشية** في الصحف والكتابات الصحفية **وحدها** ، بل هي متفشية في الكتب والقصص والروايات والقصائد ، وقد وصل الخطر إلى الحد الذي لم يعد فيه أحد ينتبه إلى هذه الأخطاء ، كما كان الأمر من قبل ، **إذ كنت** تجد من القراء **الحريصين من يقف لأي خطأ بالمرصاد** ، يشير إليه ويكتب لمن وقع فيه حتى ينشر التصحيح على الناس. باختصار، اللغة العربية الفصحى **لم تعد لغة** حية مستعملة إلا **في نطاق محدود يتقلص** يوما بعد يوم. لأن المؤسسات **المكلفة بتعليم** الفصحى لا تقوم بواجبها في التعليم، والمؤسسات المكلفة باستعمال الفصحى لا تقوم بواجبها في الاستعمال. ونحن مهددون اليوم بالعودة إلى الوضع **البائس** الذي كنا عليه في القرون التي سبقت نهضتنا الحديثة.

لدينا الآن ملايين من الذي تخرجوا في المدارس والجامعات ، وهم يحملون شهادات تؤكد أنهم يعرفون اللغة الفصحى ، ويحسنون قراءتها وكتابتها. والحقيقة المرة التي يجب أن نعترف بها ونواجهها هي أن هؤلاء "المتعلمين" لا يختلفون في جهلهم للفصحى عن الأميين، الذين لم يدخلوا مدرسة في حياتهم بل هم أسوأ من الأميين لأنهم **يدعون** لأنفسهم من العلم ما لا يدعيه الأميون ، **فإذا كنا** سنواصل برامج التعليم لنصل في النهاية إلى هذه النتيجة، **فنحن** لا نستطيع إلا أن نؤكد **استحالة** تعلم الفصحى واستحالة استعمالها في الحياة الفكرية والعملية.

لقد كان هناك من يرون أن الفصحى ماتت، لأنها **لم تعد لغة كلام** ومشافهة. ولقد كنا نرد على هذا **الزعم** بأن اللغة لا تحيا بالكلام والمشافهة وحدهما، بل تحيا بالقراءة والكتابة أيضاً، ولا شك

أن الفصحى **بتراثها** المكتوب **أكثر كفاءة وقدرة** على الحياة من العامية التي لا تملك هذا التراث.
فإذا كنا **سنعجز** عن استعمال الفصحى في القراءة والكتابة بعد أن عجزنا عن استعمالها في الكلام والمشافهة فنحن بهذا نحكم عليها بموت **لا جدال فيه**. وإذا كان هذا هو حكمنا النهائي على الفصحى فهل العامية هي **البديل** ؟ وهل في **طاقتنا** أن **نزن** النتائج الثقافية والعملية والسياسية التي تترتب على هذا الحكم وأن نقبلها ؟
فإذا كنا سنستخدم العامية بدلا من الفصحى في النشاط الأدبي والإعلامي، فهل نستخدمها أيضاً في نشاطنا العلمي فندرس الطب والهندسة والرياضيات والفلسفة بالعامية ؟ وإذا كنا قد فشلنا في استخدام الفصحى ذاتها في بعض هذه **المجالات**، فهل نتوقع حظاً أفضل ؟
هناك كتاب وأساتذة يتحدثون عن إصلاح البرامج الدراسية، و**تبسيط** النحو العربي، وتنظيم **دورات** لغوية للمذيعين والمذيعات، و**تزويد** دور الصحف ودور النشر بمصححين **أكفاء**، إلى آخر هذه الاقتراحات التي لا شك في أنها مفيدة وإن كنت أرى أنها تعالج **أعراض** المرض ولا تعالج أسبابه.
لا أنكر أن النحو بحاجة إلى **تيسير**، وأن المصطلحات التي **تتناسل** بغزارة تحتاج إلى تعريب و**ملاحقة**، لكننا لن ننجح في إصلاح النحو وتعريب المصطلحات إلا إذا وصلنا إلى جواب نهائي لهذا السؤال: ما اللغة أو اللغات التي نريد أن ندخل بها العصور القادمة ؟ نحن نتحدث في الشارع بالعامية، ونكتب القصائد والقصص بالفصحى، ونتعلم الطب والهندسة والطبيعة بالإنجليزية.
إذا كان هذا الوضع الراهن **ملائماً** لنا، فعلينا أن نعترف بدون خجل، ونعالج سلبياته و**ننمي** إيجابياته ومزاياه، ولن نكون أول أمة تستخدم أكثر من لغة، أو تستخدم لغة أجنبية إلى جانب لغتها القومية.
فإذا أردنا أن **نستغني عن** الفصحى تماماً، ونتخذ العامية لغة وطنية كما فعل الأوروبيون في عصر النهضة حين **تخلوا عن** اللاتينية وكتبوا بلهجاتهم المنحطة وطوروها حتى أصبحت لغات عالمية، وكما هو الأمر الواقع عندنا الآن أقول إذا أردنا أن نكتفي بالعامية أو نجعلها لغتنا الأولى فلنعلن هذا القرار بصراحة، ولنحول المبالغ التي **ننفقها** في تعلم الفصحى التي لا نتعلمها إلى تزويد العامية بما ينقصها حتى تصبح لغة مضبوطة مثقفة قادرة على التعبير والتفكير **والوفاء بحاجات** الحاضر والمستقبل.
أما إذا كنا نريد حقا أن **نبعث** الحياة من جديد في العربية الفصحى، فهذا هدف ضخم يحتاج إلى تعبئة شاملة.

أحمد عبد المعطي حجازي (بتصرف)
جريدة "الأهرام"
مايو ٢٠٠٤

المفردات المتداولة :

Exhaustive efforts	جهود مضنية : محاولات متعبة
To retreat or disappear	انحسرت : تراجعت أو اختفت
Scope, field	مجال (مجالات) : نِطاق – حقل نشاط
Vulgar	مبتذلة : وضيعة
To spread	تفشّى – متفشية : انتشر – منتشرة
Cautious	حريص : حذِر – محترس
To shrink	تقلّص : انكمش
Commissioned, charged with	المكلفة بـ : المسؤولة عن
To claim	يدّعي – ادّعاء : يزعم – زَعْم
Impossibility	استحالة : عدم إمكانية
Legacy, inheritance	تراث : موروث
Substitute	بديل : شخص أو شيء يحل محل شيء آخر
Our ability	طاقتنا : مقدرتنا – استطاعتنا
Simplification	تبسيط : تيسير
Session	دورة (دورات) :
Symptom	عَرَض (أعراض) :
Reproduce, multiply	تتناسل : تُنجب – تتكاثر
Follow-up	مُلاحقة : متابعة
Appropriate	ملائم : مناسب
Here: to improve	ننمّي : (هنا بمعنى نحسّن – ننهض بـ)
To give up, abandon	نستغني عن : نتخلّى عن

خمّنوا معنى الكلمات التالية :

باستثناء – ركيكة – البائس – يعجز – تزويد – أكفاء – ننفق – تبعث.

أسئلة للفهم :

١. كيف يقارن كاتب النصّ – الشاعر أحمد عبد المعطي حجازي – بين استعمال اللغة العربية الفصحى في الوقت الحالي وبين استعمالها منذ أربعين أو خمسين عاما ؟

٢. إلامَ يعزو الكاتب ضعف اللغة العربية الفصحى في الوقت الحاضر ؟

٣. الكاتب لا يعارض أن تكون اللغة العامية هي اللغة السائدة والمستعملة في المستقبل ولكن بشروط محددة. ما شروطه ؟

تعبيرات :

١. يقف .... بالمرصاد.

٢. في نطاق محدود

٣. لا جدال فيه

٤. الوفاء بحاجات

أساليب وتراكيب :

- خمنوا معنى فـ : فمعظم العروض التي...

- لاحظوا أسلوب الحال : متفشية.. وحدها

- "   أسلوب الشرط : إذا كنا.. فنحن

- استخرجوا جملة شرطية أخرى من النص

- هاتوا الفعل الماضي من تزن

- هاتوا فعلا آخر مثال (assimilated) بالمضارع والماضي

مثال: يصل – وصل

نشاط الكتابة:

اكتبوا في صيغة مناظرة (debate) بين فريقين: فريق يطالب بالتمسك باللغة الفصحى والدفاع عنها وفريق يؤيد استعمال العامية لغة المستقبل مع استعمال بعض العبارات وأدوات الربط التالية:

اللغة السائدة – لغة حية – لغة متطوّرة – لغة ركيكة – في نطاق محدود – برامج تعليم اللغة – دورات تعليمية – يقف ... بالمرصاد – لاجدال فيه – إلا إذا – وإن كان – لم يعد ...... – إلا – أسلوب التمييز والشرط.

لغتنا الجميلة: وإطلالة على قرن جديد : الآفاق والتحديات

لا يمكن تأمل المشهد اللغوي الراهن بعيداً أو **منعزلاً** عن الواقع السياسي والاجتماعي للأمة وواقع الإنسان العربي نفسه صاحب هذه اللغة والمرتبط بها ارتباط حياة **مصير** تَقوى بقوته وتضعف بضعفه.

وعلى ضفاف المشهد ومن حوله تثار أسئلة كثيرة على ألسنتنا نحن الذين نتخاطب بها ونتفاهم ونتواصل **ونبدع**. إلى أي حد أصبحت هذه اللغة قادرة على النهوض باحتياجات العصر وملائمة للإنسان العربي وهو يواجه **تبعات** الواقع **الراهن** ومسؤولياته ؟ إلى أي حد تستطيع هذه اللغة في عصر حوار الحضارات والثقافات كما يقول البعض أو عصر صراع الحضارات كما يقول البعض الآخر أن تمارس دورها في حركة الترجمة والتعريب والاتساع لألفاظ الحضارة ومصطلحات العلوم ؟

هذا **الوعي** بالمشكلة يُنضجه وعي تاريخي يرى في رحلة اللغة العربية عبر القرون علامات وإشارات دالة وعناصر **أسهمت** في تطوير هذه اللغة وتشكيلها وفي مقدمتها أسواق العرب التي عُرفت لدى سكان الجزيرة العربية قبل الإسلام وكانت **بمثابة** مؤسسات اجتماعية لغوية وسياسية وتجارية وأدبية يلتقون من خلالها ويخضعون لمتطلباتها وقيمها. ثم تلا هذه الأسواق ظهور الإسلام ونزول القرآن دستوراً له وأصبح بمثابة المثل و**النموذج** للتعبير العربي وعندما بدأت موجة الفتوح الإسلامية انفتحت اللغة على ثقافات القدماء وعلومهم من خلال حركة الترجمة النشيطة في العصر العباسي فاتسعت تعابير اللغة للمصطلح الأجنبي وألفاظ الحضارة **الوافدة** من بلاد الروم والفرس والهند ومصر وسائر بلاد العالم القديم.

ومع **انهيار** الامبراطورية الإسلامية و**تفككها** انهارت الحياة الثقافية والعلمية والفكرية وانهارت بانهيارها اللغة حتى جاء الغزو الأوروبي للبلاد العربية وبدأت مواجهات جديدة وصراع فكري وثقافي ولغوي مازلنا نعيش موجاته المتلاحقة حتى اليوم. هذا الوعي التاريخي يكشف عن مستويين من العربية يتجاوران ويتفاعلان، أحدهما فصحى، **التراث** مثلها الأعلى قائم في الماضي حيث إبداعات الأدب العربي القديم وإنجازاته الشعريه ومحاولته للاقتراب من **النموذج** الأسمى المتمثل في لغة القرآن والحديث. وثانيهما هو فصحى العصر أو العربية المعاصرة مثلها الأعلى قائم في المستقبل هو فكرة **أكثر**

منه مثالاً مادياً محدداً وبحث دائم عن إمكانية التعبير عن احتياجات الإنسان في واقع جديد متغير. وفصحى العصر هي السجل المكتوب لعلوم العصر الحديث بكل فروعها.

وإذا كانت الفصحى التراثية تشبه كتاباً أغلقت صفحاته **فإن** العربية المعاصرة **تغتني** كل يوم بالجديد من المادة اللغوية في كل المجالات **بالإضافة إلى** هذين المستويين من مستويات العربية **يزدحم** الواقع اللغوي بثلاثة مستويات من العامية، هي عامية المثقفين وعامية المتنورين وعامية الأميين. وهي مستويات مختلفة **من حيث** تعبيرها عن فئات و**شرائح** اجتماعية معينة ومن حيث قربها أو بعدها عن المستويين الفصحيين. ويظل مستوى الفصحى التراثية محتفظاً بكل صفات الفصحى القديمة في **معجمها** من المفردات وطريقة نطقها وهندسة تراكيبها ويمثل مستوى العربية المعاصرة المستوى **الأكثر حيوية ويشيع** استخدامها الآن فهي مستودع المعارف والعلوم والفنون والآداب تأخذ من الفصحى التراثية نظامها اللغوي **نحواً وصرفا وإعراباً** ولكنها **تتجاوزها** في معجمها اللغوي ونظامها الصوتي وفي بنيتها التركيبية **وحقولها الدلالية**.

ولاشك أننا مدينون لهذه الفصحى العصرية بكثير من الأساليب **الشائعة** الآن على ألسنة كتابنا وأقلامهم نتيجة للترجمة عن اللغات الأجنبية مثل: تكهرب الجو – ذر الرماد في العيون – يكسب خبزه بعرق جبينه – وضع النقاط على الحروف – هو رجل الساعة – يصطاد في المياه العكرة – موضوع وارد أو غير وارِد – يتمتع بالحصانة النيابية – صاحب كرسي في الجامعة – على قدم المساواة – أصاب عصفورين بحجر – سيولة نقدية – جمّد المال – فاته القطار – يذرف دموع التماسيح – ضرب الرقم القياسي – يلعب بالنار. هذه التعابير شاعت ولم تعد **تستوقف** أحداً عند استخدامها مع أنها واجهت **استنكار** بعض علماء اللغة العربية **المتشددين**. ولكن مثل هذا الموقف **المتصلب** المتزمت يقابله اليوم انفتاح على آلاف التعابير والأساليب والمفردات التى **تثري** عربيتنا المعاصرة **وتزيدها قدرةً** على **الوفاء باحتياجات** العصر.

وتجدر الإشارة هنا إلى وسائل الإعلام والتي اعتاد كثيرون أن ينظروا إلى علاقتها باللغة نظرة سلبية ويرون فيها ما يشبه المؤامرة على لغتنا القومية "لغة القرآن الكريم" **ومن ثم** فهي مؤامرة على حاضر الأمة ومستقبلها فما أكثر الأخطاء التي تجري على ألسنة المذيعين والمذيعات ومقدّمي البرامج **فضلاً عن** الأخطاء التي تحملها الصحف في مادتها الإخبارية ومقالاتها دون أن يواجهها **تصحيح** أو **تصويب** و**لطالما** طالب علماء اللغة بضرورة التدريب اللغوي على أسس جديدة كما طالبوا بالتزام المتحدثين الضيوف المشاركين في برنامج خاص أو حوار باستخدام العربية الصحيحة في أحاديثهم. غير أننا إذا اقتربنا من "نصف الكوب الملآن" المتضمن للعديد من الآثار الإيجابية للغة المستخدمة

في وسائل الإعلام فسوف نجد أنها تتميز بالبساطة والوضوح وتميل إلى الإيجاز و**التشويق** وفي واقع الأمر هي المجال اللغوي الوحيد الذي يقدّم الفصحى في صورتها الحية. إنها في تعريف بعض علمائنا اللغويين المبدع الأساسي لمعظم المادة اللغوية المستحدثة، فهي توفر آلاف الكلمات والتعبيرات الضرورية التي قد تعجز مجامع اللغة عن **ملاحقتها** و**متابعتها** وحين تنتبه المجامع لهذا الجديد يكون قد فرض نفسه على أبناء اللغة. فإن أجهزة الإعلام الآن تقود حركة المجامع وتتقدم مسيرتها. ومن بين ما **يشيع** على الألسنة والأقلام **بفضل** هذه الفصحى المعاصرة في أجهزة الإعلام عبارات مثل: الخصخصة – الاستنساخ – العقوبات الذكية – القنابل الذكية أو الصديقة – القتل الرحيم – التطهير العرقي – غسيل الأموال – إعادة هيكلة – العولمة – عُقدة الخواجة – دول الطوق – الحرب الباردة – هندسة وراثية –الطاقة البديلة – هشاشة العظام – الجمرة الخبيثة.....إلخ.

التأمل في هذه العربية المعاصرة في وسائل الإعلام المعاصرة يكشف عن توسعها في **القياس** فكأنها سارعت إلى **فتح أبواب** الاجتهاد اللغوي **على مصراعيه** مثل **توليد** أفعال على صيغ جديدة مثل: فعلن تفعلن وفوعل وتفوعل ولا ينسى لهذه الوسائل الإعلامية أيضا قيامها بدور فعال في التنمية اللغوية في **إثراء** القاموس اللغوي للجديد من أمور الحياة والذي **يلبي احتياجات** وضرورات يومية وعاجلة.

وبهذه النظرة الإيجابية تستقيم المسيرة اللغوية ولا تصبح لغتنا الجميلة بما تحمله وتمثله **بمثابة** القافلة تسير وعنقها إلى الوراء **بحثاً** في زوايا الماضي البعيد عن مجرد البلاغة والفصاحة. ولقد كان عميد الأدب العربي الراحل الدكتور طه حسين من أسبق الذين التفتوا إلى حقيقة هذه النظرة العصرية قائلاً: "لغتنا العربية أشبه بالشجرة العظيمة التي نبتت جذورها وامتدت في أعماق الأرض والتي ارتفعت أغصانها وانتشرت في أجواء السماء والتي مضت عليها قرون ومازال ماء الحياة فيها **غزيرا** يجري في أصلها الثابت وفي فروعها الشاهقة في السماء"......

فاروق شوشـــة
مجلة "وجهات نظر"
٢٠٠٥/٥

المفردات الجوهرية

Heritage	تراث
Semantic fields, scopes	حقول دلاليه
Suspense	تشويق : إثارة
Analogy	القياس : المقارنة

المفردات المتداولة :

Destiny	مصير : قدر
To be creative – innovator	أبْدَع – نبدع : ابتكر – خلق – نبتكر
Consequences	تبعات : عواقب
Present	الراهن : الحالي
To realize	وعى – يعي – وَعْي : أدرك – عرف
To contribute to	أسهم في : شارك في
Like, as	بمثابة : مثل – كَ
To collapse	انهار – انهيار : تدهور
Dictionary	مُعجم : قاموس
To be widespread	شاع – يشيع – شيوع : انتشر
To exceed × to be limited to	تجاوز : تعدّى × اقتصر على
Condemnation	استنكار : إدانة – شَجْب
Strict, stern × moderate	متشدِّد × معتدل
Often × seldom	طالما : كثيراً ما × قلما

خمّنوا معنى الكلمات التالية:

منعزلاً – النموذج – الوافدة – تفككها – تغْتني – يزدحم بـ – شرائح – الشائعة – تستوقف – المتصلب – تثري – تصحيح – تصويب – ملاحقتها – متابعتها – توليد – إثراء – غزيراً.

أسئلة للفهم:

١. هاتوا لمحة موجزة عن تاريخ تطور اللغة العربية عبر العصور المختلفة.
٢. صفوا الواقع اللغوي السائد في عصرنا الحالي.
٣. بم يشبه الكاتب كلا من الفصحى التراثية والعربية المعاصرة. وما أهم خصائصهما ؟
٤. تنافس وسائل الإعلام مجمع اللغة العربية بل تتفّوق عليه في الوفاء باحتياجات العصر. علّق على ذلك.
٥. اذكروا بعض التعبيرات الشائعة والتي تعرّفتم عليها كمقولات مترجمة من لغتكم الأم ؟
٦. ما التحفظات التي يبديها بعض علماء اللغة حيال وسائل الإعلام والدور الذي تقوم به ؟
٧. اذكروا بعض الإسهامات الإيجابية لوسائل الإعلام.
٨. سبق د. طه حسين عصره في نظرته إلى اللغة العربية. علّق على ذلك.
٩. طرح الكاتب عدة أسئلة في مقدمة مقالته فهل استطاع أن يجيب على هذه التساؤلات؟

أساليب وتراكيب:

- **لاحظوا هذه التعبيرات واستعملوها في جمل وفي نشاط الكتابة:**

١. بالإضافة إلى
٢. تجدر الإشارة إلى
٣. وفي واقع الأمر

- **لاحظوا المفعول لأجله** : تسير. **.. بحثاً في**
- ” **أسلوب التعجب** : **ما أكثرَ الأخطاءَ**

نشاط الكتابة :

صفوا الوضع الراهن للغة العربية معلقين على مدى قدرتها على تلبية حاجات العصر الحديث مستخدمين بعضاً من الأدوات والتعبيرات التالية :

مصير – ملائمة – الوعي بـ – أسهمت – بمثابة – إذا كانت...فإن – بالإضافة إلى – من حيث – أسلوب التمييز – التعجب – المفعول لأجله – في واقع الأمر – فتح الأبواب على مصاريعها – يلبي احتياجات.

حصان طروادة الديمقراطي!

من واجبنا أن نعترف أولاً، بأن التيار الإسلامي، كان **ولايزال**، أحد التيارات الأصيلة، في الحركة الوطنية العربية منذ حلقاتها الأولى، وأنه أسهم مع غيره- في أكثر من بلد عربي -في مواجهة الاحتلال الأجنبي، وتحقيق الاستقلال الوطني، **ولا ينازعه أحد** حقه في الوجود **المشروع** على الخريطة السياسية في مجتمع ديمقراطي **تعددي**، ولكن الأمر يظل خاضعا للسؤال المهم: كيف .. وبأي شروط!

ما يلفت النظر هو أن القسم الأكبر من جماعات الإسلام السياسي نشط بقوة، خصوصا بعد أحداث ١١ سبتمبر ٢٠٠١- للمطالبة بحقها المشروع في أن تشكل أحزابها الخاصة، **مؤكدة إيمانها** بالتعددية الحزبية والفكرية والسياسية، وبالنظام الديمقراطي البرلماني **بصرف النظر عن** أن بعض **فصائلها** تعتبر الديمقراطية والدستور والانتخابات ومبدأ الأمة مصدر السلطات **طاغوتا** معتديا على حقوق الله.

وبينما لايزال هناك من بين هذه الجماعات عناصر تعلن - عبر الشاشات والميكروفونات ومواقع الإنترنت- أن هدف الحملة الصليبية التي يشنها الغرب على بلاد المسلمين، هي **إحلال** «الديمقراطية» و«حقوق الإنسان» في نفوس المسلمين **محل** القرآن الكريم، والسنة النبوية المطهرة، فقد سارعت **فصائل** أخرى - عبر الوسائط نفسها- تشكو من أن وضع قيود على حقها في تشكيل الأحزاب، هو **عدوان على** الديمقراطية، وانتقاص من حقوق الإنسان وتتحدى الحكومات الديكتاتورية **الشمولية**، إذا كانت ديمقراطية حقا، أن تحتكم إلى رأي الشارع السياسي، عبر انتخابات حرة **ونزيهة** وخالية من التدخل الإداري، تجرى فورا، ليعرف الجميع مع من تقف أغلبية الناخبين!

وعلى عكس ما تعتقد هذه الجماعات **فإن إلحاحها** على الاحتكام فورا إلى صندوق الانتخابات، ليس دليلها- في رأي المتشككين- على إخلاصها لقضية الديمقراطية، ولكنه مؤشر على **انتهازيتها** السياسية وعلى رغبتها في استغلال **التشوش** الفكري والسياسي الذي يسود الشارع العربي، والأخطاء التي وقع فيها النظام العربي، وأدت إلى انفرادهم بالساحات السياسية لكي يتخذوا من صندوق الانتخابات **حصان طروادة**، الذي يقفزون منه إلى السلطة السياسية، ويوظفون الديمقراطية للانقلاب على الديمقراطية.

والديمقراطية ليست- فقط- حكم الأغلبية عبر صندوق الانتخابات، **فمعظم** النظم الديكتاتورية الشمولية وصلت إلى السلطة عبر صناديق الانتخابات، أو **حازت**- على الأقل في بدايتها - تأييد القسم الأعظم من شعوبها، والأساس في الديمقراطية، ليس هو حكم الأغلبية فقط، ولكنه حكم الأغلبية الذي **يصون** حقوق الأقلية.

والافتراض أن الأغلبية دائما على حق، هو افتراض تكذبه شواهد التاريخ وشواهد الحال، التي تؤكد أن خضوع الشعوب طويلا، لحكم ديكتاتوري **سلطوي**، **يصادر** الحق في **التنوع** السياسي والفكري، مع ما يستتبعه من منافسة سياسية وفكرية، ينتهي بافتقاد هذه الشعوب **للحد الأدنى** من النضوج السياسي الذي يمكنها من التمييز بين الآراء والتيارات والأحزاب، ومن الاختيار الحر الذي لا يمكن أن يكون كذلك من دون معرفة بكل التيارات، ومن دون قدرة على المقارنة بينها! **وربما كان من الصعب أن** يصدق أحد **ادعاء** هذه الجماعات، بأنها لا تسعى لتأسيس حكومة دينية **ليس فقط لأن** ذلك يتنافى مع برامجها المعلنة، **ولكن** – كذلك – لأنها تحاول **خداعنا** وإيهامنا بأن الحكومة الدينية، هي –فقط– الحكومة التي يشغل رجال الدين المواقع التنفذية والتشريعية فيها، فإذا شغلها مدنيون من أساتذة الجامعات وغيرهم، يرتدون الزي الفرنجي تصبح– في رأيهم– «حكومة مدنية» وهو تلاعب بالألفاظ يتجاهل أن **محك** التفرقة بين «الحكومة الدينية» و «الحكومة المدنية» هو: هل تحكم هذه الحكومة بالقانون أم **بالفتوى** ؟ وهل تصدر قوانينها **تعبيرا عن** المشترك بين **رؤى** الجماعة الوطنية ومصالحها في زمن معين، أم **استنادا إلى** مدونة الفقه التي لم يضف إليها جديد منذ أغلق باب **الاجتهاد** قبل عشرة قرون.

ما لا يجوز لأحد أن ينكره، هو أن قيام حزب على أساس ديني، لا معنى له إلا أنه يسعى لتأسيس حكومة دينية، وما لا يجوز لأحد أن ينساه هو أن الحكومة الدينية **لا خيار أمامها** إلا أن تكون حكومة **استبدادية**، تضطهد الذين يختلفون معها في الدين، بل وتضطهد –كذلك– الذين يدينون بالدين نفسة، لكنهم يختلفون معها في المذهب، وهي حكومة تعيد –في المدى المتوسط وربما القصير– البشرية إلى عهود الحروب الدينية والمذهبية، التي **راح ضحيتها** ملايين البشر، في الصراع بين المسلمين والمسيحيين، وبين السنة والشيعة، وبين الكاثوليك والبروتستانت!

الدولة الوطنية المدنية، هي دولة تقوم على أساس المواطنة، انطلاقا من قاعدة لا شطارة فيها، وهي أن المساواة في الواجبات العامة –وفي مقدمتها دفع الضرائب و**التجنيد الإجباري**– تقابلها المساواة في الحقوق العامة، وهذه المساواة لا يمكن أن تتحقق **إلا إذا** كانت الحكومة **محايدة** تماما، تجاه أتباع الديانات والمذاهب المختلفة، وهو ما **بات** يعرف الآن بـ«العلمانية السياسية».

والعلمانية السياسية، ليست ضد الدين، ولكنها ضد الحكومة الدينية، وضد احتكار حزب أو جماعة للحديث باسم المقدسات الدينية، التي هي مشترك للجميع، كلٌّ حسب دينه أو مذهبه، وهي الوحيدة **الكفيلة** بالحفاظ على وحدة أراضي الدولة الوطنية، والتسليم بحق تشكيل أحزاب على أسس دينية أو مذهبية، لا معنى له إلا التسليم بجواز قيام حكومة دينية أو مذهبية، لينتهي الأمر **بتفتيت** الدول العربية والإسلامية، إلى كانتونات طائفية للموارنة والكاثوليك والأرثوذكس والشيعة والسنة، وما حدث في لبنان وفي أفغانستان وما يجري في العراق نموذج لما يمكن أن تجره الطائفية السياسية من كوارث على استقرار المجتمعات ووحدة الدول، **ورفاهية** الشعوب.

وذلك كله، لا **يصادر** حق جماعات الإسلام السياسي في الوجود على الخريطة السياسية للوطن العربي، ولكن يفرض عليها أحد خيارين لا ثالث لهما: أن تتحول من أحزاب سياسية، إلى جمعيات دعوية وخيرية، تدعو للحفاظ على فرائض الدين وللتضامن بين المؤمنين، من دون أن **تقحم** نفسها بالشأن السياسي، أو أن تفتح باب **الاجتهاد**، للتوصل إلى صيغة تسمح لها بالعمل السياسي، **بما فيه** الوصول إلى الحكم، انطلاقا من **الإقرار** بالعلمانية السياسية، على النحو الذي فعلت الأحزاب الديمقراطية المسيحية في الغرب، وهي الصيغة التى أخذت بها مثيلاتها في تركيا.

ذلك هو المسكوت عنه، الذي **آن** لجماعات الإسلام السياسي أن تتحاور حوله، في داخلها، وفيما بينها، ومع **الأطياف** الدينية والمذهبية الأخرى، داخل المجتمعات العربية، بدلا من المناورة واللعب بالألفاظ والخداع.

صلاح عيسـى
مجلة "الأهرام العربي"
٢٠٠٨/٥/٢

المفردات الجوهرية

A Trojan Horse (a metaphor for deception)	حصان طروادة: كناية عن الخداع
Totalitarian	شمولية
Authoritarian	سلطوي: مسيطر – متحكّم
Measure, test	مِحَك: اختبار
Formal legal opinion (Islamic law)	فتوى (فتاوَى)
Independent judgment in a theological question	الاجتهاد
Welfare	رفاهية: ازدهار

المفردات المتداولة:

To contest, dispute	نازع: ناقض – أنكر حقه في
To be manifold, numerous	تعدّد – تعدُّدي: أكثر من واحد
Faction	فصيل (فصائل): مجموعات ذات اتجاهات مختلفة
Idol, false god	طاغوت: صنم – معبود
Here: violation	عدوان على: (هنا) انتهاك
Honest	نزيه: أمين
Insistence, urgent request	إلحاح: تكرار الشيء بشدة –إصرار
Opportunism	انتهازية: استغلال
Confusion	تشوّش: ارتباك – حيرة
Here: gained, obtained	حاز – يحوز – حيازة: حصل على
To confiscate	صادر: حجز على – منع – نزع من
To claim	ادّعى – ادّعاء: زعم – زَعْم
To deceive	خدَع – يخدَع – خِداع: راوَغ – غشّ

To rule dictatorially – dictatorial	استبدّ – استبدادي : تحكم في – ظلم – دكتاتوري
Neutral × partial	محايد × منحاز
Political secularism	علمانية سياسية : تفضيل الأمور الدنيوية على الدينية
To force oneself into s.th.	أقحم .... على : أدخل .... بدون مناسبة
To recognize, acknowledge	أقرّ بـ : اعترف بـ

خمّنوا معنى الكلمات التالية :

المشروع – التنوّع – رؤى – راح ضحيتها – تجنيد إجباري – بات – تفتيت – آن – الأطياف.

أسئلة للفهم :

١. كيف وصف الكاتب التيار الإسلامي ؟

٢. ما المفارقة التي يشير إليها الكاتب في مطالب ومواقف جماعات الإسلام السياسي ؟

٣. إن مطلب التيارات الإسلامية للاحتكام لصناديق الانتخابات لا يدل على تمسكها بالديمقراطية. علّقوا على ذلك.

٤. لماذا يشكك الكاتب في مقولة إن الأغلبية دائماً على حق ؟

٥. ما تعريف الكاتب للحكومة الدينية والمدنية وكيف يختلف هذا التعريف مع مفاهيم التيار الإسلامي ؟

٦. ما مفهوم الكاتب للعلمانية السياسية وما تداعيات تشكيل أحزاب دينية ؟

٧. ما الشروط التي يقترحها الكاتب على جماعات الإسلام السياسي للعب دور في عالم السياسة ؟

أساليب وتراكيب :

- **لاحظوا العبارات التالية واستعمالاتها :**

- <u>ما</u> يلفت النظر = <u>الأمر الذي</u> يلفت النظر

- <u>ما</u>لا يجوز لأحد أن ينكره = <u>الأمر الذي</u> لايجوز لأحد أن ينكره

- بصرف النظر عن

- **لاحظوا أسلوب الحال** : تشكل أحزابها <u>مؤكدة</u>......

- " **المفعول لأجله** : تصدر قوانينها <u>تعبيراً عن</u>.

- " **تركيب لا النافية للجنس** : لا خيارَ أمامها

- " **ولا النافية** : <u>لا</u> يزالُ – <u>لا</u> ينازعُهُ أحد

- **خمنوا معنى فـ** : فمعظم .... وصلت

- **استخدموا التعبيرات التالية في جمل مفيدة:**

ما يلفت النظر هو أنّ – بصرف النظر – بغضّ النظر – أحلّ محل – على عكس ذلك ... فإن– ربما كان من الصعب أنْ – ليس فقط ... ولكن – استناداً إلى – ما لا يجوز لأحد أن ينكره – إلا إذا – لما فيه .

نشاط الكتابة :

اكتبوا مقالة قصيرة تلخصون فيها موقفكم من إمكانية مشاركة التيار الإسلامي في الحياة السياسية مستخدمين أسلوب الحال والمفعول لأجله وبعضاً من التعبيرات التي ذكرت سابقاً.

دور الأكراد في المنطقة

لعب الأكراد الذين كانوا يسكنون البلاد الممتدة من أرمينيا الشمالية وهمدان حتى سهول حلوان وتكريت والموصل والجزيرة، دوراً فعالاً في الأحداث التي مرت بها منطقتهم، خصوصاً بعد دخولهم الإسلام، وكان للدين الجديد تأثير كبير عليهم حدد لمدة طويلة سبيل تطورهم السياسي والاجتماعي.
ولم **يغدُ** دور الأكراد ضعيفا في الأحداث إلا بعد ظهور المغول، ويذكر أبو الفرج الأصفهاني أنه لما اقترب هولاكو من مدينة بغداد حاول زعيمان كرديان على رأس قوة **لا بأس بها** أن **يتصديا** له، لكن من **دون جدوى**، فقد **انقض** عليهما وهزمهما. وقد تمت استعادة مدينة أربيل (هولير في اللغة الكردية) من المغول بثمن مقداره ٧٠٠ ألف مثقال من الفضة سلم إلى هولاكو.
يعاتب المثقفون الأكراد وأبناء الجيل الجديد قادتهم الأوائل بسبب عدم اتحادهم وتوافقهم **في ما** بينهم، **مما أدى إلى** عدم استفادتهم من الفرص **المتاحة** أمامهم لتأسيس كيان مستقل خاص بهم، خصوصاً في عهد السلطان صلاح الدين الأيوبي مؤسس السلالة الملكية الأيوبية للفترة من ١١٦٩ – ١٢٥٠، سيطر كردي آخر هو كريم خان زند على العرش الإيراني للفترة من ١٧٦٠ – ١٧٧٩ وهو الذي اشتهر بعدله حتى سمي بأنوشيروان العصر. تمكن خصوم السلالة الملكية الزندية وبمساعدة بعض أمراء الأكراد من القضاء على تلك **السلالة**. **في واقع الأمر** لقد **أهدَر** القادة الأكراد جهودهم لخدمة قضايا غيرهم بسبب التنافس القائم بينهم وفي خدمة قضية ليست بقضيتهم.
إن الأكراد أنشأوا خلال الفترة الممتدة من القرن السادس عشر إلى أواسط القرن التاسع عشر إمارات كردية عدة لكنها متنافسة في ما بينها.
ومن المعروف أن الأكراد **يتحرقون** إلى ضرورة تكوين دولة وطنية خاصة بهم، وهذا حق طبيعي لهم، لكنهم يعلمون أنهم ممنوعون منها. **فرغم أنهم** يمثلون أمة قوية لكنهم أمة من دون دولة. خلال الفترة الممتدة من تاريخ **القضاء** على الإمارات الكردية حتى ثورة "تركيا الفتاة" نشأت مقاومة كردية عنيفة تجاه الذين حاولوا **إخضاعهم** بالقوة.
ومازالت المسألة الكردية **قائمة رغم عدم وجود** دولة كردية، وهي قائمة **ليس بسبب** الثورات والانتفاضات التي قام بها الأكراد، ليعبروا بواسطتها عن إرادتهم في التحرر من **الذل** والهيمنة، **بل** لبقائهم و**صمودهم** رغم الظروف السياسية **القاسية** التي مروا بها **وهم لا يزالون في** معظم أجزاء وطنهم كردستان، وهي ظروف كانت كافية **لقلع جذور** أي شعب آخر لو عاش ظروفاً مماثلة. لكن

يبدو أن جذور الأكراد عميقة في أرض آبائهم وأجدادهم، **فاستطاعوا الصمود بوجه كوارث** الزمن على صعوبتها وقسوتها.

أشار معظم المؤرخين، حتى **المعادين لآمالهم** وأمانيهم، للدور الفعال الذي لعبه الأكراد في تحديد مسار التاريخ، **سواء** في إطار إمارتهم المستقلة **أو** شبه المستقلة أو ضمن الدول التي أصبحوا جزءاً منها. لقد ظهر بين الأكراد في كل من سورية والأناضول والعراق وإيران خلال العقود الأخيرة رجال سياسة كبار لعبوا دوراً مهما ومؤثراً في تاريخ تلك البلدان. وظهر بينهم، بجانب هؤلاء الساسة، علماء أجلاء وشخصيات **مرموقة** ومعروفة **ساهموا في إرساء** أسس حضارة وثقافة إسلامية ضمن الدول التي عاشوا في **كنفها**.

إن الدور الذي يلعبه الأكراد اليوم في العراق كان **قائما** وموجوداً ليس ضمن العراق وحده، بل ضمن المنطقة **بأسرها** بعد اندلاع الحرب العالمية الأولى ومباشرة الدول الكبرى بتحديد مناطق **النفوذ** في ما بينها لإنشاء دول ضعيفة. لقد حاول قادة الأكراد التعاون مع الآخرين في العراق وفي إطار البلدان الأخرى لأجل طرد الأجنبي وتشكيل كيانات خاصة بالعرب والأكراد ولتتعاون تلك الكيانات في ما بينها لأجل بناء حياة جديدة ومزدهرة للجميع.

وبدا الأمر بالنسبة إلى الأكراد خلال فترة قصيرة وكأن آمالهم قد تحققت، **إذ** وجدت **إقراراً** دوليا بها من قبل الدول الكبرى التي اتخذت من نفسها حكماً لتحديد الوضع الدولي، ولكن خلافاً للوعود المعلنة والتصريحات المفخمة خططت حدود بلدان المنطقة ليس **بمقتضى** الاعتبارات القومية والإنسانية، بل **وفق** المصالح **المشينة** لرجال الأعمال الكبار ودول الغرب الاستعمارية. **أما** الضمانات التي منحت للشعب الكردي المتمثلة بالوصاية عليه نظرياً من قبل عصبة الأمم، فلم يتمتع بها **إلا** بصورة **واهية** وحسب رغبات وزارات المستعمرات.

إن من **السابق لأوانه التكهن** منذ الآن بمستقبل الوضع السياسي للمنطقة، لكن الشيء الأكيد هو أن كل حل يتجاهل من جديد حقوق الأكراد لن يكتب له النجاح، ويثير ضمن أوضاع هذه الدول السياسية **اضطرابات حتمية**، بسبب إصرار هذا الشعب على التمسك بحقوقه والتمتع بها.

نوري طالباني (بتصرف)
مجلة "الحياة"
٢٠٠٧/٥/١

المفردات الجوهرية

To become	غدا – يغدو: أصبح – بات
To blame	عاتب: لام – يلوم – لوم
Offspring	سلالة: عائلة

المفردات المتداولة:

To resist	تصدى لِ: قاوم
With no use, of no avail	دون جدوى: دون فائدة
To lead to, result in	أدّى إلى: نتج عنه
To long for	يتحرقون إلى: يتشوقون إلى – يريدون بشدة
To put an end to	قضى – يقضي – القضاء على: تخلّص من – صفّى
To subjugate	أخضع – إخضاع: جعل تحت سيطرته
Humiliation	الذُل: الإهانة
Antagonists × supporters	معادون: خصوم × أنصار- مؤيدون
Famous, well-known	مرموق: مشهور
To participate in	ساهم في: شارك في
Under its protection	في كنفه: تحت حمايته
All of it	بأسرها: كلها
Influence	نفوذ: سلطة – قوّة
To recognize, acknowledge	أقرّ بـ – إقرار بـ: اعتراف بـ
According to	بمقتضى: طبقاً لِ – وفقاً لِ
Fragile, weak	واهية: ضعيفة

It is premature	من السابق لأوانه : لم يحن وقته بعد
To predict	تكهّن بـ: تنبّأ بـ
Disturbances	اضطراب (اضطرابات) : أعمال عنف وشغب

خمّنوا معنى الكلمات التالية :

لابأس – انقضّ على – المتاحة – أهدَر – صمودهم – القاسية – قلع جذور – كوارث – آمالهم – إرساء – قائما – وفق – المشينة – حتمية.

أسئلة للفهم :

١. هاتوا لمحة تاريخية عن الأكراد.

٢. إلام يرجع الجيل الكردي الجديد عدم تمكن الأكراد من إقامة دولة كردية مستقلة ؟

٣. القضية الكردية ما زالت قائمة ولم تمت. علّق علي ذلك.

٤. ما الأدوار التي لعبها الأكراد على مر التاريخ وحتي الوقت الراهن ؟

أساليب وتراكيب :

■ لاحظوا الأفعال المعتلة (defective verbs) التي وردت في النص :

- غدا – يغدو لم يغدُ – لن يغدوَ
  تصدّى – يتصدّى – لم يتصدَّ – لن يتصدَّى
- ادّى إلى – يؤدي إلى – لم يؤدِّ – لن يؤدِّي
  قضى على – يقضي على – لم يقضِ على – لن يقضيَ على

اذكروا أفعالاً معتلة أخرى درستموها وهاتوها في حالات الرفع والنصب والجزم.

- **خمنوا معنى فـ:** ١- فـرغم أنهم يمثلون.....
  ٢- فـاستطاعوا الصمود.......
  ٣- فـلم يتمتع بها إلا........
- **استعملوا التعبيرات التالية في جمل: ١- دون جدوى**
  ٢- في واقع الأمر
  ٣- من السابق لأوانه

نشاط الكتابة:

يعتقد الكاتب أنه لابد من تناول القضية الكردية ضمن أي حل سياسي مستقبلي. هل تتفقون معه في ذلك ؟ اكتبوا فقرة طويلة مبررين موقفكم ومستخدمين التعبيرات والأدوات التالية:

قضى على - في كنف - بأسره - أقرّ بـ - بمقتضى - من السابق لأوانه - حتمية الحل - سواء ... أو - أما .. فـ - دون جدوى - تصدّى لـ.

الاستشــراق

إن الاستشراق **ليس مجرد موضوع** سياسي للبحث أو ميدان تعكسه الثقافة أو الدراسة أو المؤسسات الأكاديمية بطريقة سلبية **كما أنه** ليس مجموعة من النصوص المنزوعة عن الشرق ولا هو يمثل مؤامرة إمبريالية "غربية" لعينة من أجل **إخضاع** العالم الشرقي" **بل** هو توسيع لتمييز جغرافي أساسي (هو تقسيم العالم إلى جزأين غير متساويين الشرق والغرب) لسلسلة كاملة من المصالح يخلقها الاستشراق ويحافظ عليها من خلال الكشف العلمي والتحليل النفساني والوصف الجغرافي والاجتماعي. والواقع أن الفكرة التي أدافع عنها هي أن الاستشراق هو ذاته **بُعد** هام من أبعاد الثقافة الحديثة السياسية العقلية وليس مجرد ممثل لهذه الثقافة **ومن ثمَّ** فهو يتعلق "بعالمنا" أكثر مما يتعلق بالشرق. فإن الاستشراق يرتبط بموضوعه أي الشرق فللاستشراق صلة وثيقة بالحضارة المسيطرة التي أنتجته.

فالاستشراق تأثير تراث قديم انحدر إليه من **تحيزات** العصور الوسطى الأوروبية ضد الإسلام (وخاصة نتيجة **للعداء** الدموي بين الإسلام والمسيحية في الحروب الصليبية) وهذا التراث كامِن في كتابات المستشرقين **بحيث** يكون من الصعب عليهم **إن لم يكن** من المستحيل **التخلص منه**.

ولقد تأثر الاستشراق بالاعتبارات السياسية **والميل إلى** السيطرة **بحيث** يعكس نظرة الغرب (القوي) إلى الشرق (الضعيف) وهكذا كانت المقولات التي يستخدمها الاستشراق مقولات تتسم أساساً بالمركزية الأوروبية وكانت نظرته إلى الشرق **تستمد** كلها من علاقة مفترضة بين هذا الشرق والغرب ولا تتناول الشرق **بوصفه كياناً** مستقلاً له تطوره الخاص.

ثم إنه يتحدث عن كيان ثابت باسم الشرق أو الإسلام **ويضفي على** هذا الكيان صفات **متحجرة** أي إنه ينكر الشرق كدينامية وتاريخ وينكر ما فيه من **تعدد** و**تنوّع** **إنما** يجعل منه جوهراً غير قابل للنمو أو التغير والدليل على هذا أن أحد المراجع الثقات قد قال عن الإسلام (دون أن **يخصّص** أي إسلام أو جانب من الإسلام يقِصد) إنه "نموذج أولي للمجتمعات التقليدية **المغلقة**". إن المذهبيات الرئيسية للاستشراق توجد في دراسات العرب والإسلام دعني أُوجزها هنا: إحداها هي الفرق المطلق بين الغرب **العقلاني** المتطور الانساني **الفوقي** وبين الشرق **المنحرف** الضال المتنامي وذي التطور الناقص **الدوني**. **أما** في الإعلام الغربي يرتبط العربي **إما** بالفسق **أو** **الغدر** و**الخديعة** **المتعطشة** للدم ويظهر ذا طاقة جنسية **مفرطة**، قديراً دون شك لكنه جوهرياً سادي **خائن** منحط تاجر **رقيق** راكب جمال صراف.....

وأنا أعتبر أن الاستشراق **أخفق إخفاقاً** انسانياً بقدر ما هو إخفاق فكري، **ذلك أن** الاستشراق إذا كان عليه أن يتخذ موقفَ تضاد لا يمكن تخفيفه **إزاء** منطقة من العالم اعتبرها أجنبية غريبة عن عالمه الخاص أخفق في توحيد هويته بالتجربة الإنسانية وأخفق في رؤيتها كتجربة إنسانية.

إدوارد سعيد
ترجمة كمال أبو ديب
مؤسسة الأبحاث العربية
(بيروت)

المفردات الجوهرية

Orientalism	الاستشراق
To derive, borrow from	نبع من : استمد
Slaves	عبيد : رقيق

المفردات المتداولة :

Dimension	بُعد (أبعاد)
To be biased	تحيز ضدّ (تحيُّزات) : انحاز
Enmity × friendship	عداء × صداقة
Getting rid of, escaping from	التخلّص من : إزالة
Here: to describe	أضفى على – يضفي على : (هنا) يصف
Rigid × flexible	متحجّر: متصلب – متشدد × مرن
Here: to specify × to generalize	يخصصّ : (هنا يحدّد) × يعمّم
Closed, ambiguous × open	مغلق × مفتوح
Deviated × straight	منحرف × مستقيم
Treachery × faithfulness	غدر : خديعة × إخلاص
To betray, deceive – betrayal	خدع – يخدَع – خديعة : خان – خيانة
To overdose – excessive	أفرط – مفرط: بالغ في – مُبالغ فيه
To fail	أخفق في : فشل في

خمّنوا معنى الكلمات التالية :

إخضاع – الميل إلى – تعدّد – تنوّع – عقلاني – الفوقي – دوني – متعطش – إزاء.

أسئلة للفهم:

١. ما تعريف ادوارد سعيد لظاهرة الاستشراق ؟
٢. ذكر الكاتب أن للاستشراق صلة وثيقة بالحضارة المسيطرة التي أنتجته. علّق على ذلك.
٣. ما العوامل المختلفة التي أثّرت على الفكر الاستشراقي ؟
٤. ما التحفظ الذي يبديه سعيد على وصف الإسلام بالثبوت وعدم التطور ؟
٥. ما السمات التي يلصقها الفكر الاستشراقي "بالشرقي" و "الغربي" ؟
٦. علامَ استند استنتاج الكاتب أن الاستشراق أخفق إِخفاقاً إنسانياً وفكرياً ؟

أساليب وتراكيب:

- **لاحظوا المفعول المطلق**: **أخفق إخفاقاً**

- **لاحظوا أدوات الربط التي وردت في النص واستعملوها في جمل**:

بل – ومن ثم – بحيث – إن لم يكن – إنما – إما .... أو (either .... or)

نشاط الكتابة:

اكتبوا مقالة قصيرة تلخصون فيها ما أورده ادوارد سعيد من أفكار مستخدمين بعضاً من التعبيرات والأدوات التاليـة:

أخضع – تحيزّ ضدّ – عداء – أخفق – يضفي على – إن لم يكن – التخلص من – ليس مجرد ... بل – ذلك أنّ – صفات متحجرة.

نقد الاستشراق وأزمـــة الثقافة العربيـة

سوف نركز في بحثنا هذا على ذلك الطابع المتبادل **للتشويه** وسوء الفهم بين الثقافات لكي نثبت أن لفكرة الأحادية الجانب للاستشراق **ما هي إلا جزء** من كلٍّ أوسع منها بكثير وأن كل ثقافة **لا تدرك** لثقافة الأخرى إلا من خلال منطقها الخاص **وتعجز** عن الاندماج في منطق الثقافة الأخرى ورؤية لأمور من منظورها هي بطريقة كاملة.

إن نقاد الاستشراق وعلى رأسهم د. إدوارد سعيد يجدون غرابة في التقسيم الجغرافي الذي يقتطع فيه نصف العالم ليصبح كتلة واحدة **متجانسة** هي "الشرق" ويؤكدون الطابع **التعسفي** لهذا لتقسيم الذي يصنع البعض سوراً حول أنفسهم ويسمون كل من يخرج عن حدودهم "غرباء" وتصبح أرض الغرباء مقرّاً لأناس لهم سمات تميزهم ثقافيّاً عمن يسكنون "أرضنا". والآن هل هذه حالة تقتصر على موقف المستشرقين من الشرق ؟ ماذا تقول **إذن** عن وصف اليونانيين لكل من هو غير يوناني بالبرابرة وعن اليهودية للشعوب الأخرى بأنهم الأغيار (جويم) ؟ وماذا نقول عن وصف المسيحية لهم بلفظ (gentiles) أما فيما يتعلق بالإسلام فإن الموقف يصبح أشد وضوحاً. ففي الإسلام تمييز واضح محدّد **المعالم** بين دار الإسلام ودار الحرب وهنا لا يكون الأمر مجرد تمييز جغرافي أو ثقافي إنما **تتسم** العلاقة **بسمة** العداء فكل من يخرج عن حدودنا العقيدية والثقافية والمكانية يعرَّف بأنه موضوع للحرب.

ولعل هذا أقوى تأكيد لتلك القسمة الثنائية التي **لا يعتبر** التقسيم إلى غرب وشرق **إلا** مظهراً واحداً من مظاهرها والتي ترجع إلى حدود الاتصال بين الثقافات لا باستعلاء الغربي أو المركزية الأوروبية وحدها بدليل أن مظاهرها خارج النطاق الغربي **واضحة كل الوضوح.**

فعلى سبيل المثال اتهام الغربيين للشرق بأنه غرب مضاد أو غرب لم يكتمل، يقابله اتهام العرب لهؤلاء الغربيين بأنهم متمركزون حول ذاتهم وعاجزون عن الخروج عن إطار مقولاتهم.

وكلٌّ من الصورتين يمكن أن تكون صحيحة في ذاتها ولكنهما معاً مظهران لحقيقة أعمق هي الحدود التي لا يمكن أن **يتعداها التفاعل** بين الحضارات فلدى الكثير من أصحاب الاتجاهات الإسلامية تصور للمسيحية على أنها نوع من الإسلام **الناقص** وهناك فكرة إسلامية واسعة الانتشار تقول بوجود **إنجيل** حقيقي غير الأناجيل المعروفة كان **تنبأ** بظهور نبي اسمه محمد ثم أخفي **عمداً وحلّت محله** الأناجيل الحالية **المحرَّفة**. هنا يعد الإسلام هو الأصل وتقاس المسيحية كلها على

أساس مدى اقترابها منه. وهنا يلاحظ وجود نوع من المركزية الإسلامية تقاس على أساسها أفكار الحضارة الأخرى.

ولنتأمل صورة أخرى للشرق في كتابات المستشرقين هي صورة الشرق **المُغرِق** في الملذات **المادية**. وهذا التصوير تكرَّر لدى المستشرقين بوصفه تعبيراً عن الطبيعة الشرقية ومع ذلك لم يشر د. إدوارد سعيد إلى أن النموذج المضاد الروحاني يكوّن بدوره صورة تتردد كثيراً لدى المستشرقين فهناك دائماً حديث عن الشرق المتصوِّف المتمسك بالقيم **العريقة** والأصيلة.

ومن جهة أخرى فمن المؤكد أن لدينا في الشرق ميلاً أقوى إلى وصف الغرب بالإفراط في المادية **والنزعة** الحسية.

وهكذا فإن الصورة المشوّهة متبادلة. ومن أهم الانتقادات التي توجه إلى التصور الاستشراقي للعالم الشرقي **بوجه عام** والعالم الإسلامي **بوجه خاص** فكرة الثبات **والتجمّد** عند عصر قديم وعدم الاستعداد لقبول الجديد.

ولكن هل كان المستشرقون مخطئين بالفعل في نظريتهم هذه إلى العالم الإسلامي وهل هذه النظرة نابعة من شعورهم بالقوة **والاستعلاء** إزاء الشرق ؟ الواقع **لـو** تأملنا موقف التيارات الإسلامية **السلفية لما** وجدناه يختلف في شيء عن تلك الصورة التي رسمها الاستشراق. أليس المثل الأعلى لهذه التيارات هو إسلام القرن السادس أو السابع على الأكثر ؟ فالإسلام في عقيدتهم "صالح لكل زمان ومكان" فهل هناك فرق بين مفهوم التطور الموقوف ومفهوم **الصلاحية** لكل زمان ومكان كما ينادي به المسلمون أنفسهم. في هذه الحالة نستطيع أن نقول إن الصورة الاستشراقية تعكس شيئاً موجوداً بالفعل وقد لا يكون هذا الشيء تعبيراً عن الواقع الكامل للعالم الإسلامي ولكنه على الأقل تعبير عن **تيار** هام **له ثقله** في حياتنا المعاصرة بوجه خاص وتزداد أهميته مع نمو ما يسمى "بالصحوة الإسلامية" وفي هذه الصورة نقدم تبريراً قويّاً لتلك النظرة الاستشراقية إلى الإسلام بوصفه "عقيدة أثرية" تتحكم في كافة جوانب تفكير الناس وسلوكهم في العالم الإسلامي. ولنتأمل حادث مقتل السادات **بوصفه نموذجاً صارخاً** "للتطور الموقوف". إن الذين قتلوه قد اعترفوا في محاضر التحقيق أنه يستحق القتل لأنه سخر من ملابس المحجبات ولأنه وعد بتطبيق الشريعة الإسلامية **ولم يفِ بوعده** و لأنه خرج عن نصوص الشريعة في قانون الأحوال الشخصية الذي قام **بتعديله**. وقرار القتل قد اتخذ **بناء على** فتوى عاد فيها مفكروهم إلى كتابات قديمة وأقاموا نوعاً من **التوازي** بين ذلك العصر وعصر السادات.

أما الدوافع الأخرى الوطنية والاجتماعية والقومية والتي ترتكز على الأخطاء الحقيقية لنظام السادات **فلم** تكن **في ذهن** قاتليه على الإطلاق.

وحقيقة الأمر أن الاستشراق في تأكيده لهذا الجوهر الثابت للإسلام هو الذي يعكس واقعاً فكرياً

تسم به العالم الإسلامي منذ عهد بعيد وأن الصورة الاستشراقية المشوّهة ما هي إلا تعبير عن تشويه تاريخي حدث بالفعل في العالم الإسلامي. وهكذا تظل الصورة الاستشراقية انعكاساً (قد تكون له في بعض الأحيان دوافع مغرضة) لهذا الفكر **المتحجر** الذي يفخر بأنه خرج عن نطاق الزمن.

فلننظر الآن إلى الصورة التي يكونها الشرق عن الغرب والتي هي في كثير من الأحيان صورة **متجمِّدة** ويفخر بأنها كذلك فتثبيت صورة الغرب واضح كل الوضوح لدى أصحاب الفكر الإسلامي: **إذ إن** تفكيرهم في الاتجاهات الحالية للعالم الغربي **إزاء** المجتمعات الإسلامية مازال ينصب في قالب المؤامرة الصليبية المسيحية التي تستهدف **النيل من** الإسلام. وهو يجمد الغرب في هذا القالب **بحيث** يتجاهل أهم مقولات الحياة المعاصرة: كالأحلاف العسكرية والتكتلات والمصالح. أما أصحاب الثقافة الحديثة في العالم العربي فإنهم بدورهم يجمّدون الغرب ويخلطون بين غرب العلم والعقلانية والسيطرة على الطبيعة وكشف أسرارها وغرب الاستعمار والسيطرة على البشر و**استعبادهم**. وتصل بهم **حماستهم** لمحاربة الاستعمار والتحرر من **الهيمنة** الغربية إلى حد رفض **العقلانية** ذاتها وكأنها **حكر** للغرب وحده وليس نتاجاً لتطور طويل أسهمت فيه كل حضارات الإنسانية قبل فترة الهيمنة الغربية بآلاف السنين.

إن التشويه إذا جاز أن نطلق عليه هذا الاسم متبادل بين الطرفين. **وإذا كان** هناك تشويه تؤدي إليه القوة والسيطرة والرغبة في التعامل مع الشرق بنجاح، **فإن** هناك تشويهاً آخر يؤدي إلى الشعور بالضعف **وبتفوق** الغرب والرغبة في **الانتقام** منه. ومشكلة ناقدي الاستشراق وعلى رأسهم إدوارد سعيد هي أنهم لم يستطيعوا أن يروا إلا النوع الأول، مع أن النوع الثاني ربما كان أخطر **وأفدح** في نتائجه **ذلك أن** الرغبة في السيطرة تقتضي حدّاً أدنى من الفهم الصحيح للآخر حتى يمكن تحقيق هذا الهدف أما الرغبة في تعويض النقص أو الانتقام فإن التشويه فيها يكون أخطر وغير **قابل للإصلاح**....

د. فؤاد زكريـــا
فكر للدراسات والأبحاث
(العدد العاشر)

المفردات الجوهرية

Arbitrary	تَعَسّف – تعسّفي : استبدادي
The Gospel	إنجيل : الكتاب المقدّس المسيحي
To distort the sense of the text	حرّف – محرّف : غير في النص الأصلي
Fundamentalism	سلفية : حركة إسلامية تدعو إلى الرجوع إلى عصور الإسلام الأولى

المفردات المتداولة :

To distort	شوّه × جمّل
To understand	أدرك : عرف – فهم
To be unable to × to be able to	عجِز – يعجَز –عجْز– عاجز عن × استطاع
To be harmonious with	تجانس مع – متجانس مع : انسجم مع – منسجم مع
Characteristic traits	معالم : خصائص – سمات – صفات
To go beyond × to be limited to	تعدى : تجاوز × اقتصر على
Interaction	تفاعُل
Incomplete × complete	ناقص × كامل
To predict, prophesy s.th.	تنبّأ بـ : تكهّن بـ – عرف المستقبل
Intentionally × by chance	عمداً × صُدفة
Materialistic × spiritual	مادي × روحي – معنوي
Ancient, solemn	عريق : قديم وله قيمته
Tendency	نزعة إلى : ميل إلى
In general × specifically	بوجه عام × بوجه خاص
To be rigid	تجمّدَ– متجمِّد : تحجَّر – متحجر × تطور
Superiority × modesty	استعلاء : تكبُّر × تواضع

١٧٨   هيا نقرأ ونبني مفردات

Fitness, validity	صالح لـ – صلاحية لـ: مناسب لـ
It has weight and importance	له ثِقله : له وزنه وأهميته
To fulfill a promise	وفى – يفي – وفاء بوعد : نفَّذ الوعد
To be parallel with	توازى – التوازي: التماثل
Mind	ذِهن : عقل
Towards	إزاء: تجاه – نحو – حيال
Enthusiasm × lack of enthusiasm	حماسة × فتور
Intellectualism × sentimentality	عقلانية × عاطفية
Monopolized by	حِكر لـ: استئثار بـ
Superiority × decline	تفوُّق : تميُّز × تدنٍّ
To revenge	انتقم من : الرد على. .. بعنف

خمّنوا معنى الكلمات التالية:

حلت محل – المُغرِق في – تيار – تعديل – النيل من – استعباد – أفدح – قابل للإصلاح.

أسئلة للفهم:

١. ماذا يحاول هذا البحث أن يثبت ؟

٢. كيف ردّ د. زكريا على تحفظ نقاد الاستشراق إزاء تقسيم العالم إلى ”شرق“و”غرب“ ؟

٣. كيف ينظر الإسلام إلى غير المسلمين برأي الكاتب ؟

٤. ما الحجج التي أوردها الكاتب ليثبت عدم التفاعل بين الحضارات ؟

٥. كيف يرى أصحاب الاتجاهات الإسلامية ”المسيحية“ ؟

٦. ما سمات الطبيعة الشرقية من منظور المستشرقين ؟

٧. ما التحفظ الذي أبداه الكاتب تجاه الصورة النمطية للشرق التي أشار إليها د. سعيد ؟

٨. ما موقف الكاتب من الاتهام الموجه إلى العالم ”الشرقي“ و”الإسلامي“ بالتجمد وعدم التطور ؟

٩. يعتقد الكاتب أن حادث مقتل السادات دليل على "التطوّر الموقوف". علقوا على ذلك.
١٠. إلام يشير د. زكريا في مقولته إن الصورة الإستشراقية المشوَّهة تعبير عن تشويه تاريخي حدث في العالم الإسلامي ؟
١١. ما معالم الصورة التي يكونها الشرق عن الغرب وما التحفظ الذي يبديه الكاتب على هذه الصورة "النمطية" ؟
١٢. ما الذي جعل الكاتب يعتقد أن الشعور بالضعف أخطر من الشعور بالقوة ؟

أساليب وتراكيب:

- **لاحظوا أسلوب الاستثناء: ما هي إلا.. لا يعتبر.. إلا.**
- **اذكروا أدوات الاستثناء الأخرى واستعملوا بعضها في جمل.**
- **لاحظوا أسلوب الشرط: لو تأملنا.. لما / إذا كان.. فـ**
- **استعملوا أدوات الشرط إنْ – مهما – مَنْ في جمل.**
- **لاحظوا نائب عن المفعول المطلق: واضحة كل الوضوح.**

نشاط الكتابة:

أكتبوا مقالة قصيرة تلخصون فيها الأفكار الرئيسية للفكر الاستشراقي ثم حددوا موقفكم إما بالرفض أو القبول مستعينين بالأفكار التي وردت في هذا البحث. استخدموا بعضاً من التعبيرات والأدوات التاليـة:

شوَّه – أدرك – عجز عن – معالم – عداء – مادية – بوجه عام – تجمَّد – له ثقله – إزاء – هيمن على – عقلاني – انتقم من – إذَن – على سبيل المثال – حقيقة الأمر أنَّ – بحيث – ذلك أن – تتسم بسمة – إذ إنَّ.

إدوارد سعيد .. وذاكرة الأمة الملهمة

كلنا يموت مرة واحدة، ولكن بعضنا يعيش مرات كثيرة في حياة واحدة **إذ يجسدون** أدواراً عدة **ويلهموننا** معاني شتّى، ويقودوننا إلى **نضالات** عديدة ضد **طغيانات** متعددة. والبعض من هذا البعض قد يحمل داخل **هويته** الجامعة نفسها عناصر شتى، **متناقضة أحياناً**، لا تجتمع **إلا** عنده، ولا تتكامل **إلا** فيه فكأن حياته مرآة لهويته، وهويته إلهام لحياته وهكذا كان المفكر الفلسطيني / العربي / الأمريكي إدوارد سعيد الذي غيبه الموت قبل أيام بعد رحلة حياة امتدت إلى سبعة عقود **قبل أن يذوي** الجسد النحيف الذي صارع **المرض الخبيث** طويلاً، من أسفل العقل القوي المستنير الذي حمل عبء النضال **المعرفي** والأخلاقي والسياسي، مغيباً ذلك **الوجدان** الذي **امتزجت** داخله الهويات كلها من عربية نبتت في فلسطين ونمت في لبنان وتفتحت في القاهرة، إلى أمريكية **أينعت** وازدهرت عبر مراحل الدرس والتدريس، وبين الأساتذة والزملاء والطلاب في جامعة كولومبيا **حيث** تعلم الأدب المقارن **واستوعبه ثم** وسع مداركه **حتى كاد** يبلغ به أفق النظرية الثقافية **متحرراً** من تخصصه الضيق والدقيق ومندفعاً كجل العقول الكبيرة إلى الفضاء الفكري / الإنساني الرحيب عبر الكثير من المحاضرات والسجلات التي سجلت **نزوعه الإنساني** المتعلق بأسمى مثل **التنوير** كالعدل والحرية والسلام المنطلقين من مرجعية إنسانية مشتركة ومتوحدة **تظل الجميع وترعاهم** ولا تفرق بينهم لدين أو عرق **أو** طائفة.

وبجانب سجلاته **ومناظراته** شبه اليومية على **صفحات الجرائد** والمجلات وأمام حضور لقاءاته ومحاضراته سجل إدوارد سعيد نزعته الإنسانية تلك بين دفتي كتابين، ضمن كتبه العديدة، سيظلان **محورين** في فكر القرن العشرين، أولهما هو كتاب الاستشراق الصادر عام ١٩٧٨ ليثير موجة من **التأمل وإعادة المراجعة** لكثير من أدبيات الثقافة الغربية ذات **المنحى العنصري** والتي عكفت طويلاً ليس فقط على صياغة **ذات** غربية **متطهرة**، وموحدة، ومتجانسة، ومستمرة في كل الزمن، وحاملة لأسمى القيم وعلى رأسها الحرية، ومرتكزة على **عقلانية تلهمها** مصادر التراث الغربي وعلى رأسها الفلسفة اليونانية، وذلك **دونما** تناقضات أو **حتى** انقطاعات في هذه المسيرة الغربية النورانية، **وإنما** أيضاً على صياغة ذات نقيضة تعج بكل ما هو **سلبي** للآخر الذي يعد مزيجاً من رذائل التخلف، **والغريزية**، والقهر، وهو **المنوال** الذي نسجت عليه بعض أعمال المستشرقين إزاء الشعوب والثقافة العربية الإسلامية في صناعة **صورة نمطية** أخذت تتشكل منذ القرن الثامن عشر، **وتترسخ** عبر نحو القرنين دونما تساؤل جذري حول مدي صحتها أو آليات بنائها **أو حتى** مصادر

إنتاجها وهذا هو ما فعله إدوارد بالضبط فأطلق موجة **المراجعات** تلك والتي صار بعدها رمزاً لنزعة إنسانية في الثقافة العربية تسعى إلى فحص موقفها التاريخي من شتى الثقافات والشعوب **المغايرة** وتأمله انطلاقاً من معايير موحدة ومستهدية **بمرجعية** شاملة من قيم الحرية والعدالة والسلام، وهي المرجعية التي **مكنته** من أن يكون عربياً فلسطينياً يدافع عن قضيته المركزية على بعد خطوات من الكهف الصهيوني وعلاقاته **الأخطبوطية**، دون أن يقع في تناقض مع هويته الرسمية كمواطن أمريكي **إذ** مكنته إنسانيته النبيلة، ومرجعيته المتسقة من التوفيق **دوما** بين هذه وتلك.

وأما ثانيهما فهو كتاب الثقافة والإمبريالية والذي وصل فيه إلى ذروة الحس الإنساني في مواجهة المركزية الغربية، **منطلقاً إلى** الإمبريالية الجديدة والتي جسدتها الولايات المتحدة وطنه الرسمي وليس أوروبا ضد العالم كله وليس العرب وحدهم، مؤكداً **التعددية** الثقافية كوجه آخر للحرية الإنسانية، و ضرورة التفاعل الثقافي السلمي **لإنماء** الإنسانية وازدهارها **دونما تعال عنصري** أو ادعاء بالرسالة التي تعد وجها آخر للإمبريالية تهدد قيم السلام بين الشعوب، والعدل بين بني البشر بل وتفسد المجتمعات الغربية نفسها.

لقد فقدت الثقافة العربية أحد رموزها، وأكبر عقولها منحوها دوما وجها إنسانياً مقبولاً، ودافعوا عنها بقاعدة صلبة ومتسقة من القيم **التقدمية**، في واحدة من لحظاتها الصعبة، ولكنه سيبقى دائماً جزءا من ذاكرتها الحية **الملهمة**، كما ستبقى هي دوما رغم كل إحباطاتها أو حتى انكساراتها، حية وفاعلة.

صلاح سالـم (بتصرف)
" الأهرام"
٣٠٠٢/٠١/٧

المفردات الجوهرية

Struggle, standing up for s.th.	نضال (نضالات): كفاح
Tyranny, oppression	طُغيان: استبداد – ظلم
Know-how	معرفي: ذو خبرة أو حنكة مكتسبة
Humane tendency	نزوع إنساني: (هنا) الميل والتوجُّه الإنساني
Debate	مناظرة (مناظرات): ندوة
Center, core	محوَر – محوَريّ: (هنا) موضع الاهتمام والجدل
Meditation	تأمّل: تفكير عميق
Racist tendency	منحىً عنصُريّ: أسلوب – اتجاه
Octopus	أُخطُبوط:
Manifold relations	علاقات أخطبوطية: علاقات متشعبة ومترابطة

المفردات المتداولة:

To inspire – inspiring	أَلهم – إلهام – مُلهِم: أوحى – إيحاء
To incarnate, give concrete form to s.th.	جَسَّد – تجسيد: (هنا) مثَّل
Various, different	شتىَّ (المفرد شَتيت): متنوعة – مختلفة
Identity	هوية: شخصية
Contradictory × harmonious	متناقضة × متجانسة
To fade, wither (here: pass away)	ذَوَى: ذَبُل (هنا توفي)
Cancer	المرض الخبيث: مرض السرطان
Sentiment, emotional life	الوجدان: الإحساس، العاطفة
To mix with	امتزج – امتزاج: اختلط
To bloom, ripen	يَنعت: ازدهرت
Liberal, freeing o.s.	متحرر × متزمِّت

Self	ذات : نفس
Purified	متطهِّرة : نقيه
Without	دونما : بلا
Negative × positive	سلبي × إيجابي
Instinct – instinctive	الغريزة – الغريزية
Manner	مِنوال : أسلوب ، طريقة
Stereotype	صورة نمطية : صورة متكررة لا تتغيَّر
To be deep-rooted	ترسخت : تأصَّلت – استحكمت
Re-examination of s.th.	مراجعة (مراجعات) : إعادة دراسة شيء
Authority (here: reference)	مرجعية
Highest, top	ذروة : قمة

خمِّنوا معنى الكلمات التالية:

استوعب – التنوير – عقلانية – مغايرة – مكنته – دوماً – التعددية – إنماء – التقدمية.

أسئلة للفهم:

١. ماذا يجسِّد إدوارد سعيد – في رأي كاتب المقال ؟

٢. كيف استطاع أن يُوائم بين أصوله العربية الفلسطينية وحياته كمواطن أمريكي يعيش في أمريكا ؟

٣. في رأي كاتب المقال – كيف يصور الرجل الغربي نفسه ، وكيف ينظر إلى الشخصية العربية ؟

٤. ماذا فعل إدوارد سعيد ليغير هذه الصورة النمطية للشخصية العربية ؟

أساليب وتراكيب:

- لاحظوا الحال المفرد في القطعة:
  - <u>متناقضة</u> أحياناً
  - <u>متحرراً</u> من تخصصه
  - <u>منطلقاً</u> إلى نقد

- وحال شبه جملة (a phrase):
  - ومناظراته........<u>على صفحات الجرائد</u>
  - إنماء الإنسانية وازدهارها <u>دونما تعالٍ عنصري</u>

- وحال جملة: وأكبر عقولها منحوها دوما وجها إنسانيا.

نشاط الكتابة:

اكتبوا عن أية معلومات إضافية قرأتموها عن إدوارد سعيد مستعملين بعض أدوات الربط التي وردت في النص:

ولكن – إلا – وهكذا – قبل أن – الذي – حيث – ثم – حتى كاد – أو حتى – بجانب – دونما– وإنما.

مقدمة الحوار مع د. نصر أبو زيد

- **الدراسة المنهجية علمتني احترام الذات في أصعب الظروف.**

كانت الأرض التي شهدت قمة التسامح الفكري والديني و**أزهى** حقب الحضارة العربية، الأندلس، **شاهداً** على أول حوار مع الدكتور نصر أبو زيد بعد أن اضطر إلى مغادرة مصر **بحثاً عن** الأمن والأمان عبر رحلة علمية بدأها في أسبانيا لتمتد إلى هولندا وألمانيا قد تستمر سنوات، **إثر** حكم أصدرته إحدى محاكم القاهرة للتفريق بينه وبين زوجته الأستاذة الجامعية **على إثر** رفع دعوى قضائية يتهمونه فيها بأنه **مرتد فلم يكن** أمامه من مخرج **سوى** البحث عن الهدوء بعيداً عن **النميمة والتشويش، رغبة منه** في العودة إلى أبحاثه وكتبه التي **أفنى** معها معظم سني حياته، دون التفكير ولو للحظة واحدة في عروض اللجوء الفكري، إن صح التعبير، في دول عربية وغربية، **وآثر** أخيراً منحة التفرغ العلمي في جامعة ليدن بهولندا، بعد ثلاثة شهور أمضاها بين مراجع المكتبة الوطنية في مدريد دون أن يكون ذلك **هرباً من** مصر، **إذ** أكد استعداده للعودة إلى القاهرة إذا تطلب الأمر ذلك، **كما** أكد أن خروجه لم يكن للارتماء في أحضان الغرب مثلما فعل البعض، بل كان **من أجل** البحث عن جو يسمح له بمواصلة أبحاثه العلمية من أجل خدمة الإسلام. وتعد قضية نصر أبو زيد مأساة حقيقية،في عالم اليوم، فلا يعقل أن يتعايش **شاعر** الخمريات، أبو نواس في بغداد، منذ أكثر من ألف عام، إلى جانب أحد **جهابذة** الإسلام الإمام أحمد بن حنبل، **في حين** أن هذا الأستاذ الجامعي لم يستطع الاستمرار في أداء مهمته العلمية في قاهرة نهاية القرن العشرين. **وذنب** أبو زيد ليس أكثر من الاختلاف مع آخرين في وجهات النظر **من منطلق ديني، مما** يؤكد أن الفكر الديني الرسمي **المتعنت** له حضور قوي على الساحة العربية، **إن لم يكن** مسيطراً في زمن تسير فيه خطوات العالم بسرعة غير منظورة نحو رقي الإنسان واحترام آدميته. **الأدهى** من كل هذا أن خصومه يتهمونه بما ليس فيه، فالرجل **يعتز** بدينه وعقيدته التي تربى عليها منذ الصغر في ريف مصر.

* أجرى المواجهة الدكتور خالد سالم أستاذ الأدب المقارن في جامعة مدريدك كومبلوتنس، وله العديد من المقالات في الأدبين العربي والإسباني.

المفردات الجوهرية

Dissident, dissenter	مرتد: الذي ارتد وتخلى عن الدين الإسلامي أو عن أي مبدأ
Gossip, slander	نميمة: غيبة
Great scholar	جهبذ (جهابذة): شخصية لامعة وذكية
More serious	أدهى: أخطــر

المفردات المتداولة:

Witness	شاهد: شخص رأى وعايش أمراً معينا
Confusion, disturbance	تشويش: إزعاج – قلق
To dedicate o.s. with heart and soul	أفنى: كرّس حياته
Preferred	آثر: فضّل
Guilt, crime	ذَنْب: جُرْم
Stubborn, rigid × moderate	متعنِّت: متشدّد × معتدل
To be proud of	اعتزّ بـ: افتخر بـ

خمِّنوا معنى الكلمات التالية:

أزهى – إثر – شاعر.

أسئلة للفهم:

١. ما الذي دفع د. نصر أبو زيد لمغادرة مصر؟

٢. ما الغرض من إقامة د. نصر في دولة غربية؟

٣. ما المفارقة التي يشير إليها الكاتب فيما يتعلق بالمناخ الثقافي والعلمي في مصر؟

أساليب وتراكيب:

- لاحظوا أسلوب المفعول لأجله : بحثاً عن. ..

    رغبةً منه في...

- لاحظوا أسلوب الاستثناء : لم يكن. .. سوى

- اذكروا أفعال أسماء الفاعل التالية: شاهد – مرتدّ – شاعر – متعنِّت – مسيطر (فعل رباعي)

نشاط الكتابة:

اكتبوا فقرة قصيرة تلخصون فيها ملابسات مغادرة د. أبو زيد مصر مستخدمين بعضاً من التعبيرات والأدوات التالية:

إثر – على أثر – إذْ – رغبة في – مما – متعنت – من منطلق – خصوم – إن لم يكن – كما – من أجل – في حين.

مواجهة ساخنة مع د. نصر أبو زيد

عندما شرعت في إجراء هذه المقابلة في العاصمة الإسبانية، **حيث** عاش نصر أبو زيد ثلاثة شهور بين كتب المكتبة الوطنية الإسبانية، **يُحتُ** بغرضي لأحد رموز الثقافة العربية التقيته مصادفة في مدريد، وقال إنك تبحث عن المشاكل، وطلب مني أن أتراجع عن هذا المشروع **المزعج**، **إلا أني** سعيت في طريقي مستذكراً **محاكم التفتيش** التي شهدتها إسبانيا في سنوات اضطهاد المسلمين العرب الذين أصروا على البقاء في البلد الذي شهد مولدهم، بعد سقوط غرناطة آخر **معاقل** العرب في الأندلس ومعها الحضارة التي أنارت ظلام أوروبا.

قبل إجراء الحوار، تملكتني **رهبة في لحظة لن أنساها** حين أعرب لي الدكتور أبو زيد عن ثقته بأن "النار ستكون **مأوى** هؤلاء الذين اتهموني بالردة، والجنة هي مثواي في الآخرة"، فتمسكه بعقيدته ودينه **لا يضاهيه** أي ادعاء من قوى الظلام. قال هذا وكله ثقة بأنه أفاد الإسلام **على عكس** أعضاء محاكم **التفتيش** الذين يلاحقونه عبر **ثغرات** قانونية تعود إلى عصور **انقرضت** في القضاء المصري دون أن يجرؤ متخصص على سدها، **فيشوهون** دين **التسامح**. وكانت هذه الرهبة قد لازمتني عندما تصديت لقراءة مؤلفاته، فقد تهيأت لها وكأنني أمام كتاب مقدس، ربما لصعوبة الظروف و**الملابسات** التي أحاطت بهذه القضية.

على أية حال لم يكن من السهولة إقناع الدكتور أبو زيد بضرورة إجراء هذا الحوار **لولا** صداقتنا وزمالتنا في الجامعة نفسها وكان لنا هذا الحوار في العاصمة الأوروبية الوحيدة التي أسسها العرب وقت عرفت حضارتهم **التسامح** وحرية الفكر.

- لماذا **لم تدافع عن نفسك** أمام المحكمة إزاء التهم الموجهة إليك ؟

- لقد وضحت أفكاري وشرحتها بكل الطرق. **أما** عن الدفاع عن النفس **فأنا لم أُسْتدعَ** للمحكمة ولم أُسأل. **ولو كنت** قد استدعيت **لَذهبت** إليها وشرحت أفكاري أمام القضاء. ولكن هذا لم يحدث، في الوقت الذي لم أتوقف عن شرح أفكاري وما هو **غامض** منها للرأي العام في الصحف و المجلات والكتب.

- يرى البعض أن طرحك مسألة دراسة القرآن الكريم كنص، فيه دعوة **لإزالة** قداسته فما هو ردك على هذا **الادعاء** ؟

- أعتقد أن أصحاب هذا الادعاء لا يفهمون معنى القداسة فقد شرحت في "التفكير والتكفير" أن القرآن كلام الله **يتجلَّى** باللغة العربية أي أن الله يخاطبنا بلغتنا على قدر فهمنا **ومن ثم ليس**

أمامنا من وسيلة لدراسة القرآن إلا على أساس أنه نص وأن هذا النص تعبير عن قصد المتكلم "الله" وعلينا فهم هذا التعبير والوسائل **المتاحة** أمامنا هي الفهم والتحليل، وهاتان الوسيلتان لا **يمسان** بقدسية النص "القرآني".

■ وما النتائج التي توصلت إليها ؟

- من المعروف أن القرآن نص لغوي نزل على أكثر من عشرين عاماً نزلت الآية أو مجموعة من الآيات حسب **الوقائع**. لكن القرآن مرتب بطريقة مخالفة لترتيب النزول. **ولا بد من** العودة لهذا الترتيب **من أجل** الكثير من الدراسات ليعرف **الناسخ** من **المنسوخ** أي الذي ألغى الحكم السابق.

■ ما **جدوى** هذا النوع من الدراسات إذا كانت تثير غضب بعض الدوائر الاجتماعية والفكر الديني الرسمي ؟

- التقدم والتجديد **مرهونان** دائماً **بالصراع** مع القديم الذي يقاوم للاحتفاظ بمكانته. إننا نزعم كمسلمين أن الإسلام دين كل مكان وزمان فكيف يكون هذا ؟ أليس بتجديد المعرفة به والذين يقاومون هذا النوع من الدراسة يقاومون التطور **وسنة** الحياة.

■ ما الذي توصلت إليه بعد هذه الدراسات اللغوية في القرآن ؟

- من القضايا التي تشغلني الآن ترتيب القرآن فالترتيب الحالي ليس ترتيب النزول **ولا يجدي** تفسير القرآن آية آية دون أن نتناول العلاقة بين الآية والتي تليها **ناهيك عن** البحث عن العلاقات العضوية الجمالية بين الآيات داخل السورة في سياق ترتيبها في القرآن.

■ معروف أن قضيتك تفجرت إثر نزاع حول **حجب** الدرجة العلمية لدرجة الأستاذية. ألا ترى أنه **لولا** مسألة الترقية العلمية تلك **لما** تفجّرت الأزمة خاصة أن كتبك في السوق منذ سنوات ولم يعترض عليها أحد من قبل ؟

- في الواقع إن القضية أخذت منحى سياسياً ولها **أغراض وأهداف** أخرى لا علاقة لها بالمعرفة لقد تقدمت بطلب "للأستاذية" **استناداً إلى** نتاجي العلمي المنشور والمقروء ولكن أحد أعضاء اللجنة المختصة بالترقية رفض هذا النتاج على أساس أنه **كفر** وحرّر تقريراً ضدي يتضمن اتهامات خطيرة **بالكفر والإلحاد** وكان الإسلاميون في الجامعة يهددون بإشعالها ناراً لحرقي.

■ كان ممكناً أن أتنازل عن طلب الترقية وأن **أدحض** أفكاري التنويرية. ولكن لا تطلب من أستاذ جامعي يعتبر مهمته الأساسية العلم والتنوير أن يقبل **التنازل عن** عقله **من أجل** سلامته الشخصية. إني أرى في هذا انتحاراً.

■ والمسألة كما ذكرت ليست مسألة دينية لأني سأكون أسعد الناس عندما يكشف لي شخص **بالبراهين** العلمية أني أخطأت. ولهذا فقد أصدرت بياناً عبرت فيه عن تمسكي بإسلامي وبإنجازاتي العلمية إثر صدور حكم المحكمة بالفصل بيني وبين زوجتي لأني مؤمن بأن إنجازاتي العلمية ليست ضد الإسلام.

▪ ما **مآخذ** هؤلاء على **أطروحتك** العلمية ؟.

- بالنسبة لي أنا أتمتع بحاسة نقدية عالية في أبحاثي عن الفكر الإسلامي و**النقد** هنا لا يعني **النقض**. إني أعتقد أن دلالة النص متعلقة بالأفق الاجتماعي والفكري الذي نزل فيه **فعلى سبيل المثال** عند النظر إلى قضية المرأة في القرآن **لابد أن نربط** ذلك بوضع المرأة قبل الإسلام لكي نرى موقف الإسلام الحقيقي وهكذا سنجد أن المرأة قبل الإسلام كانت من **المتاع** وأن الإسلام أعاد لها كثيراً من الاحترام **فإذا كان** القرآن قد أعطاها النصف في وقت كانت فيه متاعاً فهل هذا **أبدي** ؟

• كثير من أحكام القرآن **عدّلها** الفكر وهذا لا يعني أنه ألغاها، فعمر بن الخطاب طوّر معنى آية "المؤلفة قلوبهم" إنما الصدقات للفقراء والمساكين والعاملين عليها والمؤلفة قلوبهم" ومع ذلك لم يعط عمر بن الخطاب **سهمهم** من **الزكاة** وحجته في ذلك أن هذا السهم كان يمنح لهم عندما كان الإسلام ضعيفاً. لماذا لم يتهم الصحابة عمر بن الخطاب بالكفر ؟ لأنهم كانوا يفهمون أن للأحكام سياقاً وأنها لابد أن تفهم في سياقها.

▪ أذكر أنك ذكرت ذات مرة أن التيار الديني أو الحركات الإسلامية تشكّل جزءاً من الحركة الوطنية في مصر فهل هذا يعني ويلخص موقفك ؟

- أنا أقصد بقولي هذا أن الاتجاه **السلفي** هو جزء أصيل من الحركة الفكرية المصرية منذ بداية القرن. أنا أختلف معه فكرياً ولكني لا أحرمه حقه في الوجود السياسي **بشرط ألا** يلعب السياسة باسم الدين وهذا شرط لا يتحقق إلا بالديمقراطية.

وإني أعلن أني لست ضد الوجود السياسي لهذه الجماعات بل إني ضد أي ممارسات **اضطهادية** تمارس ضدهم أو ضد أي فرد في المجتمع. علينا أن نتقبل الخلاف الفكري أي أن نختلف فكريًّا وأن نسلم بحقنا جميعاً بالوجود **إذا لم** نتعلم هذا الدرس **فالفناء** يهددنا جميعاً.

▪ نلاحظ أن السنوات الأخيرة شهدت تعاظم المد الديني السياسي للجماعات الإسلامية برغم ما تلقاه هذه المؤسسات من اضطهاد وتشويش فما السبب في ذلك ؟

- إن المناخ العام مناخ فشل و**إحباط** وغياب المستقبل عن الأجيال الشابة **فضلاً عن** هيمنة دكتاتورية لا تسمح لحرية الفكر وفي الوقت نفسه يوظف الدين **لغايات** معينة.

وتنامي المد الديني له أسباب كثيرة أخرى فهناك منظمات دولية تمول هذه الجماعات **إضافة إلى** دول تقف وراء هذا التيار إلى جانب الشعوب التي لا تؤيد تماماً **طروحات** هذه الجماعات ولكنها تجد فيها ما **تعجز عنه** في مواجهة الحكومة. ولكن هذا التعاظم في التيار الإسلامي مصيره الفشل لأنه **يفتقر إلى** مشروع **إذْ** لا يمكن التفكير في مستقبل الوطن والعين على الماضي فقط أو على الغرب كما تفعل بعض التيارات **العلمانية** التي أنشأتها أنظمة الحكم **أما** التيار الذي يمثل المستقبل **فهو** التيار **العقلاني** الذي يحاول التجديد في الفكر الديني والذي ينظر إلى تراثه نظرة علمية وليس لديه مشكلة في الاستفادة من منجزات الغرب.

- كيف يمكنك رسم مستقبل مصر الثقافي في ضوء أزمتها الراهنة ؟.

- لا يمكن الحديث عن الثقافة المصرية **بمعزل** عن العربية فهناك تيارات **متولدة** جديدة مبشرة بالمستقبل. كل هذا محكوم بوجود المؤسسات الثقافية **وإلا** فستظل هذه الأمور الواعدة **مقصورة على النخبة**. التليفزيون قد يلعب دوراً تنويرياً **لو** ساهم المثقفون في إدارة برامجه لأنه يصل إلى أكبر قطاع من الناس ولكنه للأسف يقع في يد الدولة تماماً.

وحقيقة الأمر أن العالم العربي **ليس** بحاجة إلى تنوير ثقافي فقط **بل** إلى ثورة شاملة : إصلاح شامل اجتماعي سياسي اقتصادي ثقافي فكري **في آن واحد** ولكني لست **متشائماً** فالتشاؤم نوع من **الرفاهية** يخص مجتمعات سعيدة أما في مجتمعاتنا فلابد **أن** نحلم ولابد من مواصلة الكفاح والحلم بانتصار النور ولا أقول التنوير لأن هذا المصطلح **ابتُذل** في العالم العربي...

د. خالد ســـالم
مجلـة "العربي"
مايو / أيار/١٩٩٦

المفردات الجوهرية

Inspection courts	محاكم التفتيش
To become extinct	انقرض : اندثر
To delete, cancel	نَسَخ – ناسخ : ألغى – شطب
A Qur'anic verse which abrogates and supersedes another verse	آيه ناسخة : آية تلغي ما قبلها
Abrogated verse	آية منسوخة : آية ملغاة
Nature of life, the norm	سنة الحياة : ممارسة طبيعية
Dissertation, thesis	أطروحة : رسالة علمية
Object of delight, commodity	متاع : سِلعة – شيء للمتعة
Share	سهم : نصيب
Alms giving	الزكاة : مساعدة الأغنياء للفقراء (من أركان الإسلام)
Fundamentalist	سلفي : محاولة العودة إلى فكر الأسلاف (القدماء)
Death	الفناء : الموت
Ideas	طروحات : أفكار مطروحة
Luxury	رفاهية : ترف

المفردات المتداولة :

To reveal, disclose	باح – يبوح –بحتُ : صرَّح بـ
Stronghold	معقل (معاقل) : مركز قوى
Shelter	مأوى : ملجأ
Uncomparable	لا يضاهيه : لا يقارن به شيء
Gap	ثغرة (ثغرات) : فجوة (فجوات)
Tolerance × fanaticism	تسامح × تعصب
To be called to attend, summoned	استُدعِي – يُستدعى : طُلب منه الحضور

Vague × clear	غامض : مبهم × واضح
To remove	أزال - يزيل - إزالة : محا
Claim	ادعاء : زَعْم
To appear	تجلى : ظهر
Here: available	مُتاح : (هنا موجود)
To impair, violate (s.th. sacred)	مس بـ: انتهك
Events	الوقائع : الأحداث
Subject to	مرهون بـ: يعتمد على - مشروط بـ
Unbelief × faith	كفر × إيمان
Atheism × belief in god	إلحاد × إيمان بالله
To invalidate, disprove	دَحَض- يدحَض- دَحْض : كذَّب
Proof	برهان (براهين): دليل (أدلة) - إثبات
Faults, defects	مأخذ (مآخذ): أخطاء
To criticize × to commend	نَقَد - نقْد × أشاد بـ
Demolition, invalidation	نقض - ينقض - نَقْض: ألغى - محا
Eternal × temporary	أبدي × آني
Purpose, objective	غاية (غايات): غرض (أغراض)-هدف (أهداف)
To be unable to × to be able to	عجزَ عن × قدر على - استطاع
Secular × religious	علماني × ديني
Limited to	مقصور على : منحصر في
Elite	نخبة : صفوة
Pessimistic × optimistic	متشائم × متفائل
To be abused, degraded	ابتُذل : أسيء استخدامه

خمّنوا معنى الكلمات التالية:

المزعج – رهبة – يشوهون– الملابسات – لا يجدي – حجب – أغراض – أهداف – التنازل عن – اضطهادية – إحباط – تنامي – يفتقر إلى – عقلاني – بمعزل عن – متولدة.

أسئلة للفهم:

١.   كيف حاول د. أبو زيد الدفاع عن نفسه رغم أنه لم يمثل أمام المحكمة ؟

٢.   ما الحجج والأسانيد التي ذكرها د.أبو زيد للرد على اتهامه بانتهاك قدسية ”كلام الله“ ؟

٣.   علام استند نقد د. أبو زيد لترتيب القرآن ؟

٤.   لماذا يتمسك أبو زيد بمثل هذه التحليلات والدراسات الدينية ؟

٥.   ما الدوافع التي كانت وراء إثارة قضية تكفير أبو زيد ؟

٦.   كيف رد د. أبو زيد على الاتهامات الموجهة إليه ؟

٧.   إلام يدعو أبو زيد ولو ضمنياً فيما يتعلق بحق المرأة المعاصرة ؟

٨.   ما موقف د. أبو زيد من الحركات الإسلامية ؟

٩.   كيف يفسر أبو زيد تنامي المد الديني السياسي للجماعات الإسلامية ؟

١٠. ما تصور د. أبو زيد لمستقبل الثقافة المصرية ؟

أساليب وتراكيب:

- **لاحظوا تركيب جملة الصلة ونفي الفعل بلن:** في لحظة لن أنساها

- ”   **تركيب نفي المضارع المنصوب:** شرط ألا .... يلعبَ

- ”   **نفي المضارع المرفوع:**– لا يضاهيه أي ادعاء

  – ولا يجدى تفسير القرآن

- ”   **ونفي الفعل الماضي:** – لم يكنْ من السهولة إقناع
  – لم تدافعْ عن نفسك
  – لم أستدعَ – ولم أُسأَلْ

- **استعملوا أداة النفي ما بدلا من لم وغيّروا مايلزم في الجمل السابقة.**
- **هاتوا من النص أفعالاً أخرى منفية في الزمن الحاضر (المضارع) والزمن الماضي.**
- **لاحظوا أسلوب الشـــــرط:** – لولا مسألة. .. لما

– لو كنت. .. لذهبت

– إذا كان. .. فهل

نشاط الكتابة:

اكتبوا مقالة تتناولون فيها الاتهامات الموجهة إلى د. نصر أبو زيد والحجج التي أوردها الدكتور مدافعاً عن نفسه مستخدمين بعضاً من التعبيرات والأدوات التالية:

شوَّه – تسامح – إزاء – غامض – قداسة – مسّ بـ – جدوى – من أجل – ناهيك عن – على سبيل المثال – بشرط أن – في آن واحد – متشائم – للأسف – إذا كان ... ف – فضلاً عن – وإلا – إذ – لولا – لما – أما ... ف – لو كان ... لَـ – من ثمّ – لي... إلا – إذا كان ... فـ – فضلاً عن.

الوطن .. بين الذاكرة والحقيبة

*** ما هو الوطن ؟**

الخريطة **ليست إجابة**. وشهادة الميلاد صارت تختلف. **لم يواجه أحد** هذا السؤال كما تواجهه أنت. منذ الآن وإلى أن تموت، **أو تتوب**، **أو تخون**، قناعتك لا **تكفي**، لأنها لا تغير **ولا تفجر** ولأن **التيه** كبير. **ليست الصحراء أكبر** من الزنزانة دائماً. وما هو الوطن ؟ **ليس سؤالا** تجيب عنه وتمضي، حياتك وقضيتك معاً، وقبل ذلك وبعد ذلك – هو **هويتك**، من أبسط الأمور أن تقول: وطني .. حيث ولدت، وقد عدت إلى مكان ولادتك ولم تجد شيئاً، فماذا يعني ذلك ؟ ومن أبسط الأمور أن تقول أيضاً .. حيث أموت ولكنك قد تموت في أي مكان، وقد تموت على حدود مكانين، فماذا يعني ذلك ؟ وبعد قليل .. سيصبح السؤال أصعب، لماذا هاجرت .. منذ عشرين عاماً وأنت تسأل: لماذا هاجروا ؟ **ليست الهجرة إلغاء** للوطن، ولكنها تحويل المسألة إلى سؤال، **لا تؤرخ الآن**، حين تفعل ذلك تخرج من الماضي، والمطلوب هو أن تحاسب الماضي، لا **تؤرخ** إلا جراحك، **لا تؤرخ إلا غربتك**، أنت هنا .. هنا، حيث ولدت، وحيث يأخذك الشوق إلى الموت، وما هو الوطن ؟ ولكنك جزء من كل، والكل غائب، ومعروض **للإبادة**، ولماذا صرت **تخشى** القول: إن الوطن هو المكان الذي عاش فيه أجدادي ؟ لأنك ترفض **ذريعة** أعدائك، هكذا يقولون.

- ماذا تعلمت في المدرسة ؟

سلام على العصفور العائد من بلاد الشمس إلى نافذتي في المنفى، أخبرني أيها العصفور عن حال أهلي وأجدادي".

– والأغنية السابقة ؟

ألغوها.

– ماذا كانت تقول الأغنية التي ألغوها ؟

* عليك مني السلام

يا أرض أجدادي

ففيك **طاب** المقام

وطاب إنشادي

لا فارق كبير بين الأغنيتين، غير الفارق بين **الحنين** القادم من بعيد والحنين الطالع من قريب، كلتا الأغنيتين تعلن الحب للأرض ذاتها، وكلتاهما تحدد مفهوم الوطن بالانتماء إلى الأجداد، الأولى –

لشاعر يهودي عاش في روسيا، والثانية – لشاعر عربي عاش في فلسطين وما رأى **المنفى** وما سمع به، بعد قليل، تغلبت الأغنية الأولى على الثانية، وصار الشاعر الثاني يغني الحنين البعيد، وصار الفتيان العرب الباقون في بلادهم **محرومين** من التغني بقصيدة شاعرهم، وصار طريقهم إلى المستقبل مرهوناً **بإتقان** أغاني الشاعر اليهودي الذي كان يقيم في روسيا، والمعلم العربي الذي يجرؤ على تلقين أغنية حب الوطن مطرود من العمل بتهمة **التحريض** على دولة إسرائيل وبتهمة **اللاسامية**، ثم كبرنا قليلاً، فعلمونا **ملاحم** ذلك الشاعر الصعبة، ولم نأخذ من **المتنبي** الا "فيك **الخصام** وأنت الخصم والحكم"

هم الخصوم والحكام..

وهم الذين يحددون لنا "ما هو الوطن":

"جلس تيودور هرتسل وفكر بمصير شعبه **المضطهد**، ألف الفكرة الصهيونية التي هي الطريق الوحيد إلى أرض الخلاص الوحيد .. **لن يحقق اليهود ذواتهم ولن** يقدروا على القيام بتنفيذ الرسالة التاريخية للبعث اليهودي **إلا بالعودة** إلى وطن الأجداد .. إلى فلسطين".

وحين تسأل المدرس عن مصير الشعب العربي الفلسطيني وعن وطنه، **يهمس** في أذنك أن **تكف عن** المخاطرة وعن **التطاول** على قدسية التاريخ، ولكن، حين يكون المدرس يهودياً يترجم لك ما قاله حاييم وايزمن في مجلس السلام في باريس عام ١٩١٩: "إن أرض إسرائيل يجب أن تكون يهودية كما أن انجلترا انجليزية"، وحين تلح عليه بالسؤال عن مصير العرب الفلسطينيين **يطمئنك** إلى أن وايزمن قد أضاف: "أن الصهيونيين لن يدخلوا أرض إسرائيل **كالغزاة**، **لن يطردوا أحداً**".

لن يطردوا أحداً !

الصراع بين ذاكرتين...

الذاكرة اليهودية تشكل إحدى الدعاوي الأساسية **لادعاء** الحق على فلسطين، ولكنها **عاجزة عن** الاعتراف بحق الآخرين في التمتع بحاسة الذكريات، والإسرائيلي يرفض **التعايش** مع الذاكرة الفلسطينية، ويرفض الاعتراف بهذه الذاكرة، **على الرغم من أن** أحد شعاراتهم القومية شعار "لن ننسى"، ومن قضايا التعليم الإسرائيلي الأساسية والأولى في سلم **الأولويات** الصهيونية هي إبقاء الوعي العام في حالة من التذكر الدائم كنقطة **استقطاب** للمشاعر الوطنية، كانوا يقولون دائماً: "لتنسني يميني إذا نسيتك يا أورشليم"، وبعد الكارثة التي تعرض لها يهود أوروبا على أيدي النازية أصبح الشعار الأساسي عندهم: "لن ننسى .. ولن نغفر". وفي كل عام، يحيي الإسرائيليون ذكرى ضحاياهم.

إحدى **فرضيات** الصهيونية الكلاسيكية، وهي أن اليهودي من دون وطن سيبقى **حثالة** بشرية وفريسة للحيوانات الشريرة"، ويعترف الكتاب بأن السياسة الإسرائيلية تستغل الكارثة لأغراض **ابتزازية**.

إن الثقافة الإسرائيلية **تلح على** إشباع المواطنين بذكريات كارثة أوروبا لتعميق إحساسهم بغربتهم وعزلتهم عن العالم، ويشكل هذا الإحساس عنصراً جوهرياً في بنية النفسية والمزاج الإسرائيلي، **ومن هنا**، تكون تنمية الذاكرة الإسرائيلية **مكرّسة لغرض** سياسي محدد: **الإلحاح** على الإسرائيلي بأنه دائم التعرض **للإبادة** وأن العودة إلى "أرض إسرائيل" والصمود فيها هو الأمان التاريخي والسياسي الوحيد، ولتعميق الدعوى الصهيونية على فلسطين.

ولكن تمادي إسرائيل في تفريغ **أحقادها** على شعب آخر، هو شيء آخر، فالجريمة **لا تعوض بالجريمة**، وأنْ يطالب الفلسطينيون وسائر العرب بدفع ثمن جرائم لم يرتكبوها لا يمكن أن يكون تعويضاً عن الكارثة، إن الإسرائيلي **يباهي** الدنيا بأنه رائد اللجوء والغربة في التاريخ، حتى حوّل هذه الصفة إلى ميزة وامتياز، ولكن من يملك حاسة اللجوء والغربة أصبح **عاجزاً كل العجز** عن إدراك هذه الحاسة لدى الآخرين، وليس من **القسوة** أن نقول إن سلوك الإسرائيليين الصهيونيين ضد شعب فلسطين الأصلي هو تطبيق مشابه للممارسة النازية ضد اليهود أنفسهم، وليس من **القسوة** أيضاً أن نقول إن سلوك الإسرائيليين والحركة الصهيونية في علاقاتها الدولية يوحي بملاحظة أنها تتاجر بدم الضحايا اليهودية.

(إن الصهيوني لا يخجل من الاعتزاز بأن فقدان ستة ملايين يهودي قد أعطاه وطناً !..).

هم لا يعترفون بحقك .. ولا يعترفون بذاكرتك.

هكذا تحسم الفلسفة الصهيونية المغرقة في **الغيبية** مسألة علاقتك بفلسطين، أنت غير حقيقي وقابل للإلغاء، لأنك لا تعتنق الدين اليهودي الذي يشكل الحقيقة الوحيدة في الوجود.

ولكن أديباً إسرائيلياً آخر **أكثر اقترابا** بالحياة والواقع يحرق علاقة الحرية القائمة بين اليهود وفلسطين حين تصل هذه العلاقة إلى مستوى التطبيق العملي، وتخلق حالة نادرة من حالات الإحساس **بالإثم**، فالإيديولوجية غالباً ما تبدو نظيفة لأصحابها وهي مجردة، وحين تترجم إلى ممارسة تأخذ شكل الجريمة.

تجد بعض النماذج من **تجلي** الإحساس بالإثم في الأدب العبري الحديث لدى تناول موضوع بناء المجتمع الإسرائيلي والصراع على "وطن" واحد بين الإسرائيليين والعرب، ولكنه إحساس بالإثم صادر عن الثقة بالنفس، إنه نوع من أنواع اعترافات القوي في حالة صفاء إنساني، **يمزج** قوته **وانتصاره** بشيء من الليبرالية والإنسانية **بعد فوات الأوان** وانتهاء **المذبحة**. ولكنه ليس في أي حال من الأحوال تعبيراً عن **توبة** أو **ندم**، انه شديد الشبه بمحاورات القاتل الداخلية بعد إتمام العملية، فالأديب الأميركي مثلا يصور مأساة الهنود الحمر ويبدي بعض العطف عليهم.

يستغرب كاتب إسرائيلي غياب ظاهرة حساب النفس والإحساس بالإثم لدى الطرف العربي، وهذا الاستغراب، بحد ذاته، دليل على الرغبة في عقد المساواة بين القاتل والضحية، يطالبهما بالجلوس والبكاء على **التعاسة** المشتركة: تعاسة المنتصر الذي يكسب وطناً ولم يسلم من ارتكاب الظلم، وتعاسة

المهزوم الذي خسر وطناً ويطلب عدالة المعاملة ممن أخذ وطنه، كيف يحاسب العربي نفسه ؟ وكيف يشعر بالإثم ؟ إن هذه المحاسبة لا تؤدي إلى نقطة التقاء ولا تخدم مصلحة الإسرائيلي، بل تؤدي إلى التفكير بإدارة الصراع بطريقة أفضل **تكفل** إعادة الوطن، ولماذا يشعر العربي بالإثم ؟ إذا شعر بالإثم، فإنه يشعر به تجاه نفسه وتجاه وطنه **لا تجاه الذي** هزمه واحتل وطنه ونفسيته.

لن تسأل بعد الآن عن معنى الوطن ..

الخارطة ليست إجابة، لأنها شديدة الشبه بالرسم التجريدي، وقبر جدك ليس إجابة لأن غابة صغيرة كفيلة بأن تخفيه، وأن تبقى بجوار الصخرة، ليست أيضاً إجابة كافية لأن اغترابك ليس شيئاً مادياً فقط، **فلم يحتلوا** الأرض والعمل فحسب بل احتلوا النفسية والمزاج والصلة ما بينك وبين الوطن حتى صرت تتساءل عن معنى هذا الوطن. تشغلك همومك اليومية وصراعك من أجل الحياة عن الإحساس بحقيقة أنك محتل أحياناً، مواطن من الدرجة الثانية ؟ **ليس هذا** هو السؤال، **لن تكون** قضيتك ديمقراطية **ولا** إنسانية، **وليس** عذابك الشخصي ناجماً عن سلوك شخصي.

"اهدأ – تسلم" ليست نصيحة بريئة، هي دعوة **لنفض يديك** من تراب الوطن الذي لا تجد له اسماً، سحبوا الأرض من تحت قدميك فاختبأت تحت جلدك. عذبوك، **فلم تعترف إلا بمزيد** من الحب المجنون لأسباب عذابك.

لم يكتفوا بالاستيلاء على كل شيء، يريدون أن يستولوا أيضاً على انتمائك لتكون الواقعة بينك وبين الوطن، ليصير الوطن هو العبء، ولن تجد الفرح خارج هذا الألم، الوطن في ذاكرتك، وفي خلايا جسمك يشتبك مع الوطن الذي في قبضات أيديهم وحقائبهم القادمة.

محمود درويش

مجلة "شؤون فلسطينية"

(العدد ٢١)

أغسطس ١٩٧٢

المفردات الجوهرية

Wilderness, sense of loss	التيه : الصحراء – الضياع
Anti-Semitism	اللاسامية : المقصُود معاداة اليهود
Heroic poem (epic)	مَلحمة (مَلاحم): قصيدة
To violate, impair	تطاوَل على : انتهك – مسّ
To blackmail	ابتزّ – ابتزاز: تهديد
Hatred, grudge × love	حِقْد (أحقاد): كراهية × حب
To boast about	باهى : تفاخر ب
Secret, invisible	غيبية : الأمور غير المرئية

المفردات المتداولة :

To repent	تاب – يتوب – توبة : نَدم – يندم – نَدم
To betray × to be faithful	خان – يخون – خيانة × أخلص
To exterminate	أباد : قتل – أفنى
Excuse, pretext	ذريعة : حجة
To long for	حنَّ – يحن – حنين إلى : تاق – يتوق– توق إلى
To be deprived of, prevented from	حُرِم–يُحرَم–حِرمان من– محروم : مُنع عن
Perfection	إتقان : إجادة
al-Mutanabbi	المتنبي : من أشهر الشعراء العرب عاش في القرن العاشر الميلادي
Enmity	الخصام : العداء
To stop, abstain	كفَّ – يكُفَّ – كفَّ عن : توقّف عن
To reassure × to worry	طمأن × أقلق
To invade – invaders	غزا – غازٍ (غزاة): هجم واستولى على
To claim	ادّعى – ادّعاء : زَعَم – زَعْم

To polarize — polarization	استقطب – استقطاب : (هنا تركيز وجذب)
To insist	ألح على – إلحاح: صمّم على – أصر على – إصرار
To devote to — devoted to	كرَّس لِ – مكرَّس: منصبّ على
To compensate	عوَّض: دفع مقابل.. لِ
Cruelty × mercy	القسوة × الرحمة
Guilt	إثم: ذنب
To mix	مزَج: خلط
Massacre	مذبحة: مجزرة

خمّنوا معنى الكلمات التالية:

هويته – تؤرخ – تخشى – طاب – المنفى – التحريض على – المضطهد – يهمس – عاجزة عن – التعايش – الأولويات – فرضيّات – حثالة – غرض – تجلِّي – انتصار – تعاسة – تكفل – نفض يديك.

أسئلة للفهم:

١. ما التعريفات التي طرحها محمود درويش «للوطن» وما تبريراته لدحضها (تكذيبها) ؟

٢. هناك عدة مفارقات يشير إليها محمود درويش في مقاربة الفكر الصهيوني لفكرة الوطن اليهودي. ما هي ؟

٣. ما التحفظ الذي يبديه الشاعر تجاه الادعاء اليهودي بالحق على فلسطين ؟

٤. كيف ينظر الكاتب إلى ظاهرة عدم نسيان ذكريات كارثة أوربا ؟

٥. هل من تشابه بين السلوك الإسرائيلي الصهيوني ضد شعب فلسطين والممارسات النازية (برأي الكاتب) ؟

٦. كيف صورت بعض الرموز الأدبية الإحساس بالذنب إزاء الفلسطينيين وما تعليق محمود درويش على ذلك ؟

٧. كيف رد الشاعر على استغراب الكاتب الإسرائيلي من عدم الإحساس بالذنب عند الفلسطينيين ؟

٨. ما معنى هذه النصيحة «اهدأ تسلم» ؟

٩. في نهاية المطاف ما مفهوم الكاتب «للوطن» و«الحرية» ؟

أساليب وتراكيب:

- **لاحظوا الأدوات التي تنفي الاسم (من النص)**

- ليست إجابةً **(ليس فعل ناقص من أخوات كان)**

- ليست الصحراءُ أكبرَ من الزنزانة.

- ليس (الوطنُ) سؤالاً.

- لا فارقَ كبير **(لا النافية للجنس)**

- **وقارنوا مع الأدوات التي تنفي الفعل (من النص)**

- لم يواجهْ أحد هذا السؤال **(نفي الفعل الماضي)**

= ما واجه أحد هذا السؤال

- الجريمة لا تعوَّضُ بالجريمة **(نفي الفعل المضارع بلا النافية)**

- لا يعترفون بحقك **(نفي الفعل المضارع بلا النافية)**

- لا تؤرخْ الآن – لا تؤرخْ إلا غربتك **(لا الناهية للفعل الأمر)**

- لن يحققَ اليهود ذواتهم ولن يقدروا **(نفي الفعل في المستقبل)**

- **استخرجوا من القطعة جملا أخرى منفية وعينوا نوعها (أي بنفي الاسم أو الفعل)**

- **لاحظوا أداة النداء يـا : يـا أرضَ أجدادي**

اذكروا أداة نداء أخرى واستعملوها في جمل.

- **لاحظوا أسلوب الاستثناء بالا:**

- لا تؤرخ إلا غربتك
- لم نأخذ من المتنبي إلا فيك الخصام
- لن يقدروا. .. إلا بالعودة إلى وطن الأجداد
- فلم تعترف إلا بمزيد من الحب

ضعوا أداة استثناء أخرى بدلا من إلا مثال: لن يقدروا. .. سوى بالعودة.....

- **لاحظوا أسلوب الشرط بدون حرف شرط: اهدأْ – تسلمْ**

نشاط الكتابة:

أكتبوا مقالة قصيرة تصفون فيها الصراع الإسرائيلي الفلسطيني على أرض "الوطن" استناداً إلى ما ورد في هذا النثر من أفكار ومستخدمين بعضاً من التعبيرات التاليـة:

خان – أباد – ذريعة – مرهون بـ – كفّ عن – غزا – عوّض عن – ألح على – ادَّعى– مذبحة – بعد فوات الآوان – لم ... فحسب بل – من هنا – على الرغم من – أسلوب الاستثناء – التمييز – المفعول المطلق.

وصية سواق تاكسي

من مجموعة قصص "الفجر الكاذب" لنجيب محفوظ

لوحت للتاكس بيدي فأقبل نحو موقفي فوق الطوار. جلست إلى جانب السواق وأنا أقول "جريدة الفجر من فضلك". التفت الرجل إليَّ باهتمام حرت في تفسيره. أيكون من الموظفين الذين يواجهون أعباء الحياة الجديدة بعمل إضافي ؟ كلا، شكله يقطع بأنه ليس موظفا. رجل ضخم كأنه من رافعي الأثقال، ريان الوجه، غليظ القسمات، تطل من عينيه الحادتين نظرة قوية متحدية، ويده القابضة على المقود تذكر بالسلحفاة حجما وصورة. هيئته مستفزة معدة للمعارك. وسألني بصوت خشن متهكم:

- جريدة الفجر ؟

فقلت متجاهلا تهكمه:

- نعم.

فقال باستهانة وقحة:

- طظ !

وقدَّر ردة الفعل السيئة في نفسي فاستدرك.

- طظ في الجريدة لا مؤاخذة، أنت لا شأن لك بالموضوع.
- أي موضوع ؟
- عندكم كاتب اسمه الولد علي علام !

فقلت مصححا:

- الأستاذ علي علام من أنجح كتاب العامود اليومي.

فدوَّى صوته وهو يقول:

- طظ وطظ وطظ !
- لماذا ؟
- ليتك تبلغه رأيي، خذ رقم التاكس، اسمي عتريس الغندور، وليته يغضب ويجيء لتأديبي فأسوي به الأرض ببصقة واحدة، وعد عليَّ ونذر ألا أمد له يدا أو رجلا، بصقة تكفيه وزيادة..

أسفت على عجزي عن الغضب الواجب للفارق غير المحدود بين ضعفي وقوته وقلت:

- لا أفهم شيئا ولكني مقتنع تماما بأنه لا ضرورة لهذا الغضب.

فقال وهو يزداد انفعالا:

- حضرته كتب عامودا عن السواقين الذين لا يشغِّلون العداد ثم حرض علينا وزير الداخلية.

فقلت بهدوء:

- هذا رأي، ولعله تلقى شكاوى كثيرة من الأهالي..

- أهالي ؟! وهل يهمه أمر الأهالي ؟! لمحته مرة في سيارة قد المترو، منتفشا كالديك الرومي، ماذا يعرف عن همومنا ليشرِّع ويحرض، ابن القديمة !

- لا .. لا .. من فضلك..

ثم بنبرة واضحة:

- لو عرفته عن قرب لغيرت رأيك في الحال.

فصاح:

- لو قابلته لشوهت وجهه حتى لتجهله زوجته.

- المسألة بسيطة، لماذا لا تكتب له بوجهة نظرك ؟

فقال بصوت كالرعد:

- وما قيمته في الدنيا إذا لم يعرف الحقائق بنفسه ؟ هو صحفي أم سائح غريب ؟ ألم يسمع عن الغلاء ؟ وكيف تحدث رقيعا عن الفول والطعمية وهو لا يهمه إلا الويسكي والسيجار؟ اللعنة على كتاب درب الأغوات !

- الحق، والحق يقال، إنه من أصدق دعاة العدالة الاجتماعية .. فأصدر صوتا إسكندريا وضحك طويلا ثم قال:

- يا حلاوة .. يا حلاوة .. عدالة تجار العملة والمخدرات !

- عن كل شيء كتب.

- هل كتب عن أبناء "فلان" من أين لهم القصور والملايين ؟

- لا تصدق كل إشاعة.

- إشاعة ؟ .. وعلان الذي نشرت الصحف أنه سُرق منه خمسون ألفا من الدولارات ؟

- ما أكثر حملاته عن الانحراف والمنحَرفين !

ومضى يعد أسماء رجال ونساء ثم قال:

- يا خبر أسود يا هوه .. ينسى كل هؤلاء ويتشطر على عداد التاكسي .. !

وضاق صدري فقلت أسكت لعله يسكت ولكنه لم يسكت وواصل:

- إذا خاف الكاتب فلا يصح أن يزعم أنه كاتب..

عدت إلى الكلام مضطرا فقلت:

- توجد حدود .. أنواع من الرقابة الداخلية..
- والرجولة ؟ .. عليه أن يرفض !

فكرت فيما يجب قوله ولكنه سبقني قائلا:

- ستقول الحياة .. المعيشة .. الأولاد ؟!
- أظن أنها هموم حقيقية..
- عظيم .. سلمنا .. وإذن فلا يحق له أن يهاجم عداد التاكسي .. ويجب عليه أن يرتدي فستانا وحجابا وحذاء بكعب عالٍ ويقول أنا مرة .. !

نجيب محفوظ
(الحاصل على جائزة نوبل سنة ١٩٨٨)
من مجموعة قصص "الفجر الكاذب"
دار الشروق
١٩٨٩

المفردات المتداولة :

Will	وصية (وصايا) : وثيقة قانونية ينفذ ما بها بعد وفاة كاتبها
To signal	لوَّحَ – يلوِّح – تلويح : أشار إلى
Pavement	الطوار : الرصيف
Burdens of life	أعباء الحياة : مسؤوليات الحياة
Weightlifter	رافع (رافعو) الأثقال
Plump	ريان الوجه : ممتلئ الوجه
Provocative	مستفزة : مثيرة للغضب
Steering wheel	مِقْوَد
Sarcastic	متهكّم : ساخر
With disdain	باستهانة : باستخفاف
To redress (a mistake)	استدرك – استدراك : راجع نفسه
Pardon me, no offence	لا مؤاخذة : معذرة
Spit	بَصقة
Vow	نَذْر
Incapacity, weakness × ability	عَجْز × قُدْرَة
Meter	العدّاد (العدّادات)
To instigate	حرَّض – تحريض : حثَّ على (سلبي)
Puffed up	منتفش : منتفخ
Turkey	الديك الرومي
Worry	هم (هموم) : قلق
To legislate	شرَّع – تشريع : وضع قوانين
To distort × to adorn	شوَّه × جمَّل
Shameless × respectable	رقيع (رقعاء) × محترم، محتشم
Deviation, corruption × straightenss	انحراف، منحرفون × استقامة، مستقيمون
High heels	كعب عالٍ

مصر الأمل .. ثلاثية الرؤيـة

قبيل مغادرتي القاهرة بعد أيام من تنحي السيد حسني مبارك عن حكم مصر، في الحادي عشر من فبراير، التقيت إسراء، فتاة مصرية من قيادات الثورة، وسألتها عن الهدف الذي كان لدى الشباب عندما أطلقوا ثورتهم في ميدان التحرير، ومختلف أرجاء ومحافظات مصر، فأجابتني أن الهدف كان "تغيير النظام".

لقد تمكن الشعب المصري من خلال الثورة وفي ١٨ يوما، أن يسقط رأس النظام، وينهي ٣٠ عاما من حكم فردي وشمولي.

وبنظرة موضوعية، يجد المرء نفسه أمام عملية تحوُّل ديمقراطي تشمل إنهاء آثار الحكم السابق وإظهار معالمه، خاصة الفساد الذي كان متفشيّاً في أرجاء الوطن وأعماقه، والتحرك نحو حقبة جديدة من تاريخ مصر. وبالفعل، فإن التحولات التي شهدتها مصر خلال الشهور الثلاثة الماضية، تعد تحولات كبرى، خاصة إذا ما قارناها بالشهور الثلاثة -أي المدة نفسها- التي سبقت بدء ثورة الخامس والعشرين من يناير.

الثورة النموذجية

ومن أهم ما يميز الثورة المصرية عن غيرها من الثورات العربية التي يتعرض أبناؤها لإراقة دمائهم من **قِبَل** الأنظمة في ليبيا واليمن وغيرهما، أن هذه الثورة مثلت وحدة رائعة بين أبناء الشعب المصري وبين الشعب وقواته المسلحة. في الوقت نفسه، فإننا عندما نتابع تفاصيل الفساد الذي عاش به النظام السابق، والذي كشف عنه مع سقوط رأسه، لابد لنا وأن نشعر بأن مصر كانت محروسة بالفعل، كونها لم تتعرض لعملية إفلاس كاملة بالرغم من كل هذا الفساد. والرائع **واللافت للنظر** فعلا هي قدرة الشعب المصري على التخلص من **قيود** خوف **كبلته** لعقود، فكسرها، وتجاوز سنوات من القهر والظلم تعرض لها.

ولهذا كله، فإن الثورة المصرية تمثل نموذجاً فريداً لتحقيق التغيير في منطقة الشرق الأوسط.

ومن ينظر في الشأن المصري، سيدرك على الفور أنه، وبالرغم من اختلاف عقائد أبناء هذا الشعب، وهو الاختلاف الذي يمكن أن ينجم عنه في بعض الأحيان بعض التوترات أو **المشاحنات**، فإن الشعب المصري يبقى في نهاية الأمر شعبا موحدا، غير قابل للانقسام على أي أساس قبلي أو الوقوع في **فتن طائفية** بالمعنى الكامل للكلمة.

فالشعب المصري يجمعه تاريخ مشترك وميراث ثقافي عريق يبقيه دوما موحدا في إطار الحضارة المصرية "أم الدنيا".

وفي هذا يختلف النموذج المصري عن البلدان الأخرى التي بها من التمايز القبلي والثقافي ما يمكن أن يفتح الباب أمام **سيناريوهات** للفوضى، بل و ربما للحروب الأهلية، وهو ما يعني أن منطقة الشرق الأوسط بأسرها يمكن أن تقع في **براثن النزاعات** والتعصب، وهو أيضا ما سيدفع بالمنطقة نحو الخلف بدلا من الأمام.

ولذلك، فمن الضروري أن تنجح الثورة المصرية في تتويج أهدافها لتكون **نموذجا قابلا للاستلهام** في حالات أخرى. والثورة المصرية في رأيي حالة مركزية ومهمة لأن مصر التي يبلغ الآن تعداد سكانها ٨٥ مليون نسمة هي أكبر الدول في منطقة الشرق الأوسط، كما أنها مركز ثقل العالم العربي لدورها المحوري في السياسة والثقافة والمعرفة، وأيضا للمكانة التاريخية للأزهر الشريف. إن القوة الفكرية الهائلة والكامنة في الشعب المصري ما زالت قادرة على إعادة مصر لهذا **الدور الريادي** حتى بعد التراجع الملموس في العقود السابقة.

وعلى المستوى العالمي فإن نجاح التجربة المصرية هو أمر أساسي لضمان **الاستقرار** الذي **من شأنه** الحفاظ على أمن الإقليم وإرساء الديمقراطية وأيضا تدفقات النفط والغاز من منطقة الشرق الأوسط لضمان إمدادات الطاقة في العالم أجمع. والغرب يجب أن يقدم الدعم لهذه الثورات الشعبية في العالم العربي، والتي تهدف بالأساس لتحقيق الديمقراطية، ذلك الهدف الذي لم يتمكن من تحقيقه بالحرب على العراق في ٢٠٠٣ رغم تكلفة بلغت تريليونات الدولارات.

الديمقراطية والفوضى

ومع كل ما حققته الثورة المصرية من إنجازات، ومع كل ما تميزت به، بل وكل ما كشفت عنه من **تحضر** للشعب المصري فإن هناك أموراً توالت بعد انتهاء الثورة لا تتفق **حسبما** أراها مع قواعد الديمقراطية المتعارف عليها ولا مع قواعد الوطنية المصرية للثورات السابقة. ومن ذلك التباين الكبير بين التألق الرائع للوحدة الوطنية التي عاشتها مصر أياما متتالية في ثورتها التي تجسدت في ميدان التحرير، حيث **تداعت** أي حواجز زائفة بين مسلمي الوطن وأقباطه، وأن نعود بعد أسابيع قليلة من انتهاء الثورة لنطالع أنباء مؤسفة ومؤلمة عن **تشاحنات** بين مسلمين وأقباط أو مسلمين بعضهم وبعض. ولا يمكن بمنطق الثورة السلمية والشريفة أن يفسر المرء ما حدث من قطع الطرق ووقف القطارات ويصل الحد لإحراق بيوت العبادة ورفع أعلام لدول أجنبية على **أرض الكنانة.**

من المفهوم أنه بعد أي ثورة توجد فئات ومجموعات لديها أهداف ومصالح تسعى لتحقيقها من خلال عمليات شحن عشوائي لمشاعر البعض، ولكن هؤلاء سيكونون في النهاية، وعندما تقام الدولة الديمقراطية بكامل أركانها، الخاسرين، لأن الغلبة ستكون للشعب المصري القادر دوما على أن يظهر

بعدنه الحقيقي في ظل كل الصعوبات، ولأن الغالبية العظمى من الشعب المصري لا تريد الانجراف وراء **التشاحن** والفوضى، وإنما تسعى لبناء دولة ديمقراطية حديثة.

بناء المستقبل

السؤال إذن هو، ماذا ينبغي أن نفعل في هذه المرحلة ؟ ومن منطلق خبرتي في الدعوة والحث على تحقيق التغيير عبر عقدين من الزمن، ولأنني كنت طرفا مفاوضا أثناء الثورة المصرية، سواء من خلال التخاطب مع شباب الثورة أو مع الحكومة المصرية في حينه، فإنني أعلم يقينا أن أهم ما يسعى إليه الشباب في مصر هو مستقبل جديد، مستقبل يقدم لهم حياة تختلف عن تلك التي عاشوها في ظل النظام القديم ومستقبل لتحقيق الإنتاج والتقدم، الذي يليق بمكانة مصر على المستويين العربي والعالمي.

مستقبل مصر الواعد يتطلب بالضرورة استقرار الوحدة الوطنية ليسعى الشعب متكاتفا لتحقيق أهداف ثلاثة أراها حتمية لبناء الدولة الديمقراطية، اقتصاديا وسياسيا.

وعليه فإن ثلاثية الرؤية تتمثل في:

- "البعد السياسي" ويكون أساسه بناء الهيكل الحقيقي لنظام الحكم الديمقراطي الرشيد بما في ذلك عدالة تطبيق القانون، ضبط أمن البلاد والانتقال إلى الشرعية الدستورية لحكم مستقر مبني على مبادئ الثورة.
- "البعد الاقتصادي" و يتطلب في المدى القريب التحرك السريع نحو عودة الإنتاج إلى ما كان عليه مع إصلاحات في المؤسسات الاقتصادية، وفي الوقت نفسه لابد من وضع رؤية شاملة لرفع الإنتاج المصري والدخل القومي، وإصلاح الوضع المأسوي لمحدودي الدخل.
- "البعد القومي للنهضة" ولهذا البعد رؤية خاصة حيث يلتحم فيه الشعب مع الحكومة في تبني "مشاريع أحلام الوطن".
-

من مقال لد. أحمد زويل
الحاصل على جائزة نوبل في الكيمياء (بتصرف)
جريدة "الشروق"

١٥ مايو ٢٠١١

المفردات الجوهرية

The system, regime	النظام: مجموعة المؤسَّسات والقوانين المكوّنه للدولة
Dictatorial, totalitarian rule	حكم فردي وشمولي: حكم استبدادي وديكتاتوري
	أقْبَلَة: جعلها قبائلية أي تتبع النظم والتقاليد القَبَلية
Religious strife	فتن طائفية: خلافات دينية
Egypt	أرض الكنانة: مصر

المفردات المتداولة:

Bankruptcy	إفلاس: تدهور اقتصادي خطير
Chain	قيد (قيود): أغلال
It chained, restricted him	كَبَّلته: قيَّدته
Fights	مشاحنات: تشاحنات = مشاجرات
Civilized behavior	تحضُّر: سلوك حضاري
A great difference	التباين: الاختلاف والفرق الكبير
To collapse	تداعَى – تداعٍ: سقط / انهار
To urge	حث على: شجع على

تعبيرات:

Attracting attention	اللافت للنظر: المثير للانتباه
In severe disputes	في براثن النزاعات: في مشاحنات شديدة
A pioneering role	دور ريادي: دور قيادي

٢١٢   هيا نقرأ ونبني مفردات

A model to be followed	نموذج قابل للاستلهام: مثال ممكن أن يتَّبع
It leads to	من شأنه أن: يؤدي إلى
Haphazard provocation	شحن عشوائي: إثارة الناس بدون هدف معيَّن

نص من كتاب
"عيون رأت الثورة"

عندما اندلعت مظاهرة الشباب والشعب المصري يوم الثلاثاء الموافق ٢٥ يناير عام ٢٠١١ لم يسأل أحد إن كنت أنت مسيحياً أو مسلماً وخرجت الجماهير في شوارع مصر دون النظر إلى أية تعليمات أو توجيهات من أحد بعدم الاشتراك في هذه التظاهرات. وخرج شباب الإخوان من أول يوم وخرج المسيحيون رغم توصيات الكنيسة بعدم الاشتراك في التظاهرة واندمج الناس جميعاً في ثورة لم تشهدها مصر منذ عام ١٩١٩.

وقد تحدث الكثيرون في وسائل الإعلام في السابق عن العلاقات التاريخية وكيف كنا شعباً واحداً يراعي كل منا مشاعر الآخر ويثق في عائلته ويأتمنه على أسراره وكانت فكرة الاندماج الوطني واضحة وضوح الشمس من خلال تعاملنا ولكن الفكر الوهابي المنتشر الذي هب علينا من شبه الجزيرة العربية أضر بوحدتنا أشد الضرر وأعتقد أنهم لم يقرأوا العهد النبوي للرسول الذي تعهد به لنصارى نجران الذي يعتبر نموذجاً لسماحة الإسلام ورقيه في التعامل مع الآخر المختلف. إن كل الذين كانوا في ميدان التحرير خلعوا عباءة الدين مثلما خلعوا انتماءهم السياسي خارج الميدان ولم تتردد كلمة مسيحي أو مسلم ولا يعرف أحد أن الذي يهتف بجواره من دينه أو مختلف إلا عندما تقام الصلاة، هذه الصلاة التي كانت نموذجاً رائعاً لوحده أبناء الوطن يقوم المسيحيون بقراءة تراتيلهم وقراءات من الإنجيل وبعدها تقام صلاة الجمعة.

ألم يتأثر المتطرفون لهذا المشهد ؟ ألم يتأثر المتدينون الحقيقيون لهذا المشهد ؟ يجب أن تطرد العملة الجيدة العملة الرديئة من مجتمعنا وشاهدت بنفسي نساء منقبات ومحجبات يرددت التراتيل لأنها كلها تدعو إلى عبادة إله واحد وجاء لي أحد الملتحين وقال لي لم أكن أعرف أننا قريبون بعضنا البعض بهذا الشكل. هذا هو شعبنا المصري المتحضر الذي يؤمن بالإسلام الوسطى المقبول من غالبية الشعب المصري.

لقد تكلمنا كثيراً عن تعايش أبناء الوطن الواحد في ميدان التحرير مع بعضنا البعض وكل منا لديه حكايات كثيرة عن تقاسم الطعام والشراب وعندما كان يصاب أحد في الميدان ينقله الآخرون دون النظر إلى بطاقته، الكل يتصرف بإنسانية ورقي غير مسبوق.

هذه أول مرة في تاريخ المظاهرات لا يرفع الإخوان شعارات دينية أو شعاراتهم الخاصة بل كان كل الهتاف لمصر ولثورة مصر وكذلك المسيحيون خرجت تظاهراتهم خارج الكنيسة وتلاحم المصريون بعضهم ببعض دون النظر لأي اعتبار آخر.

لقد كان الكل أمامه الوطن فقط وليس غيره، فعلى خفافيش الظلام أن تختفي ومعها أيضا المحرضون والكاذبون والمضللون الذين بتدخلهم من الجانبين المسيحي والمسلم حاولوا إذكاء نار الفتنة التي انطفأت في ميدان التحرير ولن يستطيعوا إشعالها مرة أخرى.

اتقوا الله في مصر التي نعشقها جميعا.

جورج إسحــاق (ناشط سياسي)
من كتاب "عيون رأت الثورة"
دار دوّن
مايو ٢٠١١

المفردات المتداولة :

To break out, erupt	قامت : اندلعت (نار – مظاهرة – حرب)
Here: to merge with	(هنا) توحّد أو تلاحم : اندمج في (اندماج)
To care for the feelings of	يهتم بأحاسيس.. : راعَى – يراعي مشاعر
To entrust s.o. with s.th.	يثق بـ.. : يأتمنه على
Pledge, commitment	الوعد : العهد (تعَهدَّ بـ)
Model, exemplar	مثال – قدوة : نموذج
Extremists	المتشددون : المتطرّفون
Moderate (Islam) × extremist (Islam)	المعتدل × السلفي أو المتشدِّد : الإسلام الوسطي

خمّنوا معنى الكلمات التالية :

خلعوا عباءة الدين – المتدينون – الملتحين – تعايش – خفافيش الظلام – إذكاء نار الفتنة.

Appendix

مراجعة على المفردات

(من النص الأول حتى النص الخامس)

اختاروا المرادف الصحيح للمفردات التي تحتها خط:

احتْرام – المذل – ميتان – نشبت – اندثار – مسموح بها – الوالدان – قاوموا – يوقف تقدم – كل– ارتفع – من العسير – تكهن – العائلة – شخص – مصاريف – باقي – مسجونان – المعدل – يشاركون – تلد – صار – يشحذ – اعتَدى.

١-٢ **وقعت** (__________________) الحرب بين إسرائيل وحماس. رجال حماس **تصدوا** (__________________) للهجوم.

٣-٤ **تنبأ** (______________) أحد الكتاب **بانقراض** (____________________) الجنس الألماني.

٥-٨ يجب تشجيع **الأسرة** (____________________) المصرية على أن **تنجب** (__________________) طفلين في **المتوسط** (____________________________) وأن تستخدم وسائل تنظيم الأسرة لأنها **مباحة** (___________________) في الدين الإسلامي.

٩-١٢ يجب أن يكون للمدرس **مهابة** (_________________________) **والا تطاول** (________________________) عليه بعض التلاميذ **وأصبح** (_________________________) **من الصعب** (________________________) السيطرة على الفصل.

١٣-١٤ العائلة الفقيرة تسمح لأطفالها بالعمل لأنهم **يساهمون** (__________________________) في **تكاليف** (________________________) تربيتهم.

١٥-١٧ يدخل الطفل المصري الفقير دورة العمالة **بكافة** (____________) صورها **وسائر** (____________) أشكال الاستخدام **المهين** (____________) للطفولة.

١٨-٢٠ قفز (____________) عدد سكان مصر إلى ٨٠ مليون **نسمة** (____________) مما **يعوق** (____________) عملية التنمية.

اختاروا عكس الكلمات التي تحتها خط:

جماعي- بحد أقصى – تصدر – الذكور – انخفض – الريفي – جيِّدة – أقل – الاستيراد – الإناث – مسالم – أحيانا – ارتفع.

١ **تستورد** (____________) مصر بعض المنتجات **من** أمريكا.

٢-٤ منتجات هذا البلد **رديئة** (____________) ولذلك **تدنَّى** (____________) معدل **التصدير** (____________) فيها.

٥-٧ عدد الأطفال المشردين **الذكور** (____________) **أكثر** (____________) من عدد **الإناث** (____________).

٨-١٠ **ارتفع** (____________) مستوى المعيشة في **المجتمع الحضري** (____________) وأصبح معدل دخل الأسرة ألف جنيه **بحد أدنى** (____________).

١١-١٣ إنه شخص **عدواني** (_____) ويحب أن يعمل **دائما** (_____) بأسلوب **فردي** (_____).

املأوا الفراغ بالكلمة المناسبة:

الأعراف – توجيه – إلغاء – يحرّم – يستهلك – تعديل – أحسّ – تكدُّس – عائلاً – الطلب – تكاليف – إقناع – كافّة – العشوائية – إهانة – تبشير – تشويه – حجج.

١. طالب وزير التعليم بـ _____ المناهج الدراسية و _____ بعض قواعد النحو التي تشكل صعوبة للطلبة.

٢. _____ الأستاذ بتعب شديد فاعتذر عن إلقاء محاضرته.

٣. الشعب المصري _____ كميات كبيره من الشاي والسكر بحيث لا يغطي المعروض منها على _____.

٤. _____ الدين الإسلامي أكل لحم الخنزير.

٥. لا يجب أن يصبح الطفل _____ لعائلته ومتحملاً _____ تربيته.

٦. من الضروري _____ الوالدين بأهمية تعليم أولادهم.

٧. حضر _____ الطلاب إلى الجامعة ولم يتغيب أحد منهم.

٨. في بعض المناطق _____ يلاحظ _____ عدد كبير من العائلات في مساحات ضيقة.

٩. يعتبر تبادل الزيارات خلال موسم الأعياد من _____ الاجتماعية.

١٠. تقع مسؤولية _____ الأبناء ورقابتهم على أولياء الأمور بالدرجة الأولى.

ترجموا الجمل التالية إلى اللغة العربية:

1- It is **well-known that** Arabic is a Semitic language.

2- Governments in several European countries encourage the citizens to have more children, **but** they do not succeed **because** the people want to keep their high standard of living.

3- **Needless to say** violence is a phenomenon that has spread, **not only** in Egypt **but** in many countries **as well**.

تدريب على المتلازمات

املأوا الفراغ بكلمة مناسبة :

استأجر _____ _____

تدنى _____ _____

أنجبت _____ _____

طبقاً لِ _____ _____ _____

قضى على _____ _____

تكاليف _____ _____ _____

اعتدى على _____ _____

ألغى _____ _____ _____

عَدَّل _____ _____

تضاعف _____ _____

تكدَّس _____ _____

تجاوز _____ _____

تدريبات للمراجعة على المفردات

(من النص السادس حتى النص العاشر)

هاتوا مرادف الكلمات التي تحتها خط وغيروا مايلزم:

١–٣ تشغل بعض النساء المصريات مركزا **مرموقا** (__________) في الوظائف الحكومية فقد **كفل** (__________) لها الدستور حقوقها لأنها **عصب** (__________) الأسرة المصرية.

٤–٦ **الأم** (__________) هي التي تتحمل **عبء** (__________) تربية **أولادها** (__________).

٧–٩ **الأصولية** (__________) **تقترن** (__________) **بالتسلط** (__________) **الذي** ينتج العقم حيثما حل.

١٠–١١ **تراكمت** (__________) الديون على الدولة لأنها **استدانت** (__________) من الدول الأجنبية.

١٢–١٣ يشكو **روّاد** (__________) الأسواق التجارية من **مغالاة** (__________) التجار في أسعار البضائع.

١٤–١٦ **قدم** (__________) **مريدو** (__________) حي السيدة لزيارة **ضريح** (__________) السيدة زينب.

١٧-١٨ صوَّب (_____) الأستاذ (_____) (_____) أخطاء الطلاب.

هاتوا عكس الكلمات التي تحتها خط وغيروا ما يلزم:

١-٢ هو رجل متنوِّر (_____) ومعروف بالاستقامة (_____) في عمله.

٣-٤ انخفض (_____) الدخل العام للدولة ولذلك اقترضت
(_____) من عدة دول.

٥-٨ لسوء الحظ (_____) أن الفكر المتخلف (_____) يقترن
بالتصلب (_____) الذي يؤدي إلى الفوضى (_____) في وسائل الإعلام.

ترجموا الجمل التالية إلى اللغة العربية:

1– I met an Egyptian professor who is teaching at the American University in Cairo.

_____

_____

2- The Professor who is teaching at the American University in Cairo is Egyptian.

_____

_____

3- **No sooner had** the guest arrived **than** the party started.

_____

_____

4- The West welcomes emigrating scientists, **whether** from the Middle East **or** from the Far East.

___

___

5- The authorities set free the activists who were arrested last month **on condition** that they do not practice any political activities.

___

___

املأوا الفراغ بالكلمة المناسبة:

الحكمة – القيود – مشروع – العقود – مرموقة – الفساد – النفي – تضخُّم – العملة – ضئيلة – الفوضى – حيّرت – الغامضة – الأخلاقية – الياس – حملق – كفلت – ضار.

١. ازداد عدد سكان المدينة ازدياداً ملحوظاً خلال __________ الأخيرة.

٢. تفرض بعض الحكومات __________ على حرية التعبير الأمر الذي يعتبر إجراء غير __________.

٣. اتهم الرئيس بـ __________ وبالتالي حكم عليه بـ __________ خارج البلاد.

٤. يعاني الاقتصاد من نسبة __________ عالية مما أدَّى إلى انخفاض قيمة __________ المحلية.

٥. حققت المرأة المصرية في العصر الفرعوني مكانة اجتماعية __________.

٦. بالرغم من الإصلاحات الاقتصادية الأخيرة إلا أن نسبة النمو لم ترتفع إلا بنسب __________.

٧. من __________ أن يفكر الإنسان طويلاً قبل اتخاذ قراراته.

٨. سادت حالة من __________ في كل أنحاء البلد بعد الإعلان عن سقوط الحكومة.

٩. لاشك أن تدخين السجائر ______________ بالصحة.

١٠. ظاهرة ارتفاع درجة حرارة الأرض ____________ العلماء ولكن سرعان ما اكتشفوا أسبابها

املأوا الفراغات بأداة ربط مناسبة من الأدوات التالية:

Fill in the blanks with one of the following connectors:

الأمر الذي - إلا أنه - سواء.... أم - من المفروض - أما.... ف - إنما - حتى - ما أنْ - لابد من - لم يكد... حتى.

١. أحب دراسة اللغة العربية ____________ كانت الفصحى ____________ العامية.

٢. إنه متخصص بالتاريخ الفرعوني، ____________ صديقه ____________ متخصص بالقانون الدولي.

٣. لم يشترك الطلاب بالرحلة إلى الاسكندرية ____________ اشتركوا في رحلة الأقصر واسوان.

٤. _____ _____ _____ السفر غدا ____________ ألحق بداية العام الدراسي في جامعتي.

٥. كان _____ ________ أن يزور الأستاذ البريطاني الجامعة ليلقي محاضرة فيها، ________ ________ أرسل اعتذاراً لعدم تمكنه من الحضور إلى مصر.

٦. لم يستطع الحصول على تأشيرة دخول إلى أميركا، ____________ ____________ اضطره إلى الاعتذار عن زيارة جامعتنا.

استعمال بعض أدوات ربط في جمل

- **للزمن الماضي**: ما أنْ ——— ——— حتى ——— ——— وماكاد ——— حتى ———.

١– ما أن + فعل ماضٍ ——— **حتى** + فعل ماضٍ.

—ما أن **وصل** الأستاذ **حتى بدأ** الدرس.

٢– ما كاد (لم يكد) + فعل مضارع مرفوع + **حتى** + فعل ماضٍ.

—ما كاد الأستاذ **يصلُ حتى بدأ** الدرس.

- **للزمن الحاضر**: ما أن + فعل مضارع منصوب + **حتى** + فعل مضارع منصوب.

١– ما أنْ يصلَ الأستاذ **حتى يبدأَ** الدرس.

٢– لا يكادُ + فعل مضارع مرفوع + **حتى** + فعل مضارع منصوب.

—لا يكادُ الأستاذ يصلُ **حتى يبدأَ** الدرس.

إلا أنَّ = غير أنَّ = بيد أنَّ أدوات تربط الجمل و لا تكون في بداية الجملة

– مع أنه بدأ فقيراً **إلا أنه** (غير أنه) غني الآن.

أو – مع أنه بدأ فقيرا **فهو** غني الآن.

– كان المتوقع أن يحضر الاجتماع **إلا أنه** اعتذر قبل الاجتماع بساعة.

رغم / برغم / بالرغم من + أنَّ أو اسم أو مصدر...... ف + ضمير

مع أنَّ   حرف جر أو حرف نفي

فقد + فعل ماضٍ أو مضارع

ف + إنَّ

هناك / سَ / سوف

استعمال ف اختياري(optional) إلا قبل **قد** أو **إنّ** فاستعمالها إجباري (obligatory)

- رغم أنه مريض (رغم مرضه) فقد حضر إلى الجامعة.
- بالرغم من مرضه فقد يحضر إلى الجامعة.
- مع أنه مريض فإنه يصرُّ على الحضور إلى الجامعة.
- رغم أنه مريض سوف يحضر الاجتماع.

تدريبات على أدوات الربط وعلى التراكيب

١- اختاروا أداة الربط المناسبة من الأدوات التالية لملء الفراغات في التدريب الأول:

Choose one of the following connectors to fill in the blanks in the first drill:

١- ما أن ____________ حتى ____________.

٢- ما كاد ____________ حتى ____________.

٣- قبل ____________ بـ ____________.

٤- لا بد أنْ ____________ كي ____________.

٥- ليست ____________ فحسب، بل ____________ كذلك.

٦- بالرغم من ____________ سوف ____________.

٧- رغم أنه ____________ فهو ____________.

٨- ليس ____________ إنما ____________.

٩- مع أنه ____________ فقد ____________.

١٠- ____________ لا ____________ فقط، بل ____________.

التدريب الأول:

١- ____________ سفري إلى أمريكا ____________ ساعتين تسلمت رسالة من عائلتي.

٢- صديقي ____________ يدرس اللغة العربية ____________، ____________ التاريخ الإسلامي أيضا.

٣- أختي ________ طالبة ________ ________ هي موظفة ________.

٤- ________ المهم أن تقابل المدير شخصيا ________ الأهم أن يوافق على مشروعك.

٥- ________ ________ مريض ________ حضر إلى الجامعة.

٦- ________ ________ مرضه ________ يحضر إلى الجامعة.

٧- ________ ________ أمريكي ________ يتكلم اللغة العربية بطلاقة.

٨- ________ ________ وصل ضيف الشرف ________ بدأ الحفل.

٩- ________ ________ العام الدراسي ينتهي ________ رجع صديقي إلى أمريكا.

١٠- ________ ________ ________ أدرس جيداً ________ أنجح في الامتحان.

التدريب الثاني:

أعيدوا ترتيب الكلمات التالية لتكونوا جملا مفيدة:

Rearrange the following words to make complete sentences:

١- أنه - للفقراء - فقد - مع - تبرع - فقير.

___

٢- يعتذر - لم - الحفلة - حضرتْ - لو - لها - لما.

___

٣- الشعر - أحب - كان - حديثا - سواء - قديما - أم.

___

٤- لا - أمِّي - ولا - الرجل - يقرأ - هذا - يكتب.

___

٥- لكني – لم – أقابله – زوجته – مع – تكلمت.

٦- أمريكا – هاتان – العربية – اللتان – اللغة – من – الطالبتان – تدرسان.

٧- الفصل – بـ – قبل – ساعة – وصلوا – الطلاب – الأستاذ – إلى.

٨- عاد – القاهرة – الباحثات – بعد – إكمال – إلى – في – باريس – الوفد.

تدريب على المتلازمات

املأوا الفراغ بكلمة مناسبة:

١. مارس ________ ________

٢. سدَّد ________

٣. سدَّ ________

٤. ________ ________ الفوضى

٥. استوعب ________ ________

٦. الرعاية ________

٧. ________ استشرى

٨. حرص على ________ ________ ________

٩. _____ صارمة

١٠. _____ قيوداً على

١١. أبدَع _____ _____

١٢. انخفض _____ _____

١٣. متوسط _____ _____

١٤. بث _____ _____

تدريبات للمراجعة على المفردات

(من النص الحادي عشر حتى النص الخامس عشر)

هاتوا مرادف الكلمات التي تحتها خط وغيروا مايلزم إن أمكن:

١-٤ تنفق (__________) الحكومات العربية نسبة كبيرة من **الناتج** (__________) القومي على شراء الأسلحة مما يدعو إلى **الإحساس بالفشل** (__________) بين علمائها لأن ما تنفقه هـذه الحكومات على الأبحاث العلمية **لا يتجاوز** (__________)٢٥,٠٪ من ناتجها القومي.

٥-٩ قام رئيس وزراء ماليزيا السابق بدور **بارز** (__________) في **تدريب** (__________) العمال والموظفين على العمل وحسن الإدارة وشجعهم بزيادة **أجورهم** (__________) وزاد من **معدل** (__________) الإنفاق على البحث العلمي كما نجح إلى حد كبير في أن **يقضي على** (__________) الأمية.

١٠-١٣ جاهر (__________) المدير أنه قد **اصطفى** (__________) هذا الموظف نائبا له لأنه إنسان **فذ** (__________) وسوف **يناصره** (__________) حتى ينجح في عمله.

١٤-١٩ أتاح (__________) **علماء التاريخ** (__________) الفرصة للباحثين للتعرف على معنى **البعث** (__________) **والأبدية** (__________) وتاريخ حياة المؤمنين الأوائل الذين **اضطهدوا** (__________) من حكام أو شيوخ بلادهم فاضطروا إلى الهجرة **تحاشيا** (__________) لهذا الاضطهاد.

٢٠-٢٢ الكنيسة المصرية **احتضنت** (________________) فكرة الوطنية المصرية وكان الشعب المصري **جاهزا** (________________) لاستقبال شئ جديد ومنتظرا **الخلاص** (________________).

٢٣-٢٦ يجب على **المرء** (________________) أن **يعتزَّ** (________________) بوطنه وأن يعمل دائما **لصالحه** (________________) ويقاوم أي **تفكُّك** (________________) في المجتمع.

٢٧-٣١ إن **أكثرية** (________________) الشعوب في **شتى** (________________) أنحاء **العالم** (________________) يرفضون **استبداد** (________________) حكامهم **وشيئًا فشيئًا** (________________) سوف يتخلصون منهم.

٣٢-٣٥ «الدين لله والوطن للجميع» **مثل متناقل** (________________) وذلك **يكفل** (________________) الحرية الدينية للمواطنين ويسمح بأن **يجاهر** (________________) أي مواطن بديانته **بدون** (________________) أي خوف.

هاتوا أضداد الكلمات التي تحتها خط وغيروا ما يلزم إن أمكن:

١-٤ الدول <u>النامية</u> (ـــــــــــــ) نسبة <u>الأمية</u> (ـــــــــــــ) فيها مرتفعة ويسود فيها <u>التخلف</u> (ـــــــــــــــــــ)، في جميع أوجه الحياة وأجور العمال والموظفين <u>متدنية</u> (ـــــــــــــ) إلى حد كبير.

٥-٦ <u>زادت</u> (ـــــــــــــ) البضائع المعروضة في السوق <u>فتدنى</u> (ـــــــــــــ) ثمنها.

٧-١٠ في الزمن <u>الماضي</u> (ـــــــــــ) <u>كان</u> (ـــــــــــــ) الناس <u>متخلفين</u> (ـــــــــــ) <u>وكفاراً</u> (ـــــــــــــ).

١١-١٢ زادت <u>طمأنينة</u> (ـــــــــــــ) الشعب عند ما أُعلِن <u>استقلال</u> (ـــــــــــــ) بلده.

١٣-١٤ <u>حزن</u> (ـــــــــــ) <u>أنصار</u> (ـــــــــــ) زعيم البلاد عند وفاته.

١٥-١٦ كان من <u>سوء حظ</u> (ـــــــــــــ) الشعب أن أفكار الرئيس كانت <u>رجعية</u> (ـــــــــــــ).

■ املأوا الفراغ بالكلمة المناسبة :

١. يشعر الانسان بـ _____ عندما لايحقق كل أهدافه ويبدو له المستقبل _____ .

٢. هذا الطالب _____ كل نقوده على شراء الكتب والمجلات.

٣. إن انتشار الأمية في البلاد _____ شعوبها من فرص تحسين مستواهم المعيشي.

٤. هذا البلد وإن كان بلداً زراعيًّا إلا أنه _____ الكثير من المحاصيل الزراعية من الخارج.

٥. كان قرار انتقاله إلى القاهرة نقطة _____ في حياته.

٦. _____ عمر الطلبة في هذا البرنامج عشرون عاماً.

٧. هذا الحزب رغم معارضته لنظام الحكم فإنه _____ سياسة الحكومة الاقتصادية.

٨. أصدر الرئيس _____ يقضي بإقالة رئيس الوزراء من منصبه.

٩. إقامة الطلبة الأجانب في بلد عربي _____ لهم الفرص لممارسة اللغة العربية.

١٠. لقد حقق هذا الوزير إنجازات عظيمة مما أكسبه احترام الأنصار و _____ على حد سواء.

مراجعة على المفردات

(من النص السادس عشر حتى النص العشرين)

هاتوا مرادف الكلمات التي تحتها خط وغيروا ما يلزم:

١- زعيم حزب الله هو حسن نصر الله الذي قتل **ابنه** (_____) في إحدى المعارك مع إسرائيل.

٢- **كافة** (_____) أعضاء حزب الله من اللبنانيين الشيعة.

٣-٤ يرفض حزب الله **ترك** (_____) سلاح المقاومة **مادامت** (_____) إسرائيل تحتل جزءاً من أرض لبنان.

٥-٦ **يلتزم** (_____) **أنصار** (_____) المذهب الشيعي بأركان الإسلام الخمسة الرئيسية.

٧-٨ طائفة الشيعة ليست حركة سياسية **متجانسة** (_____) ولكن أتباعها غير **منعزلين** (_____) عن النشاط السياسي في أية دولة يعيشون فيها.

٩-١١ **اضطرت** (_____) الحكومة العراقية إلى **قمع** (_____) الانتفاضة الشيعية التي اندلعت في العراق **إثر** (_____) هزيمة بغداد في حرب الخليج.

١٢-١٥ ينص الدستور المصري على أن مبادئ الشريعة الإسلامية تمثل المصدر الرئيسي للتشريع، **وثمة** (_____) نصوص أخرى أشارت إلى ممارسة الشعب لسيادته **وحمايته**

(_____) للوحدة الوطنية ، ولكن قانون الأحزاب **يحظر** (_____)
قيامها على أسس **طائفية** (_____).

١٦– إن العلاقة بين حماس وبين السلطة الفلسطينية الحالية علاقة قديمة تخللتها عوامل **الصراع** (_____) والمهادنة.

١٧–١٨ لا يجب أن **نغفل** (_____) الدور الذي لعبته إسرائيل بعد هزيمة ١٩٦٧ و**خضوع** (_____) باقي أراضي فلسطين للحكم الإسرائيلي.

املأوا الفراغ بالكلمة المناسبة :

١. _____ المجتمع الدولي ممارسات هذه الدولة غير الشرعية مما جعلها تقرر _____ _____ كل المعتقلين والرهائن.

٢. أحب قراءة النصوص الأدبية المعاصرة _____ القصص القصيرة.

٣. يجب أن _____ المسلم بالقواعد الخمس الرئيسية في الإسلام.

٤. لا _____ للطلبة التغيب عن الفصل بدون سبب وإلا تعرضوا للعقاب.

٥. _____ هذا الأستاذ باحترام طلابه.

٦. يجب _____ جذور الإرهاب من المجتمع وذلك عن طريق القضاء على أسبابه.

٧. ساد _____ في كل أنحاء البلاد بعد أن توقفت أعمال العنف.

٨. حاول وزير الاقتصاد أن يجد _____ لهذه الأزمة الاقتصادية التي يعاني منها غالبية الشعب.

٩. الانقسام بين الطوائف المختلفة في هذا البلد كان له تأثير _____ على كل مناحي الحياة.

١٠. موقفي _____ هذه القضية لا يختلف عن أي مواطن مخلص آخر.

املأوا الفراغات بكلمات مناسبة :

بالإضافة إلى الدور السياسي والعسكري الذي (_____) حزب الله نجد أنه يهتم بالجانب الاجتماعي (_____) بناء المستشفيات والمدارس، كما (_____) الحزب قناة تليفزيونية خاصة به. وفي الوقت الذي (_____) الدول الغربية حزب الله كمنظمة إرهابية يعتبر (_____) (_____) من العرب حزب الله منظمة جهادية ذات حق (_____) في (_____) الاحتلال الإسرائيلي.

أجيبوا على الأسئلة التالية على أن تحتوي إجابتكم على أداتين على الأقل من أدوات الربط التي بين قوسين :

Answer the following questions. Include at least two of the connectors in parentheses in your answer.

أين سافرتَ في العطلة الصيفية ؟ (و- ثم- ف- أو)

_____

_____

_____

_____

لماذا يُريد محمد السفر إلى الإسكندرية ؟ (لأنَ – بالإضافة إلى – وإلى جانب هذا – كما)

_____

_____

_____

ما مواد الدراسة التي تحب دراستها ؟ (التي – و- كذلك)

_____

_____

_____

ـن حضر إلى الجامعة أمس ؟ (التي – كما أنَّ – وفوق ذلك – وأيضا)

____

____

____

____

ـرتب هذه الكلمات لتكون جملة مفيدة:

Rearrange the following words to form complete sentences:

الطبيب – فـ – طلبت – على الفور – حضر.

____

الامتحان – نتيجة – لا تعرف – سافرت – وهي.

____

هي – تحدثت – المديرة – معها – التي – هذه.

____

إلى – ستسافر – أم – الإسكندرية – هل – بور سعيد ؟

____

وطننا – و – فقراء – تركنا – نحن.

____

استعملوا التعبيرات التالية في جمل تبيّن معناها :

١. خلاصة الأمر

٢. من الظلم أنْ

٣. من هذا المنطلق

٤. لا يكاد... حتى

٥. من المعروف أنَّ

٦. من الواجب أنْ

٧. ومن المفارقات

٨. ليس... فقط، وإنما... أيضا

تدريب على المتلازمات

١. بمقتضى   _____   _____

٢. أتاح   _____   _____

٣. روى   _____   _____

٤. حظي بـ   _____   _____

٥. بلور   _____   _____

٦. مواقف   _____   _____

٧. تطبيع   _____   _____

٨. قضى على   _____   _____

٩. _____   _____   بعيدة المدى

١٠. _____   العربي الإسرائيلي

مراجعة على المفردات

(من النص الحادي والعشرين حتى النص الخامس والعشرين)

هاتوا مرادِف أو معنى الكلمات التي تحتها خط:

١-٤ إن زيادة حرارة الجو لها عواقب و**خيمة** (______________) ومن الممكن أن تؤدي إلى **كوارث** (______________) وقد **تقضي** (______________) على الحياة في بعض المناطق وتسبّب **أضراراً** (______________) للمحاصيل الزراعية.

٥-٧ من الضروري **تجنُّب** (______________) استخدام الطاقة التي **تفاقم** (______________) ظاهرة التلُّوث واستخدام مصدر طاقة **بديل** (______________) يكون صديقاً للبيئة.

٨-١٢ في أوقات **الأزمات** (______________) يجب على الشعب أن **يلتف حول** (______________) حكومته حتى **يقدروا** (______________) أن يجدوا **مخرجاً** (______________) للمشكلة وحتى **لا ينهار** (______________) بلدهم اقتصادياً وسياسيًّا.

١٣-١٤ لقد **تباينت** (______________) الآراء حول **جدوى** (______________) عولمة المياه في العالم.

١٥-٢٠ **توغّل** (______________) رجال الأمن داخل المدن بحثاً عن **المشردين** (______________) الذين **يتسكعون** (______________) **ويتسولون**

(_______________) في الشوارع دون عمل أو **مأوى** (_______________) وذلك لأنهم يعتبرون مشروع **مجرمين** (_______________) وخطراً على المجتمع ككل.

٢١-٢٢ **بنود** (_______________) ميثاق حقوق الإنسان في هذا البلد ينص على منح كل فرد حق التعبير عن الرأي بشرط ألا **ينال من** (_______________) الرموز الدينية.

٢٣-٢٥ بعض الشركات العملاقة **تحتكر** (_______________) سوق الغذاء **وتحرم** (_______________) الدول الفقيرة من المشاركة **البنّاءة** (___________) في هذا العمل.

٢٦-٣١ إن الحرب الأخيرة **استنزفت** (_______________) كل موارد البلد ووصل مستوى الإنتاج **إلى حدِّه الأدنى** (_______________) **مما أربك** (_______________) الحكومة وجعلها تلجأ إلى سياسة **الخصخصة** (_______________) لعلها **تجذب** (_______________) الاستثمارات الأجنبية حتى **لا يتقوَّض** (_______________) اقتصاد البلد.

املأوا الفراغ بالكلمة المناسبة:

(الجدل - تكيُّف - ترفيه - مثابة - تقتصر - عراقيل - دخله - حاجات - مجازر - صياغة - خصومه - بمنأى - تبدو - طمعه)

١- إن قضية حيازة السلاح مسألة مثيرة لِ ------- فالبعض يعتبرها بـ ------- حماية لهم والبعض الآخر يصمم على أن حيازتها يجب أن ------- على رجال الأمن.

٢- يلجأ الناس إلى وسائل ------- خاصة عندما ------- الحياة صعبة ويشعرون بحاجة إلى أن يكونوا بـ ------- عن المشاكل اليومية التي لا تنتهي.

٣- يحاول عائل الأسرة أن يرفع ------- ليسد ------- عائلته ولكن في معظم الأحيان يَعترض طريقه ------- من الصعب تجاوزها.

٤- طالب أغلبية الأعضاء بإعادة ------- هذا القانون وذلك لأن أنصار النظام الحاكم اعترضوا عليه و -------.

تدريب على المتلازمات املأوا الفراغ بالكلمة المناسبة :

١. انتهك ـــــــــــــ .

٢. سلب ـــــــــــــ .

٣. بنود ـــــــــــــ .

٤. مسوَّدة ـــــــــــــ .

٥. أقرَّ ـــــــــــــ .

٦. استنزف ـــــــــــــ .

٧. عزَّز ـــــــــــــ .

٨. ـــــــــــــ بنَّاء .

٩. عرقل ـــــــــــــ .

١٠. أخلَّ بـ ـــــــــــــ .

مراجعة على المفردات من

(النص السادس والعشرين حتى النص الثلاثين)

هاتوا معنى أو مرادف الكلمات أو العبارات التي تحتها خط:

١-٢ منذ التسعينيات بدأ برنامج الإصلاح الاقتصادي حيث تُركت الأسعار <u>لآليات السوق</u>
(_____) بحجة أن هذا هو الأسلوب <u>الأمثل</u> (_____) المستخدم في معظم البلاد المتقدمة.

٣-٦ إن <u>المحصِّلة</u> (_____) النهائية لهذه السياسة الاقتصادية سوف تكون
<u>كارثية</u> (_____) الأمر الذي <u>يُخلُّ</u> (_____) بالتوازن الاجتماعي
ومن المؤكد أنه سينعكس <u>سلباً</u> (_____) على الواقع السياسي والثقافي.

٧-١١ إن الفقر المتزايد <u>أسفر عن</u> (_____) زيادة المناطق <u>العشوائية</u>
(_____) وهي بدون شك <u>المأوى</u> (_____) الطبيعي للجريمة
<u>والانحراف</u> (_____) وبالتالي <u>التطرف</u> (_____) وصولاً إلى
الإرهاب.

١٢-١٥ إن <u>الاتجار</u> (_____) بالسلاح دون تصريح رسمي يعتبر <u>انتهاكاً</u>
(_____) للقوانين ولا يقل خطورة عن <u>التورُّط</u> (_____) في
<u>تهريب</u> (_____) المخدرات.

١٣-١٧ لقد <u>تدهور</u> (_____) مستوى الطبقة الوسطى وسيطر عليها الإحساس
<u>بفقدان الأمل</u> (_____) والفزع من المستقبل وذلك لأن الملايين <u>تتزاحم</u>

(____________) بحثاً عن مصدر رزق **يؤمِّن** (____________) لهم حياة كريمة ومستوى معيشي **لائق** (____________).

١٨–٢٢ من الممكن أن **تحض** (____________) الأم بناتها على أن يلتزمن **بالفضيلة** (____________) وحسن السلوك ولكنها لا تستطيع أن **ترغمهن** (____________) على ذلك إذ يجب عليهن أن **يقتنعن** (____________) بهذه القيم ويرغبن في **الاحتشام** (____________) واحترام الذات.

٢٣–٣٠ يجب على الآباء أن **يوجهوا** (____________) أبناءهم بدلاً من **معاقبتهم** (____________) فالعقاب أسلوب **عقيم** (____________) لا فائدة منه **يقمع** (____________) الأبناء ويقهرهم فضلاً عن أنه يشعرهم **بالظلم** (____________) **ويغيِّب** (____________) لديهم مقدرة (____________) التفكير الحر **ولا يؤهلهم** (____________) أبداً أن يكونوا مواطنين صالحين.

٣١–٣٤ **ندَّد** (____________) أعضاء مجلس الشعب بالخطة الاقتصادية الجديدة مؤكدين أنها **تبدِّد** (____________) ثروة البلاد كما أنها ستؤدي إلى حتمية **الاقتراض** (____________) من الدول الغنية فتزيد البلد **بؤساً** (____________) وفقراً وتخلفاً.

تدريب على المتلازمات

املأوا الفراغات بكلمة مناسبة :

			أهَّل
ـــــــــ	ـــــــــ	ـــــــــ	
			نهب
ـــــــــ	ـــــــــ	ـــــــــ	
لائـق	ـــــــــ	ـــــــــ	
	فتـوى	ـــــــــ	ـــــــــ
			استفحل
ـــــــــ	ـــــــــ	ـــــــــ	
	نقيِّـة	ـــــــــ	ـــــــــ
تلقائـي	ـــــــــ	ـــــــــ	
			انحطاط
ـــــــــ	ـــــــــ	ـــــــــ	
قمعيـة	ـــــــــ	ـــــــــ	
ظالـم	ـــــــــ	ـــــــــ	

مراجعة على المفردات من

(النص الحادي والثلاثين حتى النص الخامس والثلاثين)

هاتوا معنى أو مرادف للكلمات التي تحتها خط:

١-٣ عبر العقود **انحسرت** (____________) الفصحى عن كثير من **المجالات** (__________) الثقافية وأصبحت العامية **بديلاً** (____________) لها.

٤-١٠ في المجالات حيث تستخدم الفصحى **تفشَّت** (______________) الأخطاء اللغوية خاصة في لغة الإعلام ويرجع بعض العلماء هذه **الظاهرة** (______________) إلى فشل المؤسسات التعليمية **المكلفة** (______________) بتعليم الفصحى في **تطوير** (______________) مناهج تعليمها **وتيسير** (______________) قواعد نحوها وبالتالي يؤكدون **استحالة** (____________) تعلمها **بإجادة** (____________) واستعمالها في الحياة الفكرية والعملية.

١١-١٥ يتساءل البعض حول **مصير** (______________) الفصحى في العصر الحالي وهل **ستتصدى** (____________) وتقاوم تيار العامية الذي **يبدو** (____________) قويًّا و**متوغلاً** (____________) في مختلف مناحي حياتنا أم أنها ستنمو **لتلائم** (______________) متطلبات العصر.

١٦-٢٣ **يستنكر** (______________) بعض علماء اللغة **المتشددين** (______________) استخدام تعبيرات مترجمة عن لغة أجنبية ويرون فيها **مؤامرة** (______________) على لغتنا **القومية** (______________) كما أنهم يعتبرون هذه التعبيرات نوعاً من **الغزو** (______________) اللغوي على ثقافتنا إلا أن البعض الآخر يعتبرها **إثراءً** (______________) لقاموسنا اللغوي **يلبي** (______________) احتياجات (______________) العصر وضروراته.

٢٤-٢٧ **نشأت** (____________) حركة كردية عنيفة قامت **بمحاربة** (____________) من حاولوا إخضاعهم بالقوة وهذه الحركة ثارت تعبيراً عن **إرادتها** (____________) للتحرر من **الهيمنة** التركية والعراقية على **حد سواء** (____________).

٢٨-٣١ أشار المؤرخون حتى **المعادين** (____________) للأكراد للدور **الفعال** (____________) الذي لعبته بعض الشخصيات الكردية **المرموقة** (____________) والتي **ساهمت** (____________) في حضارة البلاد التي عاشت فيها وثقافتها.

٣٢-٣٥ لا أحد يستطيع أن **يتكهّن** (____________) بمستقبل الأكراد إلا أن كل حل **يتجاهل** (____________) حقوقهم سيفشل وسيؤدي إلى تجدد **الاضطرابات** (____________) والثورات الأمر الذي قد يهدد أمن المنطقة **بأسرها** (____________).

٣٦-٣٨ من **المسلم به** (____________) أن التيار الإسلامي هو أحد التيارات الأصيلة في الحركة **الوطنية** (____________) إلا أن بعض فصائله تعتبر الديمقراطية العربية **منتهكة** (____________) للشريعة الإسلامية.

٣٩-٤١ إن الدولة الوطنية المدنية يجب أن تكون **محايدة** (____________) وتقوم على أساس المواطنة أي **الإقرار** (____________) بحقوق كل المواطنين أيًّا كان دينهم وبهذا **نكفل** (____________) الحفاظ على وحدة الوطن.

٤٢-٤٦ إن الاستشراق هو **يعد** (____________) هام من الثقافة الحديثة وهو **نتاج** (____________) تاريخ طويل من **تجاوزات** (____________) العصور الوسطى ضد الإسلام تظهر بكل وضوح في كتابات المستشرقين **ويبدو** (____________) أنه من الصعب **التخلص** (____________) منها.

تدريب على المتلازمات

املأوا الفراغات بكلمة مناسبة:

أفرط في ___________ ___________ ___________.

_______ ___________ الاضطرابات.

_______ ___________ نزيهة.

حاز ___________ ___________ ___________.

صان ___________ ___________ ___________.

كفل ___________ ___________ ___________.

انهار ___________ ___________ ___________.

_______ ___________ ___________ متشدد.

تجاوز ___________ ___________ ___________.

أتبرع ___________ ___________ ___________.

تقلص ___________ ___________ ___________.

مراجعة على المفردات من

(النص السادس والثلاثين حتى النص الأربعين)

هاتوا معنى أو مرادف الكلمات التي تحتها خط:

١_١٤ لقد **تشوَّهت** (_____) صورة الإسلام بعد أحداث سبتمبر ٢٠٠١ **وترسَّخت** (_____) في **أذهان** (_____) الغرب الصورة **النمطية** (_____) للمسلم **كمتطرف** (_____) **إرهابي** (_____) **لاعقلاني** (_____). ولكن مالبث الغرب أن أدرك أن **النزعة** (_____) العدوانية لدى بعض المسلمين **إزاء** (_____) الغرب هي نتيجة لسياساته المنحازة **فأخذوا** (_____) **يراجعون** (_____) أنفسهم **ويبدون** (_____) بعض **التسامح** (_____) نحو **التعددية** (_____) الدينية والثقافية في بلادهم.

١٥ _ ١٩ **انقرض** (_____) هذا النوع من المحاكم **الظالمة** (_____) والتي كانت تتهم أي شخص ينتمي إلى دين آخر **بالإلحاد** (_____) **وساد** (_____) مناخ من الحرية حيث **تتاح** (_____) الفرص للاختيار الحر للعقيدة.

٢٠_٢٤ تعرضت بعض الشعوب لمحاولة **الإبادة** (_____) الجماعية كما تعرض الآلاف من مواطنيها **لمذابح** (_____) عدة ومع ذلك لم **تكف** (_____) هذه الشعوب عن المطالبة بحقوقها ولم **تطمئن** (_____) أو ترتاح حتى **نالت** (_____) حريتها واستقلالها.

٢٥_٣٠ **يعتز** (_________) المصريون بتاريخهم الفرعوني ويعتبرون الأهرام أبرز **معالم** (_________) عظمتهم **وشاهداً** (_________) على حضارتهم **العريقة** (_________) ولكنهم في الوقت ذاته لا ينكرون أن التاريخ الإسلامي له **ثقله** (_________) وإسهاماته (_________) في تراثهم وثقافتهم.

٣١_٤٠ يشعر هذا الطالب **بالاستعلاء** (_________) **إزاء** (_________) زملائه كونه **متفوقاً** (_________) عليهم في كفاءته اللغوية **وإتقانه** (_________) ثلاث لغات أجنبية **ناهيك عن** (_________) انتمائه إلى **النخبة** (_________) الاجتماعية. ولذلك جميع زملائه **يحسدونه** (_________) على هذا التميُّز. ومن الغريب أنه يعاملهم بشدة **وقسوة** (_________) ومع ذلك فإنهم **متمسكون به** (_________) لا يخونونه أبداً بل **يخلصون** (_________) له كل الإخلاص.

٤١–٤٧ **يتنبَّأ** (_________) بعض المحللين بأن الأزمة الاقتصادية سوف تبلغ **ذروتها** (_________) في نهاية هذه السنة وبعدها سوف تبدأ **بالتراجع** (_________) غير أنه ليس من السهل **إزالة** (_________) آثارها **السلبية** (_________) على المجتمعات الفقيرة ومن المتوقع أن **تعجز** (_________) الحكومات عن دفع **تعويضات** (_________) للذين خسروا أموالهم واستثماراتهم.

تدريبات على النقاط النحوية التي وردت في نصوص

كتاب "هيا نقرأ... ونبني مفردات"

(من النص الأول حتى النص الخامس)

١- كان وأخواتها: صار – أصبح – أمسى – بات – ظل – ليس – مازال

استعملوا كلا من أخوات كان في جملة تبين معناها

٢- إنَّ وأخواتها: إنَّ – أنَّ – كأنَّ – لكنَّ – ليتَ – لعلَّ + فإنَّ – لأنَّ

استعملوا كلا من إنَّ وأخواتها في جملة تبين معناها.

٣- استعملوا إنَّ بدلاً من كان في الجمل التالية (مع تشكيل أخر الكلمات the case
ending) وغيروا ما يلزم:

١- كانت الأستاذة سورية

٢- كانوا طلاباً يعيشون في الإسكندرية.

٣- كانتا طالبتين تدرسان تاريخ الشرق الأوسط

٤- كنت أسكن في حي الزمالك

٥- كن يتدربن على الغناء باللغة العربية

٤- ضعوا حرف العطف المناسب في الجمل التالية :

١- وصل الأستاذ _____ الطلاب معا إلى الصف .

٢- وصل الطلاب _____ الأستاذ إلى الصف .

٣- سوف أسافر أنا _____ صديقي إلى الإسكندرية _____ إلى بيروت بعد أسبوع .

٤- أحب دراسة التاريخ سواء كان القديم _____ الحديث .

٥- هل تفضلين دراسة اللغة الفرنسية _____ اللغة الإيطالية ؟

٦- كان الجو ممطراً _____ يخرج أحد من البيت .

٧- لا أعرف إن كنت سأسافر غدا _____ لا .

٥- أسلوب التمييز : (Accusative of specification)

أ- تمييز العدد :

– ثلاثة – عشرةَ كتبٍ

– أحدَ عشرَ – ثمانيةٌ وثمانون طالباً

– إحدى عشرةَ – تسعٌ وتسعون طالبةً

– مائة – ألف كتابٍ

ب- كم ضيفاً حضر الحفل ؟

ج- أقل / أكثر / أشد / أعلى + مصدر أو اسم نكرة منصوب

مثال : – هذا الطالب أكثر استعداداً لتقبل النقد عن صديقه .

– الفضة أقل ثمناً من الذهب .

– الدول النامية أكثر الدول مديونيةً.

٦- كونوا خمس جمل تحتوي كل جملة على عدد مع ذكر معدوده.

من أدوات الشرط: إذا – إنْ – لو = if

٧- حوِّلوا الجمل التالية إلى جمل شرطية على أن تحتفظوا بالمعنى نفسه:

مثال: - سوف يحصل على إجازة بعد أن يشترك في المسابقة.

- إذا اشترك في المسابقة حصل أو (فسوف يحصل) على جائزة.

أو

- سوف يحصل على جائزة إذا (إنْ) اشترك في المسابقة.

١- أسرعوا حتى تشاهدوا الفيلم من بدايته.

٢- ماذا سنفعل عند موت الملك ؟

٣- انشر إعلانا في الصحف كي تبيع منزلك.

٤- أكملي دراستك الجامعية حتى تصبحي مدرسة.

٥- اجتهدوا في دراستكم كي تنجحوا في حياتكم العملية.

٨- كونوا ست جمل مستعملين (إذا – إن – لو) كل أداة في جملتين.

أدوات الشرط الأخرى التي سندرسها عند ورودها في الدروس القادمة:

مَن – ما – متى – أين – مهما – كلما – حيثما – أينما.

- أداة النفي التي تستعمل بعد إذا وإنْ هي: لم

- وأداة النفي بعد لو: لم أو لا

أمثلة:

١- **إذا لم** تسافرْ معي سافرتُ وحدي.

٢- **إنْ لم** تحضرْ إلى الجامعة اليوم فلن أستطيع مقابلتك.

٣- **لو لم** أسمعْ نصيحتك لما نجحت في الامتحان

٤- **لولا** مساعدةُ أستاذي لي لما حصلت على هذه الوظيفة.

أو ما حصلت على هذه الوظيفة.

تدريبات على الفعل الأجوف :(hollow verb)

٩- انفوا الجمل التالية باستعمال لم ثم باستعمال لن:

Negate the following sentences by using لم then by using لن:

مثال: - كان الطالب في الجامعة هذا الصباح

- لم يكنْ الطالب في الجامعة هذا الصباح

- لن يكونَ الطالب في الجامعة هذا الصباح

١- نامت زميلتي في بيت صديقتها.

٢- صار أخي مدير الشركة التي يعمل بها.

٣- صاروا كتابا مشهورين.

٤- عاد سامي من بيروت.

٥- صديقاي يقولان إنهما سعيدان هنا.

٦– جئتُ لزيارة أستاذي.

٧– هل كنتِ في الإسكندرية في الأسبوع <u>الماضي</u> ؟ (استعملوا ألم وألن)

٨– هل عدتم إلى دراسة اللغة العربية ؟ (استعملوا ألم وألن)

تدريبات على النقاط النحوية التي وردت في نصوص

كتاب « هيا نقرأ.. ونبني مفردات «

(من النص السادس – النص العاشر)

١- املأوا الفراغات في الجمل التالية بمفعول مطلق مناسب:

Fill in the blanks in the following sentences with the appropriate absolute accusative:

١- ثار الشعب __________ عارمة (strong, violent) ضد الحكم الديكتاتوري.

٢- قاوم أهل المدينة __________ شديدة رافضين القوانين الجديدة.

٣- كافح أفراد الجيش __________ شجاعاً لحماية موقعهم.

٤- إنهم مرتبطون __________ عقائديًّا بأفكار هذا المذهب الديني.

٥- يلتف الشعب __________ دائما حول هذا الزعيم.

- **لاحظوا:**

١- إنَّ شرح الأستاذ واضح **وضوحاً** شديداً ← واضح كلَّ **الوضوحِ**

٢- كان مهتما بدراسة اللغة العربية **اهتماما** عظيما ← كان مهتماً **أشد الاهتمامِ**.....

٣- هو مهتم (اهتماماً) كثيرا بهذا الفن ← هو مهتم **كثيرا** بهذا الفن

٤- زرت مدينة القاهرة (زياراتٍ) **ثلاث** مراتٍ

- تعتبر كلمات كل – أشد – بعض – ثلاث نائباً عن المفعول المطلق.

فالمفعول المطلق هو مصدر منصوب يأتي بعد فعله أو ما يشتق منه ليؤكده أو ليبين نوعه أو عدد مرات حدوثه.

٢- كونوا ست جمل تحتوي كل منها على مفعول مطلق أو نائب عن المفعول المطلق.

___

___

___

___

___

___

٣- هاتوا مصادر (Verbal Nouns) الأفعال التالية:

- علَّم	- تعلَّم
- ادَّعى	- استدعى
- اقتاد	- انقاد
- اختار	- عبَّر عن
- عبر	- اعتبر
- سيطر	- هيمن

٤- أدخلوا الاسم الموصول (The relative pronoun) المناسب إلى الجمل الوصفية التالية:

مثال: - ثقافات تجمع بين عبق التاريخ

- الثقافات التي تجمع بين عبق التاريخ

١- هؤلاء جنود أبطال دافعوا عن وطنهم.

٢- تعرف على طالبات يدرسن في معهد اللغة العربية.

٣- وصل طالبان يريدان مقابلة المديرة.

٤- قابلت سيدتين من لبنان.

٥- أرى أشجاراً جميلة في هذه الحديقة.

٦- قرأت كتابين اشتريتهما من المكتبة.

٥- حولوا الجمل التالية إلى جمل وصفية بدون الاسم الموصول:

مثال: – حضر هذان الطالبان اللذان نجحا في الامتحان.

– حضر طالبان نجحا في الامتحان.

١- حضرت السيدات اللواتي هن عضوات في النادي.

٢- هذه هي الطالبة التي كتابها معي.

٣- اشتريت الكتاب والقاموس اللذين طلبتهما الأستاذة.

٤- قابلت الفتاتين اللتين وطنهما الصين.

٥- قابلت العلماء العرب الذين يعملون في الجامعات الأجنبية.

٦- حضرت المؤتمر العالمي الذي عقد أخيراً.

٦- استعملوا أدوات الربط التالية في جمل مفيدة:

سواء... أو (أم) – أما...ف – إلا أنَّ – غير أنَّ

٧- الفعل المثال (The assimilated verb)

تحذف <u>الواو</u> في مضارع الوزن الأول المبني للمعلوم فقط:

The <u>wa</u> is deleted only in the Imperfect tense of form I in the Active voice:

- وصل سامي – سوف يصلُ سامي ولكن وصَّلت (II) الرسالة إلى صديقي – سوف أوصّل
- واصلنا (III) دراستنا – سنواصل دراستنا.
- أوفد (IV) الرئيس نائبه لتوصيل الرسالة – سيوفد الرئيس.....
- توصَّلنا (V) إلى حل لهذه المشكلة – سوف نتوصَّل........
- تواعدنا (VI) على اللقاء غدا – سوف نتواعد..........
- اتَّصلوا (VIII) بنا عند وصولهم إلى القاهرة.

٨- استعملوا خمسة من الأفعال المثال في جمل مفيدة.

____

____

____

____

____

٩- املأوا الفراغ بتمييز مناسب:

مثال:

١- هؤلاء ألف وخمسون ___________ (طالباً)

٢- في الفصل خمس وأربعون (طالبة) وتسعة وثلاثون (طالباً)

– هؤلاء إحدى عشرة ـــــــــــــ.

– اشترينا مائة وعشرين ـــــــــــــ.

– في الفصل تسعة عشرَ ـــــــــــــ.

– هؤلاء أربع وخمسون ـــــــــــــ وسبعة وثمانون ـــــــــــــ.

– قرأت خمسة ـــــــــــــ وكتبت ثلاث ـــــــــــــ.

١٠- كونوا خمس جمل تحتوي كل واحدة منها على تمييز.

_____

_____

_____

_____

_____

١١- المثنى:

مثال: – هذان الطالبان مصريان.

– هاتان الطالبتان لبنانيتان.

١- أدخلوا كان ثم إنَّ على الجملتين السابقتين وغيروا ما يلزم.

– الأستاذان يدرِّسان اللغة العربية

٢- أدخلوا لم ثم لن على الجملة السابقة وغيروا ما يلزم.

• **تذكروا ما درسناه عن النعت:**

- **النعت المفرد:** هو طالبٌ **مصريٌ** – قابلت الطالبةَ **المصريةَ**

- **النعت جملة (الجملة الوصفية):**

البخل صفةٌ **يكرهها الناس** (جملة فعلية)

قابلتُ فتاة **وجهها جميل** (جملة اسمية)

هذا إنسان **بلا ضمير** (شبه جملة)

١٢– كوّنوا ست جمل تبين أنواع النعت.

____

____

____

____

____

____

أنواع لا:

١– هذا الطالب لا يدرسُ مادة التاريخ – **لا النافية (لا + فعل مضارع مرفوع)**

٢– هؤلاء الطلاب لا يدرسون التاريخ – **لا النافية (لا + فعل مضارع مرفوع)**

٣– لا تذهبْ إلى النادي اليوم – **لا الناهية (لا + فعل مجزوم)**

٤– لا ترسلي هذه الرسالة – **لا الناهية (لا + فعل مجزوم)**

٥– لا تدرسوا هذه المادة – **لا الناهية (لا + فعل مجزوم)**

٦- <u>لا</u> إلهَ إلا الله   – لا النافية للجنس

٧- <u>لا</u> شكَّ أن هذا الموضوع هامٌ جداً   – لا النافية للجنس

٨- <u>لا</u> بدَّ من الاهتمام بهذا الموضوع   – لا النافية للجنس

١٣- ضعوا التشكيل (The case ending) على الكلمات التي تلي لا:

١- لا تهمل دروسك.

٢- لا طالب في الصف الآن.

٣- لا يذهب صديقي إلى النادي كل يوم.

٤- لا إكراه في الدين.

٥- أختي لا تريد دراسة اللغة الألمانية.

٦- لا تترك القاهرة قبل أن تنهي دراستك.

١٤- كونوا ست جمل تحتوي على أنواع لا الثلاثة.

_____

_____

_____

_____

_____

_____

تدريبات على النقاط النحوية التي وردت في نصوص

كتاب " هيا نقرأ.. ونبني مفردات "

(النص الحادي عشر – النص الخامس والعشرين)

١– سافرت الطالبة إلى أمريكا **صغيرةً** ← – وهي صغيرةٌ

٢– دخل الطالب الصف **مبتسماً** ← – وهو يبتسم

٣– عاد الرجل **حاملاً** عدة رسائل ← – وهو يحمل عدة رسائل

وَ (واو الحال) = ← While, as

أ– و + جملة اسمية ← – سافروا إلى أمريكا (وهم فقراء) وعادوا (وهم أغنياء)

ب– و + جملة فعلية:

١– مع الفعل الماضي المثبت Affirmative تبدأ بـ **وقد** ← – عادوا من فرنسا وقد حصلوا على الشهادة.

– مع الفعل الماضي المنفي بما أو لم + فعل مجزوم أو ← – عاد من فرنسا وما حصل على الشهادة

– عاد من فرنسا ولم يحصلْ على الشهادة.

ب– الجملة الفعلية:

٢– مع الفعل المضارع المثبت with the Affirmative بدون استعمال (واو الحال). ← – عاد صديقي يحمل لي عدة رسائل.

مع الفعل المضارع المنفي بـلا ← – عادت صديقتي وهي لا تحملُ لي أية رسائل.

– عادت صديقاتي وهن لا يحملن لي أية رسائل.

- تذكروا صاحب الحال **دائما** معرفة.

١- حوِّلوا الجملة التالية إلى المفرد المؤنث ثم الجمع المذكر :

-دخل الاجتماع <u>غاضبا</u> وخرج منه <u>سعيداً</u>.

٢- حوِّلوا الحال المفرد في الجملة السابقة إلى جملة حال.

٣- املأوا الفراغات في الجمل التالية <u>بمفعول لأجله</u> (Accusative of Cause)
باختيار المصدر المناسب من المصادر التالية :

حب – اعتراف – احترام – هرب – إعجاب.

١- صفق الجمهور ـــــــــــــــــــ بالمغنية.

٢- وقف الطلاب ـــــــــــــــــــ للأستاذ.

٣- احتفلنا بعيد الأم ـــــــــــــــــــ بفضلها علينا.

٤- أريد أن أدرس اللغة العربية ـــــــــــــــــــ فيها.

٥- هاجروا من وطنهم ـــــــــــــــــــ من ظلم الحاكم.

٤- كونوا خمس جمل تحتوي كل جملة فيها على مفعول لأجله.

ــ

ــ

ــ

ــ

ــ

٥- هاتوا أوزان جموع التكسير التالية:

– أطفال

– مدارس

– وزراء

– أذكياء

– تماثيل

٦- حوِّلوا الجمل التالية إلى الجمع:

– هذا طالب أمريكي.

– في الجامعة أستاذ يهودي.

– زميلي في الجامعة سوري.

– هذه مدرسة خاصة.

– في الحفلة ضيف عربي.

• استعمالات أنْ وأنَّ والفروق بينهما:

أنْ + فعل مضارع منصوب (subjunctive)	to + verb	
يعادل The English infinitive		
ألاَّ (أنْ + لا) + فعل منصوب (subjunctive)	not to + verb	
أنْ + فعل ماضٍ (Perfect) مع تراكيب وأساليب معينة idiomatic structures with (ما أنْ – بعد أنْ – ما لبث أنْ + فعل ماضٍ)		
أنَّ + جملة اسمية (noun clause)	that	

(يأتي بعد أنَّ أية كلمة ماعدا الفعل)

إنَّ + جملة اسمية (بعد قال أو أيٍّ من مشتقاته) that
أو في بداية الجملة لتأكيدها ويترجمها البعض إلي indeed

- **تذكروا**: إنَّ وأنَّ (من أخوات إنَّ) يأتي بعدهما اسم منصوب وخبر مرفوع، **في حين** أنَّ **أنْ** أداة نصب تنصب الفعل المضارع وليست من أخوات إنَّ.

أمثلة:

١- أريد **أنْ أدرسَ** اللغة العربية بعد **أنْ أنتهيَ** من دراسة الفرنسية.

٢- يتمنى **أنْ ينجحَ** في الانتخابات.

٣- سمعوا **أنَّ الامتحانَ** سهلٌ.

٤- قالوا **إنّ الامتحان** سهلٌ.

٥- **إنَّ القاهرةَ** مدينةٌ مزدحمة.

٦- يخاف **ألاَّ ينجحَ** في الانتخابات.

٧- من الواجب (يجب) **أنْ نودِّعَ** أصدقاءنا قبل **أنْ نسافرَ**.

٨- من الجدير بالذكر **أنه نجح** في الانتخابات.

تركيب أنْ يشير عادة إلى حدث قد يحدث وقد لا يحدث أو إلى رغبة في وقوع حدث معين ولذلك يأتي بعد أفعال مرتبطة بعاطفة ما مثل: **أحب - خاف - خشي - رجا - أراد - رغب في - أمر بـ - يجب - اضطرّ - انتظر - تمنى - كره - استطاع - توقَّع...إلخ**

تركيب إنَّ أو أنَّ يأتي عادة بعد أفعال المعرفة أو الاعتقاد أو ذكر حقيقة مثل:

سمع - أخبر - لاحظ - فهم - عرف - علم - ذكر - ظنَّ - اعتقد - اعتبر - صرَّح بـ - إلخ.

بعض الأفعال ممكن أن يأتي بعدها أنْ أو أنَّ ولكن بمعنى مختلف:

-قرر **<u>أنْ يقابلَ</u>** صديقه غداً — He decided **<u>to meet</u>** his friend tomorrow

(ولكن من الجائز أن يحدث ذلك أو لا يحدث — May or may not happen

- قرَّر **<u>أنَّ أخاه</u>** يسكن بيروت — He stated **<u>that</u>** his brother lives in Beirut

(هذه حقيقة — He is stating a fact

إذا أردنا استعمال جملة فعلية بعد أنَّ فهناك طريقتان:

If a verbal sentence is to be used after أنّ , we should:

1- Invert the word order in the sentence + put the subject before the verb:

- وصل الطلابُ الجدد إلى الجامعة — سمعنا أنَّ الطلابَ الجدد وصلوا إلى الجامعة.

Or

2- Attach the "dummy pronoun" أضيفوا أنّ + ضمير الشأن

(The dummy pronoun is **<u>always</u>** ـه ,i.e. the 3rd person singular pronoun).

- ليس من المتوقع أن تصل صديقتي اليوم — أعرف **<u>أنه</u>** ليس من المتوقع أنْ.....

- يمكن تحويل أنْ + الفعل إلى مصدر الفعل:

The أنْ clause can **<u>always</u>** be changed into a verbal noun:

- أريد **<u>أن أسافر</u>** إلى الإسكندرية — أريد **<u>السفرَ</u>** إلى الإسكندرية.

- في بعض الأحيان من الممكن تحويل جملة أنَّ إلى المصدر ولكن ليس دائما:

The أنَّ clause **<u>may</u>** sometimes be changed into a verbal noun, but not always:

سمعت بأنه نجح في الامتحان — سمعت **<u>بنجاحه</u>** في الامتحان

نعرف أنَّ هذا الطالب جديد في الجامعة — ________________

تدريبات:

٧- املأوا الفراغات بـ إنَّ، أنَّ أو أنْ:

١- نعرف ________ القاهرة عاصمة مصر و________ دمشق عاصمة سوريا.

٢- من الواجب ________ نذهب إلى المطار لاستقبال صديقنا.

٣- قال الأستاذ ________ الامتحان النهائي في الأسبوع القادم.

٤- قالت الأستاذة ________ ستقدم موعد الامتحان.

٥- أرادوا ________ يقابلوا مدير الشركة.

٦- الطلاب عرفوا ________ نجحوا في الامتحان.

٧- رفضا ________ يسافرا معي إلى أسوان.

٨- أخبرني صديقاي ________ مصران على السفر إلى شرم الشيخ.

٨- حولوا أنْ + الفعل المضارع المنصوب إلى مصدر مع تغيير ما يلزم:

Change the أن clause into a verbal noun, making any necessary changes, e.g.:

– من الواجب **أن نساعد** أصدقاءنا	من الواجب **مساعدة** أصدقائنا.
– يجب **ألا تسافر** أثناء العاصفة	يجب عدم السفر أثناء العاصفة.

١- نأمل **أن تنجحوا** في الانتخابات.

____

٢- أحب **أن أشاهد** مسرحيات شكسبير.

____

٣- رجونا أستاذنا **<u>أن يؤجل</u>** الامتحان إلى الأسبوع القادم.

٤- صمم صديقي **<u>ألا يستمر</u>** في هذا العمل.

٥- قرروا **<u>ألا يقابلوا</u>** أصحابهم في النادي غدا **<u>وأن يبقوا</u>** في المنزل.

٦- سوف أعمل في الجامعة بعد **<u>أن أحصل</u>** على شهادة الدكتوراه.

٧- أخشى **<u>ألا أستطيع</u>** أن **<u>أقابلك</u>** غدا.

٨- إنهما مهتمان في **<u>ألا يفشل</u>** مشروعهما **<u>وأن توافق</u>** اللجنة عليه.

أسلوب الاستثناء:

أدوات الاستثناء: إلا - غير - سوى - ماعدا (عدا) - ماخلا (خلا) - حاشا.

حضر كل الطلاب إلا **<u>واحداً</u>**

حضر كل الطلاب غيرَ واحدٍ.

حضر كل الطلاب سوى واحدٍ.

لم يحضر إلا طالبٌ واحدٌ.

لم يحضر غيرُ طالبٍ واحدٍ.

لم يحضر سوى طالبٍ واحدٍ.

– في الجمل المثبتة (affirmative sentences) يكون المستثنى بعد **إلا** منصوبا

في الجمل المثبتة **غيرَ** منصوبة وتكوِّن إضافة مع الكلمات التالية.

في الجمل المثبتة **سوى** تكوِّن إضافة مع الكلمة التالية.

في الجمل المنفية (in negated sentences) يكون المستثنى **بإلا** وكلمة **غير** حسب موقعهما من الإعراب:

– حضر كل الطلاب **(ما)عدا** أو **(ما)خلا واحداً**.

* **ماعدا وماخلا** لا تستعمل إلا في الجمل المثبتة فقط ويكون المستثنى بعد **ماعدا** و**ماخلا** منصوباً وبعد عدا وخلا وحاشا إما منصوباً على أنها أفعال أو مجرورا على أنها حروف جر.

أنواع مـــا

Negative ما (not) He was not at school He is only a young child	**١– ما النافية** – ما كان في المدرسة – ما هو إلا طفل صغير
Interrogative ما (what) What is your name? What are you talking about?	**٢– ما الاستفهامية** – ما اسمك ؟ – عمَّا تتحدثون ؟
Relative ما (that, which, what) I heard what he said.	**٣– ما اسم موصول** – سمعت ما قال

Nominalizing ما	**٤- ما المصدرية** - بعد ما سافروا بعد سفرهم - (ما + الفعل = المصدر)
Durative ما (as long as) I will love my country as long as I live	**٥- ما الديمومة** - سوف أحب وطني مادمت حياً
Exclamatory ما How beautiful the girl is! How brave the soldier is!	**٦- ما التعجبية** - ما أجملَ البنتَ - (ما + أفعلَ + مفعول به) - ما أشجعَ الجنديَ
Indefinite ما (some, one, a certain) I will study this language one day I like travelling to a certain extent	**٧- ما المبهمة** - سوف أدرس هذه اللغة يوماً ما - أحب السفر إلى حد ما
Conditional ما (___ever, any___that) Attached to interrogatives and certain other words Any place that or wherever =أينما where = أين Any way that or in any case =كيفما how = كيف Any place that or wherever =حيثما where = حيث	**٨- ما الشرطية** - e.g.
Redundant ما	**٩- ما الزائدة** - تأتي بعد كلمات قليلة معينة ويمكن حذفها بدون أي تأثير على المعنى أو التركيب. - عن قريب = عَّما (عنْ ما) قريب. - إذا ذهبت = إذا ما ذهبت. - إذا اتصلت ما بإن وأخواتها يأتي بعدها اسم مرفوع (مبتدأ). - إنما الحياةُ حلم

١٠- ما مع تعبيرات معينة - كثيراً ما = often - غالباً ما = often - نادراً ما =rarely - قليلاً ما = rarely	**With certain idioms ما** Indefinite adjective in the accusative case

٩- كونوا ست جمل مثبتة تحتوي كل جملة منها على أداة استثناء مناسبة.

____

____

____

____

____

____

وأربع جمل منفية تحتوي كل جملة منها على أداة استثناء مناسبة.

____

____

____

____

لاحظوا أسلوب ظرف الزمان – تقديما وتأخيرا

ظروف زمان شائعة وتكون منصوبة وتكون إضافة مع الاسم الذي يليها:

بعدَ – قبلَ – غداً – الآنَ – صباحاً (صباحَ اليومِ) – مساءً (مساءَ اليومِ)– ظهراً – (أمسِ).

ونفس القاعدة لظروف المكان: أمامَ – وراءَ – خلفَ – قدامَ – فوقَ – تحتَ.

١٠– كونوا ست جمل تحتوي كل جملة فيها على ظرف زمان أو ظرف مكان.

_____

_____

_____

_____

_____

١١– حوِّلوا الأفعال في الجمل التالية من المبني للمعلوم (Active voice) إلى المبني للمجهول (Passive voice)

مثال: – منعت الحكومة الإخوان المسلمين من مزاولة أي نشاط سياسي

The Government forbade the Muslim Brothers to practice any political activity.

–المبني للمجهول: مُنع الإخوان المسلمون من مزاولة أي نشاط سياسي.

The Muslim Brothers were forbidden to practice any political activity.

نلاحظ أن المفعول به (the object) للجملة الأولى أصبح ما يسمى بنائب الفاعل (the subject) في حين حذف الفاعل الأصلي (الحكومة) من الجملة لأن الهدف من أسلوب المبني للمجهول باللغة العربية هو عدم ذكر الفاعل الأصلي إما لأنه غير معروف (مثلا كُسِر الفنجان)أو لعدم الرغبة في ذكره.ولكن في العربية المعاصرة (in MSA) يمكن استعمال من قِبَل أو بواسطة لتعني by وللطالب اختيار حذف الفاعل أو وضعه بعد من قِبَل.

Or: The Muslim Brothers were forbidden by the Government to practice any political activity.

١–**تقيم** الجامعة عدة احتفالات بمناسبة الانتقال إلى المبني الجديد.

٢–**حاصرت** قوات الأعداء الجيش بعد معركة عنيفة بين الطرفين.

٣–**اعتقلت** الحكومة عدة أفراد من أعضاء الحزب المعارض.

٤–**أسر** الجيش **وقتل** عدداً كبيرا من جيش الأعداء.

٥–**أعلنت** الحكومة برنامجها لتنمية الاقتصاد القومي. (أعلِن برنامج الحكومة لتنمية الاقتصاد القومي.)

٢)حوِّلوا الأفعال في الجمل التالية من المبني للمجهول (Passive Voice) إلى المبني للمعلوم (Active Voice):

١–**تمارَس** إجراءات متشددة ضد كل المعارضين للحكومة.

٢–يجب أن **تضاف** مادة للدستور تمنع التمييز الطائفي.

٣–من السهل أن **يُتهم** أي شخص بمعاداة السامية إذا شكك بالمحرقة.

٤–**أُعدم** شخصان بتهمة التجسس لدولة أجنبية.

٥–**استؤنفت** المحادثات بين الجانبين المصري والإسرائيلي بخصوص تنشيط عملية السلام.

قائمة بمفردات الكتاب

To be abused, degraded	ابتُذل
To blackmail	ابتزَّ – ابتزاز
To eternize, perpetuate	أبَّد – تأبيد
Creativity	إبداع (إبداعات)
To be creative – innovator	أبْدَع – نبدع
Eternal	أبدي
Eternity	الأبدية
To permit – permissible, granted	أتاح – مُتاح
To provide s.o. with	أتاح – يتيح – مُتاحَ لِـ
Trading	الاتجار (من تاجر)
The GATT	اتفاقية الجات
After	إثر
Preferred	آثر
Here: to realize positive results	أثمر
Independent judgment in a theological question	الاجتهاد
Wages	أجر (أجور)
Total	إجمالي
Abortion	الإجهاض
To declare publicly	أجهر – إجهار
Frustration	إحباط
Global warming	الاحتباس الحراري
To adopt	احتضن
Monopoly	احتكار
To embarrass	أحرج – إحراج
To feel	أحسَّ بـ
To subjugate	أُخضع – إخضاع
Octopus	أخطبوط
To fail	أخفق في
To infringe, violate	أخلَّ بـ
Ethical	أخلاقية

To condemn	أدان
To understand	أدرك
To claim	ادَّعى – ادِّعاء
More serious	أدهى
To lead to, result in	أدَّى إلى
To be confused – confusion	ارتبك – ارتباك
To launch	إرسى
To be forced	أرغِم – مُرغَم
Towards	إزاء
To remove	أَزال – يزيل – إزالة
To do harm to	أساء إلى – إساءة إلى
To rent	استأجَر
To uproot	استأصل
To rule dictatorially – dictatorial	استبدَّ – استبدادي
Oppression	استبداد
Impossibility	استحالة
To redress (a mistake)	استدرك – استدراك
To necessitate	استدعى
To be called to attend, summoned	استُدعِي – يُستدعى
To deteriorate	استشرى
Superiority	استعلاء
To be irreparable, become worse	استفحل
Stability	استقرار
Independence	استقلال
To enjoy	استمرأ
To find out	استنبط – استنباط
Consuming, exhaustion	استنزاف
Condemntion	استنكار
To condemn, consider s.th. improper	استهجن
To consume	استهلك
To import	استورد
To contain, embrace	استوعب
To understand, comprehend	استيعاب
Moderate Islam	الإسلام الوسطي

Weapons of mass destruction	أسلحة الدمار الشامل
To contribute in	أسهم في
Prisoner of war	أسير (أسرى)
The prophet Isaiah	أشعيا
To select, choose	اصطفى
Fundamentalism	أصولية
Authenticity, originality	أصيل – أصالة
To be forced to	اضطر إلى
Disturbance	اضطراب (اضطرابات)
To undertake	اضطلع بـ
To oppress, persecute	اضطهد
Here: to describe	أضفى على – يضفي على
Frame, scope	إطار– أطر
Dissertation, thesis	أطروحة
To release s.o., set s.o. free	أطلق سراح
Restructuring	إعادة هيكلة
Burdens of life	أعباء الحياة
To be grateful	الاعتراف بالجميل
To be proud of	اعتزَّ بـ – اعتزاز بـ
Sense of pride	اعتزاز
To arrest	اعتقل – اعتقال: سَجَن – حَبس – سجْن
To embrace a religion	اعتناق الدين
Hurricane	إعصار (أعاصير)
Alienation	اغتراب
To ignore, forget	أغفل – يغفل
To overdo – excessive	أفرط – مفرِط
To corrupt	أفسد
Bankruptcy	إفلاس
To dedicate o.s. with heart and soul	أفنى
In groups, in crowds	أفواجاً
Borrowing, taking from	الاقتراض
To take a loan	اقترض – أقرض
To be associated with	اقترن بـ
To be limited to	اقتصر على: انحصَر في

To be convinced	اقتنع بـ – الاقتناع بـ
To force oneself into s.th.	أقحم.... على
To approve	أقرّ
To recognize, acknowledge	أقرّ بـ
Remotest, farthest	أقصى : أبعد مكان
Feudal system	إقطاع
To convince	أقنع – إقناع
To acquire	اكتسب – اكتساب
Insistence, urgent request	إلحاح
Atheism	إلحاد
To impose, force	إلزام
To cancel – cancellation	أِلغى – إلغاء
To inspire – inspiring	ألهم – إلهام – مُلهم
Means	آلية (أليات)
To mix with	امتزج – امتزاج
The best	الأمثل
The fact which	الأمر الذي
To become	أمسى
Overwhelming	انبهار
To revenge	انتقم من
Opportunism	انتهازية
To give birth to	أنجبت
The Gospel	إنجيل
Deviation, corruption, delinquency	انحراف (منحرفون)
To retreat, disappear	انحسر
Deterioration	انحطاط
To be involved in	انخرط في – انخراط
To devaluate – devaluation	انخفض – انخفاض
To be effaced, obsolete	اندثر
To break out, erupt	اندلع
To merge with	اندمج في
Dissension, disunion	انشقاق (انشقاقات)
Listening to	الإنصات لِـ (إلى)
To treat s.o. with justice	أنصف

To be isolated	انطواء – انطوائي
To spend (money)	أنفق – إنفاق
To save s.o.	أنقذ
Disappearance	انقراض
To become extinct	انقرض
To attack	انقض على
To collapse	انهار – انهيار
To humiliate	أهان – مهين
To qualify – qualified	أهَّل – مؤهَّل
Neglect	إهمال
Those responsible	أولوِ الأمر
Don't ever	إياكَ من
To approve, support	أيَّد – يؤيِّد
Imam, prayer leader	أئمة (جمع إمام)
To bloom, ripen	أينع
A Qur'anic verse which abrogates and supersedes another verse	آية ناسخة
To become (here: to go on doing s.th.)	بات
To reveal, disclose	باح – يبوح – بحتُ
Outstanding	بارز – أبرز
With disdain	باستهانة
All of it	بأسرها
Peddlers	الباعة الجائلون
To boast about	باهى
Miserable	بائس (بؤساء)
To broadcast	بَثَّ – يَبُث – بَث
Under the pretext, an excuse	بحجة
Appeared	بدا – يبدو – تبدَّى
Heresy	بِدعة – بِدَع
Substitute, alternative	بديل – بدائل
Proof	برهان – براهين
Human	بَشر – بشريّ
Spit	بَصقة
Resurrection	بعث

Dimension	بُعد (أبعاد)
Far-reaching	بعيدة المدى
To some extent	بقدر ما
Without exception	بلا استثناء
Hoodlum	بلطجة – بلطجي
To crystallize	بلور
As, like	بمثابة
According	بمقتضى
To keep away from, not involved in	بمنأى عن
Prostitutes	بنات الليل
Article, paragraph (of a law)	بند (بنود)
Infrastructure	البنية الأساسية
In general	بوجه عام
Stock market	بورصة
Misery	بؤس
To show, explain	بيَّن – يبين
Environment	البيئة
To be affected by s.o. or s.th.	التأثر به
To long for	تاق – يتوق – توق إلى
Meditation	تأمُّل
To be prepared to	تأهُّب لِ
Preparation (here: training)	تأهيل
To differ	تبايَن– تبايُن
To evaporate, disappear	تبخر
Spreading incense	تبخير
Waste	تبديد
Simplification	تبسيط
Consequences	تبعات
Dependency, subordinates	تبعية
To crystallize, appear	تبلور
To reproduce, multiply	تتناسل
Harmonious	تجانس مع – متجانس مع
To overcome, exceed	تجاوز
To appear	تجلى

Transfiguration (of Christ)	التجلي
To be rigid	تجمَّدَ – متجمِّد = تحجَّر – متحجِّر
To avoid	تحاشى
Needless to say	تحصيل حاصل
Civilized behavior	تحضُّر
Bias against	تحيز ضدَّ (تحيُّزات)
Getting rid of	التخلّص من
Backwardness	تخلُّف
To give up	تخلى عن
To collapse – collapsing	تداعى – متداعية
Repercussions	تداعيات
To deteriorate – deterioration	تدنَّى – تدنٍّ
To deteriorate	تدهور
Legacy, inheritance, heritage	تراث
Accumulation	تراكم
To result in, be the result or consequence of	ترتب عليه
To be deep-rooted	ترسخت
Luxury	ترف : بذَخ – إسراف
To adhere, abide by	التزم – يلتزم بـ
Tolerance	تسامُح
Domination, control	تسلُّط
Begging	تسوَّل – تسوُّل
To make homeless	تشريد
Confusion, disturbance	تشويش
Suspense	تشويق
Desertification	التصحُّر
To resist, oppose, counteract	تصدَّى – تصدٍّ لِـ
Rigidity	تصلُّب
To multiply, double	تضاعف
Inflation	تضخم
To be insolent	تطاول على
To violate, impair	تطاوَل على
To normalize (relations)	تطبيع
Aspirations	تطلُّع – (تطلعات)

Promotion, development	تطوير
To be manifold, numerous	تعدُّد – تعدُدي
To go beyond	تعدى: تجاوز
Arbitrary	تَعسُّف – تعسُّفي
Fanaticism	تعصُّب
Disregard	التغاضى عن
To support, rally around	التف حوْل
Interaction	تفاعُل
To become more serious	تفاقَم – تفاقُم
To spread	تفشَّى – متفشية
Disruption, break up	تفكك
Superiority	تفوُّق: تميُّز
Progressive	تقدُّمي
To shrink	تقلص
Pious	تقيٌّ (أتقياء)
To cooperate, stand together	تكاتف
Expenses	تكاليف
To restrict	تكبَّل
To unite in a bloc or group	تكتَّل
To get crammed up, piled up	تكدَّس
Pretense	تكلُّف
To predict	تكهَّن بـ
Adjustment	التكيُّف مع
To disappear, vanish	تلاشَى
To avoid	تلافي
Spontaneous	تلقائي
To take place	تمَّ – يتمُّ
To predict	تنبَّأ بـ
Evasion of	التنصُّل من
family planning	تنظيم النسل
Immediately	توًّا
To be parallel with	توازى – التوازي
To slacken, temporize	توانى
Tension	توتر

Tendencies, attention	توجُّهات (من توَّجه)
Directives	توجيهات (من وجَّه)
Penetration	توغُّل
Wilderness, sense of loss	التيه
Firmness, constancy	ثبات
Gap	ثغرة (ثغرات)
There is	ثمة
To be possible, permissible	جاز – يجوز– جائز
To announce, declare openly	جاهر
Ready, prepared	جاهز
To be a coward	جَبُن – يجبُن – جُبْن
Argument	جَدَل
To attract, draw to one's side	جذب – مجذوب
Surgery	جراحة
Dose	جُرعة
To incarnate, give concrete form to s.th.	جَسَّد – تجسيد
Cultural dullness, desiccation	جفاف حضاري
Good Friday	الجمعة الحزينة
Great scholar	جهبذ (جهابذة)
Exhaustive efforts	جهود مضنية
Here: gained, obtained	حاز – يحوز – حيازة
The result	الحاصل
Motive, incentive	حافز
Imprisonment	حَبْس
Definitely, inevitably	حتماً
Evidence, proof	حُجَّة (حُجَج)
To minimize, limit	حجَّم – تحجيم
The minimum	حد أدنى
The least	الحد الأدنى
To strive for	حرص – يحرص على
To instigate against	حرَّض – تحريض – تحريضي
To distort the sense of the text	حرَّف – محرّف
To deprive from	حَرَم – يحرم – حرمان من
Deprived of – deprivation	حُرِم من – محروم من– حرمان

Cautious	حريص
To envy	حسد – يحسد – حَسد
Good intention	حسن النية
Good luck	حسن حظ
A Trojan Horse (a metaphor for deception)	حصان طروادة
To encourage, incite s.o. to	حضَّ – يحُض – حض على
Urban areas	الحضر
To forbid, prohibit	حظر – يحظُر – حظر
To enjoy the favor of s.o.	حظي بِـ
Era	الحقبة
A long time (here: the Coptic era)	حِقبة (حِقب)
Hatred – grudge	حِقْد (أحقاد)
Semantic fields, scopes	حقول دلاليه
Monopolized by	حِكْر لـ
Wisdom	الحكمة
A compromise	حل وسط
Enthusiasm	حماسة
To stare at	حملق في
Apostles, disciples	حواري (حواريون)
Towards	حِيال
Because, since	حيث إنَّ
To confuse	حير
Vitality (here: importance)	حيوية
Idea, notion	خاطر (خواطر)
Immortal	خالدة
To deceive	خدع – يخدَع – خِداع
Betrayal	خديعة
Privatization	الخصخصة
Opponent	خَصْم (خُصوم)
Fertility	الخصوبة
To submit, surrender	خضَع لِـ – يخضَع – خضوع: استسلم لِـ
To be empty, void of	خلا – يخلو – خلو من
Salvation	الخلاص
Imbalance, disorder	الخلل

Good, blessing	خير
To occur, move slowly	دبَّ
To invalidate, disprove	دحض يدحَض – دَحْض
Income	دخل (مداخيل)
To train – trained	درَّب – مدرَّبة
To proceed along the lines of	درج على
This world	دنيا
The lower (class)	الدنيا
A pioneering role	دور ريادي
Session	دورة (دورات)
With no use, of no avail	دون جدوى
Without	دونما
Turkey	الديك الرومي
Debt	دين (ديون)
To melt – melting	ذاب – يذوب – ذوبان
Self	ذات
Highest, top	ذُروة
To be horrified, afraid	ذُعِر
Male	ذَكَر (ذكور)
Humiliation	الذُل
Guilt, crime	ذَنْب
Mind	ذِهن
Important	ذو بال
To fade, wither (here: pass away)	ذَوَى
Capital	رأس المال
To care for the feelings of..	راعَى – يراعي مشاعر
Weightlifter	رافع (رافعو) الأثقال
Present	الراهن
Pioneer	رائد
To pity s.o, lament or mourn s.o	رثا – يرثو لِـ أو رثى – يرثي
To deter – deterring	ردَع – رادع
Bad	رديء – رداءة
Parallel to, equal to	رديف
Available funds, account	رصيد (أرصدة)

Horror	رُعب
To care – care	رعى – يرعَى – رعاية
To want – wanted, desired	رغب – راغب
Welfare, luxury	رفاهية
To entertain – entertainment	رفه – ترفيه
Censorship	رقابة
Shameless	رقيع – رقعاء
Pillar	رُكن (أركان)
Here: position	ركيزة
To repair, restore	رمَّم
To aim at - aiming at	رمى إلى – رامية إلى
Priesthood	الرهبنة
Hostage, prisoner	رهينة (رهائن)
Visitors	روّاد
To narrate	روى – يروي – رواية
Plump	ريان الوجه
To be more than	زاد – يزيد على
Alms giving	الزكاة
To follow blindly	سار كالقطيع
To participate in	ساهم في
Remaining or all	سائر
To satisfy a need	سدَّ حاجة – سَدّ
To pay off (a debt)	سدَّد – تسديد
Basement, cellar	سِرداب
To apply to, be applicable	سرى على – يسري – سريان
Here: the lowest social class, the bottom	السفح
Offspring	سلالة
To steal – stolen	سلب – يسلب – سليب
Passive	سلبي
Authoritarian	سلطوي
Fundamentalist	سلفي
Fundamentalism	سلفية
Brokerage	سمسرة
The prophet's sayings and doings	السنة

Nature of life, the norm	سنة الحياة
Share	سهم
Bad distribution	سوء التوزيع
The majority	السواد الأعظم
Withdrawn swords	السيوف المسلولة
To be widespread	شاع – يشيع – شيوع
Witness	شاهد
Various, different	شتىً (المفرد شَتيت)
Shortage of water	الشح المائي
Haphazard provocation	شحن عشوائي
To begin	شرع
To legislate	شرَّع – تشريع
Here : Social class	شريحة (شرائح)
Religious law	شريعة (شرائع)
Totalitarian	شمولية
To distort	شوَّه
Gradually	شيئاً فشيئاً
To confiscate	صادر
Strict	صارمة
Fitness, validity	صالح لِـ – صلاحية لـ
To protect, maintain	صان – يصون – صيانة
Conflict, fighting	الصراع
Cross	صليب
To direct, concur with s.o.	صوَّب
Stereotype	صورة نمطية
Wording, composing	صياغة – صيغة
Harmful	ضارّ
Noise, tumult	ضجة
Harm	ضرر (أضرار)
Mosoleum, grave	ضريح
Conscience	ضمير
Trivial, little	ضئيل
Idol, false god	طاغوت
Tyrant	طاغية (طغاة)

Ability	طاقة
As long as, often	طالما
Striving for, aspiring to	طامعون
Sectarian	طائفية
According to	طبقاً لـِ
Ideas	طروحات
Tyranny, oppression	طُغيان
Religious rituals	طَقس (طُقوس)
Peacefulness, reassurance	طمأنينة
Ambitious desire, greediness	طمع (أطماع)
Pavement	الطوار
Life buoy	طوق نجاة
Tyrant, oppressor, unjust	ظالم – ظُلم
To blame	عاتب
To prevent, detain	عاق – يعوق
To punish	عاقب
Grave consequences	عاقبة (عواقب) وخيمة
Income	عائد
Revenue	العائد
The breadwinner	عائل
Burden, heavy responsibility	عِبء (أعباء)
Absurd	عبث
Fragrance	عبق
The holy thresholds	العتبات المقدَّسة
Incapacity, disability	عَجْز
To be unable to – unable to	عجز – يعجز – عجْز– عاجز عن
In addition to	عدا عن
Enmity	عداء (عدو)
Meter	العدَّاد (العدَّادات)
To amend – amendment	عدَّل – تعديل
Violation	عدوان على
Hostile, aggressive	عدواني
Supply	العرض
Symptom	عَرَض (أعراض)

Custom, tradition	عُرف (أعراف)
To hinder	عرقل
Ancient, solemn	عريق
To reinforce – strengthening	عزَّز – تعزيز
At random	عشوائي
Nerve (here: the basis of)	عصب
Fanaticism	العصبية
To sympathize with s.o.	عطف على
Obstacle	عقبة
Decade	عَقْد (عُقود)
Guilt complex	عُقدة الذنب
Inferiority Complex	عقدة النقص
Intellectualism	عقلانية
Sterility, nonproduction	عُقم
Belief	عقيدة (عقائد)
Sterile, unproductive	عقيمة
Manifold relations	علاقات أخطبوطية
Secular	علماني
Political secularism	علمانية سياسية
Contrary to	على النقيض
On condition that	على أن
In the same manner, equally	على حدٍّ سواء
Like, similar to	على شاكلة
Intentionally	عمداً
Violence	عنف
By force	عنوةً
Pledge, commitment	العهد (تعَهدَّ بـ)
Globalization	العولمة
Majority	غالبية
Vague	غامض
Purpose, objective	غاية (غايات)
To become	غدا – يغدو
Treachery	غدر
Fine	غرامة

Purpose, objective	غرضَ (أغراض)
Instinct – instinctive	الغريزة – الغريزية
To ignore, avert one's gaze	غض النظر
To make s.o. oblivious	غيَّب – مغيَّب
Secret, invisible	غيبية
Illegal	غير مشروع
Surplus	فائض
Conquests	فَتْح (فُتوح/ فُتوحات)
Religious riots or discord	فتن طائفية
Lack of enthusiasm	فُتور
Formal legal opinion (Islamic law)	فتوى (فتاوٍ)
Unique	فذّ
Individualism	فردية
To discrimiate – discrimination	فَرَّق – تفرقة
Prey	فريسة
To be frightened – horrible	فَزَع – يفزَع – فَزِع – مفزِعة
To be corrupt – corruption	فسد – يفسِد – فساد
Faction	فصيلٍ (فصائل)
In addition to	فضلاً عن
Virtue	فضيلة
Abasing, degrading poverty	فقر مدقع
Death	الفناء
Chaos	فوضى
In the aftermath	في أعقاب
Under its protection	في كنفه
In this respect	في هذا الصدد
A group	فئة (فئات)
Gloomy, dark	قاتمة
Coming to, arriving	قادمان
Bottom	قاع
Copt	قبطي (أقباط)
Drought	قحط
Holiness	قَداسة
Degree, amount	قدر

To be able to – ability	قدِر – يقدِر – القدرة على
Putting an end to	القضاء على
To get rid of, efface	قضى على
To jump (here: to go up)	قفَز – يقفِز – قَفْز
To decrease, limit	قلّص – تقليص
Oppression	قمع
Suppressive	قمعي
To destroy – destruction	قوّض – تقويض
Proverb	قول مأثور
Analogy	القياس
Restrictions, chains	قيد (قيود)
Nightmare	كابوس
Catastrophe	كارثة (كوارث)
All	كافة
To struggle	كافح – كفاح
Unbeliever	كافر (كفار)
The universe, beings	الكائنات
To control, restrain, prevent	كبح – يَكْبَح – كَبْح
Chained, restricted him	كَبَّلته
To accumulate, pile up	كدَّس
High heels	كعب عالٍ
Unbelief	كفر
To guarantee	كفِل – يَكْفُل – كَفالة
Guarantor	كفيل بـ
Treasure	كنز
Entity	كيان (كيانات)
No use	لا جدوى من
Pardon me, no offence	لا مؤاخذة
It does not go beyond	لا يتجاوز
Incomparable	لا يضاهيه
Endless	لا يفنى
Anti-Semitism	اللاسامية
Especially	لاسيما
To be fit, appropriate	لاق – يليق – لائق

Regulation	لائحة (لوائح)
Fortunately	لحسن الحظ
Speaking ungrammatical Arabic	اللحن
In favor of, in the interest of	لصالح
To dictate s.th to s.o.	لقَّن – تلقين
For being	لكونها
It has importance	له ثِقله
To signal	لوَّح – يلوِّح – تلويح
Unless	ما لم
Faults, defects	مأخذ (مآخذ)
As long as	مادام
Materialistic	مادي
Tragic	مأساوي – مأساة
Inhabited	مأهولة
Shelter	مأوى
Vulgar	مبتذلة
Early	مبكِّر
Insecticides	مبيدات
Clear, evident	مُبين (الكتاب المبين = القرآن)
Available	مُتاح
Object of delight, commodity	متاع
Differing, varying	متباين
Harmonious	متجانسة
Rigid	متحجِّر
Liberated, freeing o.s.	متحرر
Backward	متخلف
Pessimistic	متشائم
Strict, stern	متشدِّد
Contradictory	مُتضارب
Extremists	المتطرِّفون
Purified	متطهرة
Successive	متعاقبة
Stubborn, rigid	متعنِّت
Disputed	متنازع عليه

Contradictory	متناقضة
Educated	متنوِّرة
Sarcastic	متهكم
Average	المتوسط
An example to be followed	مثال يُحتذَى
Like, as	مثلما
Scope, field	مجال (مجالات)
Neighboring, near	مجاورة
Glory	مجد (أمجاد)
Massacre	مجزرة (مجازر)
Microscope	مجهر
Inspection courts	محاكم التفتيش
Neutral	محايد
Decent	محتشم
Clearly defined	محدَّدة
Forbidden	محرَّم
The final result	محصِّلة
Measure, test	مِحَك
Center, core	محوَر – محوَريّ
Outlet, a way out	مخرَج
Indebted	مَدينة
A person	مرء
Man, human being	المرء
Re-examination of s.th.	مراجعة (مراجعات)
Utilities	المرافق
Adolescence	مراهقة
Salary	مرتب (مرتبات)
Dissident, dissenter	مرتد
Authority (here : reference)	مرجعية
Return, benefit	مردود
Decree	مرسوم (مراسيم)
Cancer	المرض الخبيث
Famous, well known	مرموق
Subject to	مرهون بـ

Suspicious	مريب
Adherents, followers	مريد (مريدون)
To hurt, violate	مسَّ – يمسُّ – مَسّ
To impair, violate (s.th. sacred)	مس بـ
Provocative	مستفزة
Draft	مُسَوَّدَة – مُسْوَدَّة
Fights	مشاحنات
Religious shrine	المشهد الحسيني
Distorted	مشوَّهَة
Source	مصدر
Security source	مصدر أمني
Destiny	مصير
Was hurt, was harmed	مُضار (مضارون)
Speculation	مضاربة
To show enmity towards	معادون
Characteristic traits	معالم
Dictionary	مُعجم
The journey of the Prophet Muhammad from Jerusalem to heaven	معراج
Know-how	معرفيّ
Stronghold	معقل (معاقل)
Landmarks	مَعلَم (مَعالم)
Exaggeration	مغالاة
Different	مغاير
Closed, ambiguous	مغلق
Properties, contents	مقتنيات
Holy	مقدسان
Limited to	مقصور على
Steering wheel	مِقْوَد
Commissioned, charged with	المكلفة بـ
Follow-up	مُلاحقة
Appropriate	ملائم
Heroic poem (epic)	مَلحمة (مَلاحم)
Practice	ممارسة

It is premature	من السابق لأوانه
It is ironic	من المفارقات
Because of	من جرَّاء
It leads to	من شأنه أن... يؤدي إلى
By	من قِبَل
Debate	مناظرة (مناظرات)
Product	مُنْتَج
Puffed up	منتفش
Deviated	منحرف
Racist tendency	منحى عنصُريّ
Revealed, sent down	مُنْزَل
Here: starting point	منطلَق
Verbal	منطوق
World Trade Organization	منظمة التجارة العالمية
Isolated	منعزل
Manner	مِنوال
Dignity, respect	مهابة
Condusion of a truce	المهادنة
Dowry	مَهر (مُهور)
Suitable	مواتية
Conspiracy	مؤامرة (مؤامرات)
Historian	مؤرخ (مؤرخون)
Traditional, inherited	الموروث
Objectivity	موضوعية
Believer	مؤمن (مؤمنون)
Food supply, provisioning	موَّن – تموين
Qualified	مؤهل لِـ
Ground water	مياه جوفية
Charter	ميثاق
National income	الناتج القومي
Local resultant, local income	الناتج المحلي
To contest, dispute	نازع
To support	ناصر
To share with s.o. half of s.th.	ناصَف – يناصِف

Incomplete	ناقص
To overcome, assault, weaken	نال من
Developing	نامية
Let alone, not to mention	ناهيك عن
Son	نجل
To save	نجّى
Bad luck	نحْس
Elite	نخبة
Condemn	ندّد بـ
A vow	نَذْر
Tendency, attitude	نزعة (نزعات)
Tendency, inclination	نزوع
Humane tendency	نزوع إنساني
Honest	نزيه
To attribute to	نسب إلى – ينسب – نسْب
To give up, abandon	نستغنى عن
To delete, cancel	نسخ – ناسخ
Person	نَسَمة
To break out (war), take place	نشب
Share	نصيب
Supporter, proponent	نصير (أنصار): مؤيد (مؤيدون)
Struggle, resistance	نِضال
Struggle, standing up for s.th.	نضال (نضالات)
Because, on the grounds that	نظراً لأن
Perfume scent	نفحات
Influence	نفوذ
To exile – exile	نفى – ينفي – منفًى
To criticize	نَقَد – نقْد
Demolition – invalidation	نقض – ينقض – نَقْض
Putting diacritical points or dots on the letters	نَقْط القرآن
Turning point	نقطة تحوُّل
Pure	نقية
Opposite	نقيض
Model, exemplar	نموذج

نَمى إلىَّ	It came to my knowledge
نميمة	Gossip, slander
ننمِّي	Here: to improve
نهب – ناهِب	To plunder, rob, steal
هجا – يهجو – هجاء	To satirize, ridicule
هجَسَ – يهجُس – هَجْس	To come to s.o.s mind
هجين	Low, mean
هدَّام	Destructive
هدنة	Truce
هرّب إلى – مهرّبة إلى	To smuggle – smuggled
هَرطقة	Heresy
هش	Fragile
همّ (هموم)	Concern, worry
هوية	Identity
هيمن على– هيمنة	To dominate – domination
وازَى	Equal to, parallel to
وإلا	Otherwise
وإنْ	Even though
واهية	Fragile, weak
وثني	Pagan
الوجدان	Sentiment, emotional life
وجّه – توجيه	To guide – guidance
وسائل تنظيم الأسرة	Means of family planning
وصية (وصايا)	Commandment, will
وعى – يعي – وَعْي	To realize
وعِى – يعي – وعي – واعية	To be endowed with reason
وَفرة	Abundance
وُفق في	To succeed
وفى – يفي – وفاء بوعد	To fulfill a promise
الوقائع	Events
وكحل وسط	As a compromise
ولو أنّ	Even though
ولي أمر (أولياء الأمور)	Guardian
وليدة اليوم	Here: recent

To entrust s.o. with s.th.	يأتمنه على
To long for	يتحرقون إلى
To be useful, beneficial	يجدي
To contradict	يخالف
To specify	يخصِّص : هنا يحدِّد
To claim	يدَّعي – ادِّعاء
To facilitate - facilitation	يسّر – تيسير (تيسيرات)
To participate	يسهم في
To assault, attack, "spare the rod, spoil the child"	يعتدي على : توفير العصا يفسد الأولاد
To be proud of	يفخر بِ
To necessitate	يقتضي